불의 나라 아제르바이잔
와인의 나라 조지아
돌의 나라 아르메니아

대사부부와 함께 떠나는
코카서스 역사문화산책

글·사진 홍나미 · 조윤수

대부등 大不等

불의 나라 **아제르바이잔**
와인의 나라 **조지아**
돌의 나라 **아르메니아**

초판 1쇄 발행	2025. 6. 24.
글 · 사 진	홍나미 · 조윤수
표지디자인	홍나희
편집디자인	김소희
펴 낸 이	조윤수
기 획	홍나미
펴 낸 곳	대부등
	출판등록 2007년 8월 3일(제2001-000042호)
주 소	서울특별시 용산구 이촌로 71길10
블 로 그	blog.naver.com/bigpinetree2022
이 메 일	bigpinetree2021@nate.com
전화번호	010-2419-6659

정 가   19,800원
ISBN   978-89-960182-7-8(03920)

ⓒ 대부등大不等 2025

※ 본 책 내용의 전부 또는 일부를 사용하려면 반드시 저작권자의 사전
　서면 동의를 받으셔야 합니다.

불의 나라 **아제르바이잔**
와인의 나라 **조지아**
돌의 나라 **아르메니아**

대사부부와 함께 떠나는
코카서스 역사문화산책

글·사진 **홍나미·조윤수**

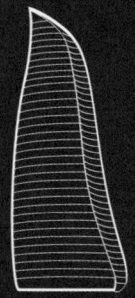
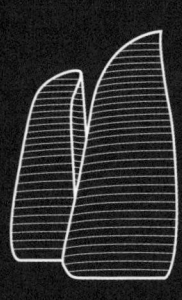

대부등 大不等

진정한 여행

가장 훌륭한 시는 아직 쓰이지 않았다.
가장 아름다운 노래는 아직 불리지 않았다.
최고의 날들은 아직 살지 않은 날들.

가장 넓은 바다는 아직 항해되지 않았고
가장 먼 여행은 아직 끝나지 않았다.
불멸의 춤은 아직 추어지지 않았으며
가장 빛나는 별은 아직 발견되지 않은 별이다.

무엇을 해야 할지 더 이상 알 수 없을 때
그때 비로소 진정한 무엇인가를 할 수 있다
어디로 가야 할지 더 이상 알 수 없을 때
그때가 비로소 진정한 여행의 시작이다.

- 나짐 히크메트 -

▼ 아제르바이잔 바쿠 근처의 고부스탄 암각화

▲ 아르메니아 호르비랍 수도원과 아라라트산

▼ 조지아 코카서스 산맥과 게르게티 츠민다 사메바 교회

들어가며

　멀고 먼 지역으로 느껴졌던 코카서스에 대한 관심이 부쩍 늘고 있고 방문하는 사람도 증가하고 있다. 이곳을 다녀온 사람들이 책으로 또는 블로그 등으로 여러 여행 기록을 남기고는 있으나 아직은 충분하지가 않다. 우리에게 익숙한 미국이나 동아시아 또는 유럽의 문화권이 아니고 이란과 러시아의 영향이 더 컸던 지역이다 보니 여전히 정보가 희소하며 얻기도 쉽지 않다.

　코카서스라는 알려지지 않은 지역을 여행한다는 자체로 호기심도 일어나고 또한 마음 한편에는 설렘도 생겼다. 그럼에도 지역에 대한 정보가 그다지 많지 않고 안전에 대한 확신이 없었기에 마음의 울림만으로 떠나기에는 주저되었다. 오랫동안 외국에서 생활했고 여러 나라를 다녔음에도 2024년 가을 여행을 기획하면서 정보를 얻는 데 어려움이 있었고 이 지역에 대하여 잘 알지 못하기에 좀 더 익숙한 곳으로 가는 것이 낫지 않을까 하는 생각을 가지기도 했다. 게다가 단체여행에 합류하는 것이 아니라 개별적으로 여행을 계획하다 보니 불편함과 함께 시행착오가 많을 것으로 생각하면서 예기치 못한 상황을 줄이기 위하여 좀 더 자료를 찾아보았으며 여행 일정도 세밀히 짜 보았다. 돌이켜보면 사전에 여러 경로를 통하여 취합한 지식과 정보를 가지고 떠났기에 보름간의 여행에서 비교적 많은 것을 보고 느낄 수 있었다. 필자 중의 한 사람은 학술 행사로 아제르바이잔·조지아를 방문한 경험이 있었지만, 시간적 여유를 가지고 돌아볼 시간은 없어 이번 여행이 처음이라 하여도 과언이 아니었다. 이제 책으로 그 기록을 남기면서 새로운 지역으로 여행하고자 하는 사람들에게 코카서스 3국을 권할 수 있는 용기도 생겼다.

 어느 지역을 여행하려면 우선 끌리는 마음이 있어야 할 것이다. 그러나 가고 싶어도 과연 안전할까, 생각한 만큼 여행의 정취를 느낄 수 있을까, 비싸지는 않을까, 음식은 어떨까 하는 여러 생각이 떠올라 엄두를 내지 못하게 된다. 우리 역시 코카서스 지역에 대하여 그러한 생각을 가졌지만, 여행을 마치고 보니 그것은 기우였다. 세 나라(아제르바이잔, 조지아, 아르메니아) 공히 우리나라와 견주어도 뒤지지 않을 오랜 역사와 문화를 가진 곳이면서 각기 저만의 특색을 지니고 있었다. 또한 볼 것이 많았고 색다른 음식도 입맛에 맞았으며 여행비용이 비교적 저렴한 가운데 사람들이 따뜻하고 친절하였다.

 구석기 시대 이래 청동기 시대까지 조각된 아제르바이잔의 고부스탄 암각화, 신화가 서려 있는 조지아의 카즈베기 설산, 성경에 나오는 아라라트산이 보이는 아르메니아의 호르비랍 수도원 등 자연과 인류가 어우러진 모습에다 각지에 스며있는 성당·수도원·교회·모스크 등으로 눈은 호사하고 귀는 쫑긋하였다. 우리의 단군 및 고조선 시기에 즈음하여 코카서스 지역에서 만들어진 금은 세공품이나 이후 세밀하게 조각된 장식물 등 2,000~4,500여 년 전 인류 문명의 흔적 앞에서 한동안 멍하니 바라보기만 했다. 코카서스의 역사와 문화는 우리에게 무척이나 생소하며 그러다 보니 이 지역의 문명이 그다지 발전되지 않았을 것으로 생각하였는데,

오랜 기간에 걸쳐 형성된 높은 수준의 문화를 직접 접하고 놀라움을 금치 못했다.

아제르바이잔의 바쿠는 구도심지 자체가 세계문화유산이고 시내 도심은 대학로와 같이 북적였으며 가는 곳마다 생동감이 느껴졌다. 조지아의 트빌리시 중심 거리에는 광화문이나 종로 거리에 비하여도 뒤지지 않을 정도로 현대식 쇼핑거리와 박물관 및 미술관이 연이어 있었다. 구도심지뿐만 아니라 시골 어디서나 유럽의 여느 지방 못지않게 정취를 풍기어 여유롭게 조지아 와인을 즐기기에 안성맞춤이었다. 아르메니아의 예레반에서는 자유 광장의 오페라 극장에서 높은 수준의 발레나 오페라를 관람한 후 중심거리를 따라 공화국 광장까지 걸으면서 문화가 흠뻑 스며있는 모습을 보았으며 지방 곳곳에서도 오랜 역사와 종교의 흔적을 보았다. 식사 때가 되면 그들이 즐겨 먹는 빵인 쿠탑(아제르바이잔), 하차푸리(조지아), 라바쉬(아르메니아)와 함께 그들의 전통 음식을 즐기면서 입의 놀림이 빨라졌다.

세 나라를 돌아보고 뛰어난 문화에 무언가 처연함이 깃들어있다는 느낌이 들기도 했다. 수천 년의 역사에서 주변 강국의 영향으로 그 잠재력이 발현되지 못한 채 그들은 꾹 눌려 있었다. 그러다 보니 코카서스 세 나라는 우리 백제 문화와 비슷하여 검소하지만 누추하지 않고, 화려하지만 사치스럽지 않다는 느낌이 들었다. 그들은 강대국의 틈바귀에서 종교와 언어를 통하여 정체성을 지켜냈다.

소련이 와해된 1991년에 마침내 독립한 세 나라에는 나름대로 새로운 기운이 돌아나고 있다. 아제르바이잔에서는 석유로 인한 경제적 역동성을 느낄 수 있었고, 조지아에서는 민주화를 이루려는 용틀임이 계속되고 있었다. 아르메니아 역시 더 이상 러시아에 기대지 않고 스스로 일어나려는 움직임이 있어 세 나라의 역사에서 어찌 보면 가장 생동감이 있는 시점이다. 여행하면서 세 나라의 서로 다른 종교와 그 유적지에 대하여도 관심을 가지고 살펴보았기에 더욱 재미가 있었다. 아르메니아는 최초로 기독교를 국교로 받아들인 국가일 뿐만 아니라 사도교회에 대한 자부심이 대단하다. 조지아는 가톨릭 정교를 받아들여 국토 전역에 성당과 수도원이 펼쳐져 있고 이러한 종교시설이 관광자원이 되어 있다. 아제르바이잔은 대부분 이슬람을 믿고 있지만 국교로 하지는 않았고 오히려 정교가 분리되어 있다.

국내외 여러 서적뿐만 아니라 주한 대사관으로부터 정보를 얻어 방문할 장소를 정리한 다음 현지에 도착해서는 가능한 한 많은 장소를 돌아보았다. 역사적 장소와 종교적 시설을 방문하고, 예술 작품과 공연을 접하였으며, 거리를 오가면서 사람들의 사는 모습을 엿보았다. 코카서스 지역은 우리에게 숨겨진 보물이라고 해도 과언이 아니다. 이러한 보물을 가슴에 안고 가기 위해서 유명 관광 지역에 디하여 박물관에서 역사와 전통의 모습을 접해보고 미술관과 음악 공연장에서 색다른 예술적 향기를 맡아 보면 어떨까 한다. 시간이 되면 지하철도 타보고 재래시장도 가보면서 그들과 어우러지면 좋을 듯하다. 가는 곳마다 사람들이 더없이 친절하였고 한국에 대한 관심이 높았는데 이는 한국의 K-문화 영향이 크게 미치고 있음을 알 수 있었다. 7,000여 킬로 떨어진 나라이기에 언어와 생활 풍습이 달라 약간의 생소함은 있었을지언정 안전이나 이동에 전혀 불편함이 없었다. 세 나라 공히 앱을 이용한 택시로 시내 또는 인근 지역을 커다란 비용 부담 없이 편안하게 이동할 수 있었다.

여행하는 가운데 어딘가 생소하고 우리와 다른 면을 보는 것이 커다란 즐거움일 것이다. 이 세 나라 다 같이 자연의 모습이나 그들이 살아온 환경과 믿음 그리고 생각하는 것이 우리와 다르다. 방문하는 장소 역시 색다르고 이질적이기에 코카서스 여행에서 바라는 즐거움을 충분히 느낄 것이다. 또한 그들이 살아온 역사를 일별하면 커다란 도움이 되기에 이 책에서 세 나라의 역사를 간략히 정리하였다. 역사·문화·종교 등 여행에 참고가 될 만한 주제에 초점을 맞추면서도 음식·교통·숙소 등 미세한 정보도 간략히 수록하여 안전하고 즐거운 코카서스 여행이 되는 데 도움이 되도록 하였다.

세 나라의 특징을 삼아 책 제목을 '불의 나라 아제르바이잔, 와인의 나라 조지아, 돌의 나라 아르메니아'로 하였다. 이 책이 앞으로 코카서스를 여행하고자 하는 사람에게는 유익한 정보를 제공하는 책으로, 이미 다녀온 사람에게는 아름다운 추억을 가진 여행의 기억을 되살리는 책이 되기를 기대해 본다.

목차

들어가며 ··· 8

코카서스 3국 지도 ·· 16

코카서스에 서다 ·· 17

I. 불의 나라 아제르바이잔
- 헤이다르 알리예프 국제공항 ······························ 24
- 아제르바이잔의 역사 ·· 29
- 카스피해 연안의 불타는 나라 ···························· 33
- 수도 바쿠를 거닐며 ·· 36
  - 구시가지의 왕성, 쉬르반샤 궁전, 메이든 타워 ········ 37
  - 헤이다르 알리예프 센터 ·································· 44
  - 로스트로포비치 박물관 ···································· 51
  - 니자미 간자비 문학박물관 ······························ 55
  - 바쿠 노벨석유클럽, 아제르바이잔 석유 ········ 60
- 바쿠 근교로... ·· 64
  - 비비 헤이뱃 모스크 ·· 66
  - 진흙 화산 ·· 68
  - 고부스탄 암각화 ·· 71
  - 불의 산, 불의 사원, 조로아스터 교 ················ 74
- 코카서스 알바니아 고대 도시: 가발라 ·············· 79
- 실크로드 세계 문화유산 도시: 셰키 ·················· 83

목차 13

목차

II. 와인의 나라 조지아

- 쇼타 루스타벨리 국제공항 ··· 91
- 조지아의 역사 ·· 95
- 조지아의 성당과 수도원 ··· 100
- 수도 트빌리시를 거닐며 ··· 103
  - 시오니 대성당, 평화의 다리, 조지아 어머니상, 나리칼라 요새 ··· 104
  - 메테히 교회, 고르가살리 왕 기마상, 아바노투비니 유황온천 지대 ··· 110
  - 츠민다 사메바 성당, 므타츠민다 다비드 교회, 프로스페로 북 카페 ··· 112
  - 국립박물관 ··· 121
  - 내셔널 갤러리 ··· 128
- 트빌리시를 벗어나서... ··· 133
  - 조지아의 옛 수도 므츠헤타 ······························ 134
  - 즈바리 수도원 ··· 135
  - 삼타브로 수도원 ··· 138
  - 스베티-츠호벨리 대성당 ··································· 140
  - 코카서스 산맥에 우뚝 선 카즈베기산 ············ 146
  - 아나누리 성채 ··· 148
  - 구다우리 전망대 ··· 151
  - 카즈베기산과 게르게티 츠민다 사메바 교회 ··· 155
  - 스탈린의 고향 고리 ··· 160
  - 조지아와 러시아 ··· 167
  - 시그나기와 와인 ··· 170
  - 보드베 수도원 ··· 173
  - 조지아 와인을 좀 더 알기 위하여... ··············· 181
- 문호들이 사랑한 조지아, 조지아 문화 ·················· 185

III. 돌의 나라 아르메니아

- 국경을 넘으며 ·· 192
- 아르메니아의 역사 ··· 194
- 수도 예레반을 거닐며 ···································· 200
  - 핑크빛 도시 예레반과 캐스케이드 ············ 202
  - 마테나다란 고문서 박물관 ························ 206
  - 오페라 극장, 하차투리안 박물관 ·············· 208
  - 자유 광장에서 공화국 광장으로 ··············· 214
  - 국립 역사박물관, 내셔널 갤러리 ·············· 216
  - 베르니사지 시장 ··· 222
  - 제노사이드 추모 공원 ································ 224
  - 우라르투 왕국의 옛 성벽 예레부니 ·········· 228
  - 예레반에서 만난 한국과 러시아 ··············· 232
- 예레반 밖으로... ·· 235
  - 예레반 북동쪽: 세반 호수와 세바나 수도원 ········· 236
  - 예레반 서쪽: 성 흐립시메 교회, 성 가야네 교회,
    에치미아진 대성당, 츠바르트노츠 성당 유적지 ········· 241
  - 예레반 동쪽: 게하르트 수도원, 가르니 신전, 가르니 주상질리 ······ 253
  - 예레반 남쪽: 호르비랍 수도원과 아라라트산, 아레니-1 동굴 ······ 268

IV. 코카서스 음식 ·· 277

V. 코카서스 여행 정보 ··· 293

참고한 책들 ·· 302

■ 코카서스 3국 지도

① 아제르바이잔
② 조지아
③ 아르메니아

코카서스에 서다

언젠가 한 번은 가보고 싶었던 코카서스에 드디어 발을 디뎠다. 첫 발을 디딘 곳은 '불의 나라' 아제르바이잔이었는데 코카서스 3국을 방문하는 사람들은 대부분 아제르바이잔-조지아-아르메니아의 순서로 여행한다. 아제르바이잔과 아르메니아는 독립한 이후 1992~94년 그리고 2020년 두 차례 전쟁을 치르면서 서로 국경이 폐쇄되어 있는데 이 두 나라를 가려면 바로 가지 못하고 조지아를 통해 가야 한다. 그런데 아르메니아를 먼저 방문한 후 아제르바이잔에 갈 경우 입국이 까다롭다는 이야기가 있어 통상 아제르바이잔에서부터 일정을 시작한다.

우리가 흔히 코카서스 3국으로 부르는 이 나라들은 엄밀히 말하면 남 코카서스다. 코카서스는 코카서스산맥을 경계로 북 코카서스와 남 코카서스 등 크게 둘로 구분되는데 북 코카서스에는 러시아의 공화국인 체첸, 다게스탄 등이 자리 잡고 있으며 주로 이슬람계 주민들이 많이 거주하고 있다. 1990년대 옐친 대통령 시절 북 코카서스의 체첸 공화국과 다게스탄 공화국이 러시아로부터 독립하고자 전쟁을 일으켜 많은 인명피해가 있었고 푸틴 대통령의 집권 초기 시절에도 두 공화국에서 커다란 테러가 발생했다. 또한 테러에 대한 러시아 정부의 강경 대응으로 양측이 많은 인명 피해가 일어났다.

1999년 모스크바에 부임한 지 며칠 지나지 않아 체첸 반군의 소행으로 의심되는 아파트 테러가 연이어 일어나 사회 분위기가 어수선했던 기억이 있다. 2002년에는 체첸 반군이 모스크바 오페라 극장에서 900여 명의 인질을 잡고 농성을 벌이며 전 세계를 떠들썩하게 했다. 이들은 2004년에도 베슬란 지역의 초등학교에서 많은 어린이들을 인질로 삼았는데 러시아 정부의 가스 공격으로 인질로 잡힌 많은 어린이들이 사망하는 사건이 발생하여 북 코카서스는 불안한 지역으로 알려져 있다. 이에 더하여 2014~2017년간 시리아·이라크에서 크게 발호하던 이슬람 극단 세력(ISIL)에 2만 여명의 각국 젊은이들이 합류하였는데 많은 수가 북 코카서스 지역 출신이었다. 북 코카서스 하면 테러라든가 반군 등의 이미지가 떠오를 수밖에 없다.

이에 비하여 코카서스의 남부는 비교적 평화롭고 역사가 무척 길며 인종·종교적으로도 다양한 지역이다. 남 코카서스는 코카서스산맥 남쪽 그리고 이란 북쪽에 위치한 아제르바이잔·조지아·아르메니아 3국을 말하는데 영어로는 트랜스 코카시아(Transcaucasia)라고 한다. 이 세 나라를 설명하는 어느 영어책의 제목이 제국의 변방(Edge of Empires)이었는데, 이는 오랜 기간에 걸쳐 제국의 주변에 불과했던 상황을 단적으로 설명하고 있다. 고대부터 현재까지 이들 국가는 강대국에 둘러싸여 자신의 정체성을 지키기가 어려웠다. 세 나라 공히 그 역사가 꽤 오래되었음에도 상당 부분의 시기를 강대국의 압력을 받았기에 현재 독립된 상황이 이상할 정도이다. 예전에는 분쟁이 다반사이었던 지역인데 지금도 조지아의 북부인 압하지야·남오세티야는 사실상 러시아의 지배하에 있고, 아제르바이잔과 아르메니아는 나고르노·카라바흐 지역을 두고 최근까지 전쟁을 했다.

남 코카서스는 지리적으로 흑해와 카스피해, 유럽과 아시아, 러시아와 중동의 중간에 있고 종교적으로 기독교와 이슬람, 체제상으로 민주주의와 권위주의가 혼재된 지역이다. 3국의 인구를 다 합쳐도 1,600만여 명이 되지 않는데 아제르바이잔이 1,010만여 명, 조지아 370만여 명, 아르메니아 280만여 명에 불과하다. 아제르바이잔은 그나마 인구도 1,000만 명을 상회하고, 세계 전체 석유·가스 생산의 5% 정도를 차지할 정도로 경제적 상황이 나은 반면, 조지아·아르메니아는 산악지역에 파묻혀 발전하기가 쉽지 않다. 그나마 조지아는 와인이 전 세계적으로 유명하고 경치역시 아름다워 관광산업이 발전되어 있다. 반면 아르메니아는 가장 오랜 역사를 지닌 국가이지만 20세기 초에는 튀르키예와의 분쟁, 20세기 말이후 최근까지 아제르바이잔과의 분쟁으로 혼란스러웠고 많은 사람들이 해외로 이주하여 디아스포라로 유명할 따름이다.

남 코카서스 3국에 대한 정보가 충분하지 못하다 보니 이들 국가는 경제적 수준이 아직은 낮고, 산악지역의 국가들이어서 별다른 문화가 있을까 하는 의구심으로 방문하였다. 그러나 도착하면서부터 우리가 이 지역을 정말 몰랐다는 생각을 가지게 되었다. 이 지역은 고대 인류문명 및 종교와 상당히 연관되어 있고 발전이 빠르게 이루어지고 있었다. 각 수도에서는 그 지역이 지닌 독특한 문화를 접할 수 있었으며, 지방의 여러 지역에서는 고대 인류의 기록과 오랜 종교 그리고 전통 문물을 접하여 코카서스 지역에 대하여 새롭게 인식하는 계기였다.

I
불의 나라
아제르바이잔

어느 샘에서 기름이 흠뻑 뿜어져 나온다. 이것은 식용으로는 좋지 않지만, 불이 잘 붙는다. 멀리서부터 사람들이 이 기름을 채집하고자 오며, 낙타의 옴이나 사람의 병을 치료하기 위해 사용한다.

(마르코 폴로 동방견문록, The Travels of Marco Polo)

There is a spring from which a liquid gushes out. It is not good for cooking, but it is good for burning, and people come from long distances to collect it and use it to treat mange in camels and for other ailments in humans.

▲ 불의 산

▲ 아제르바이잔 지도

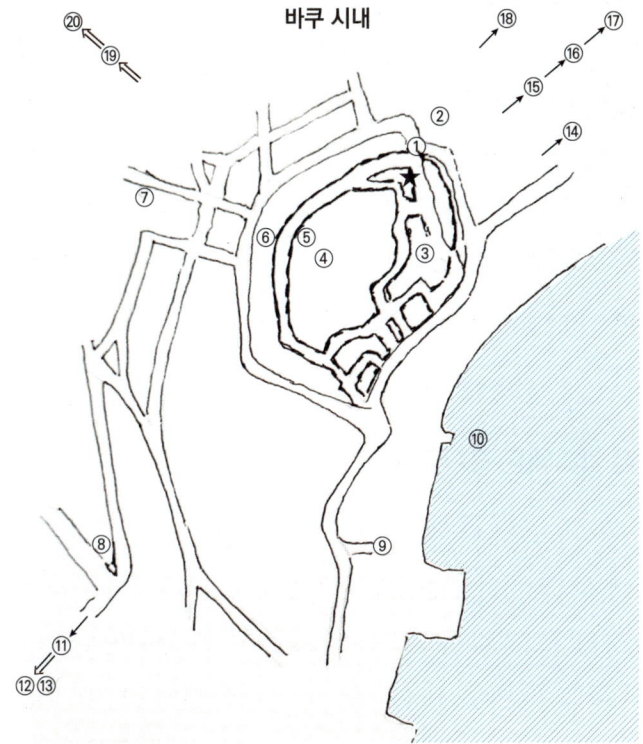

▲ 수도 바쿠 지도

아제르바이잔 바쿠 등 방문장소

① 성문앞 더블 게이트(Double Gates)
② 니자미 간자비 문학박물관
③ 메이든 타워
④ 쉬르반샤 궁전
⑤ 미니 서적 박물관
⑥ 지하철
⑦ 로스트로포비치 박물관
⑧ 불꽃 타워(Flame Tower)
⑨ 카펫 박물관
⑩ 카스피 해

⑪ (바쿠 외곽)비비 헤이뱃 모스크
⑫ (시외) 진흙 화산
⑬ (시외) 고부스탄 암각화
⑭ 노벨 하우스
⑮ 헤이다르 알리예프 센터
⑯ (바쿠 외곽) 불의 사원
⑰ (바쿠 근교) 헤이다르 알리예프 국제공항
⑱ (바쿠 외곽) 불의 산
⑲ (지방) 가발라
⑳ (지방) 세키
★ 투숙호텔

떠나기 전 주한 대사관 또는 여행 서적으로부터 입수한 단편적인 정보만을 가지고 아제르바이잔 수도 바쿠의 헤이다르 알리예프 국제공항에 도착하였다. 아제르바이잔은 코카서스 3국 중 유일하게 비자가 필요한 나라이다. 이전에는 비자 받기가 까다로운 나라였지만 이제는 공항에 도착하여 기계를 통해서도 비자를 발급받을 수 있을 정도가 되어 입국에 어려움이 없다. 우리는 한국에서 미리 인터넷으로 전자 비자(E-Visa)를 발급받아서 갔기에 바로 입국 수속을 하여 편리했다.

헤이다르 알리예프 국제공항

코카서스의 조그만 나라라는 선입견을 가지고 바쿠에 도착했는데 공항 시설이 꽤 선진적이어서 놀랐다. 국제공항은 아제르바이잔 국부의 이름을 따서 헤이다르 알리예프 공항이라고 불리는데, 조그만 나라의 국제공항이 예상외로 깨끗하고 시설도 좋았다. 공항을 빠져나오자, 가을비가 주룩주룩 내리는 을씨년스러운 날씨가 우리를 맞이했다. 볼트(Bolt) 앱으로 공항에서 호텔까지 가는 비용을 확인하니 상당히 저렴하였다. 문제는 비 때문인지 앱으로 택시가 잡히지 않아 공항 앞에 대기하고 있는 택시 기사

▲ 바쿠의 헤이다르 알리예프 국제공항

▲ 바쿠 성문입구에 위치한 더블 게이트

▲ 구시가지에 위치한 샤팰리스 호텔

에게 호텔까지 가는 가격을 물어보니 앱 가격과는 엄청 차이가 났다. 관광객에게 바가지를 씌우는 행위는 어느 나라나 마찬가지이지만 정도가 너무 심한 것이 아닌가 하는 생각이 들었다. 여러 번 볼트 앱을 시도한 끝에 가까스로 택시를 잡을 수 있었다.

공항에서 시내로 진입하는 도로도 8차선으로 잘 정리되어 있으며 좌우의 현대식 건물이 연이어 즐비하였다. 공항에서 시내로 가는 대로大路 양편에 알리예프 전 대통령의 사진 간판이 곳곳에 세워져 있다. 대로를 따라 시내 중심으로 들어서니 알리예프 센터라는 하얀색의 곡선 건물이 나타나 우리의 눈길을 사로잡았다. 비가 오는 가운데 차량이 많아 교통 체증이 어찌나 심한지 차가 전혀 움직일 기미가 없고 그냥 도로에 주차된 듯한 느낌까지 들었다. 바쿠는 오래된 역사적인 도시라 오늘날 같은 대규모 차량 교통을 고려하지 않고 개발되었고, 언덕과 해안선이 혼재한 복잡한 지형을 가지고 있어서 교통 분산이 어렵다. 전혀 움직이지 않을 것 같았던 택시는 마침내 호텔 부근인 오래된 성문 앞에 도착했다. 2개의 성문으로 이루어져, 더블 게이트 (Double Gates)라고 불리는 성문 입구에 내렸는데 앱 가격에 팁을 많이 얹어 지불하면서 감사한 마음을 표하였다.

우리가 예약한 호텔은 성문 입구를 바로 지난 구시가지 초입에 자리 잡고 있었다. 호텔은 더블 게이트 성문에서 도보로 1분밖에 걸리지 않을 만큼 가까운 거리였는데 성문 앞은 현지 투어를 시작하기 위하여 만나는 장소이기도 했다. 호텔로 향하면서 성문 안을 바라보니 좁고 구불구불한 골

▲ 바쿠 로데오 거리

목길과 돌로 포장된 도로, 그리고 수백 년간 유지되어 온 건축물이 밀집되어 있어 중세 시대의 모습을 그대로 유지하고 있는 듯하였다. 성문을 경계로 번화하고 현대적인 로데오 거리와 중세 시대풍의 구시가지로 나뉜다. 호텔이 성문과 거의 붙어 있는 곳에 있다 보니 중세 시대와 현대를 모두 접할 수 있어 위치로는 최상의 호텔이었다. 다만 지은 지 오래되고 인테리어가 이슬람풍의 화려한 장식으로 되어 있어서 사람에 따라 호불호가 있을 수 있다는 생각도 들었다. 하지만 위치가 워낙 좋은데다가 호텔에서 머무는 시간이 거의 없었기에 조금 노후한 건물로 인한 불편함은 별로 문제가 되지 않았다. 우리가 비수기에 와서 그렇지 성수기에는 이 호텔을 잡기도 쉽지 않고 가격도 많이 오른다고 한다.

호텔에 짐을 푼 이후 성문 밖 로데오거리로 나가보니 카페와 레스토랑, 그리고 온갖 가게들이 즐비하다. 날이 어두워져서 구시가지는 다른 날 둘러보기로 하고 로데오거리 쪽으로 산책하러 나갔다. 이 거리 가까이에 아제르바이잔에서 가장 유명한 시인인 니자미 간자비(Nizami Ganjavi)의 이름을 딴 공원과 문학 박물관이 있고 조금 지나니 각종 카페와 레스토랑, 상점들이 연이어 있어 생각했던 것보다 훨씬 번화했다. 노천카페에서 차를 마시는 사람들의 모습을 보니 여기가 유럽인지 이슬람 국가인지 구별이 되지 않았다. 우리는 마지막 근무지가 튀르키예였고 이번에도 코카서스 여행 전에 이스탄불에서 닷새가량 머물렀기에 무의식중에 튀르키예와 아제르바이잔을 비교하게 되었다. 이곳에는 튀르키예보다도 히잡(이슬람 여성들이 머리를 가리는 천)을 쓴 여성들이 거의 없었고 모스크의 아잔(이슬람의 기도 소리)도 들어보지 못해 아제르바이잔을 여행하면서 여기가 이슬람 국가라는 사실을 거의 느끼지 못했다.

그럼에도 가끔 시간 개념이나 서비스 정신이 부족한 것을 경험하게 되어 우리와 다른 문화권에 있다는 것을 느꼈다. 예를 들어 현지 투어를 할 때 가이드가 30분 이상 지각하는 바람에 투어 일행들의 원성을 한 몸에 받았는데 바쿠의 교통 체증이 문제지 자신은 잘못이 없다는 식으로 반응하여서 할 말이 없을 정도였다. 또한 시내 관광을 하고 오후 늦게 호텔로 돌아왔을 때 방 청소가 되어 있지 않아서 프런트에 말했더니 아주 평온한 얼굴로 20분만 기다리라고 하는 것이었다. 피곤한 가운데 30여 분을 기다린 후에 갔는데도 방은 그대로였고 이번에는 좀 더 강하게 항의했다. 말로는 사과하지만, 전혀 미안한 기색이 보이지 않았고 청소를 마칠 때까지 다시 1시간 이상 기다려야 해서 답답하기도 했다.

몇 차례 겪어보니 튀르키예나 아제르바이잔 사람들은 실수했을 때 사과를 제대로 하지 않는 경향이 있었다는 점에서는 비슷하다. 그들 말로는 다음에 똑같은 실수를 하지 않는 것이 사과하는 것과 같다고 하니 동방예의지국에서 온 우리들은 황당할 때가 있다. 청소를 마칠 때까지 기다리다가 나중에는 거의 포기 상태로 그동안 둘러보지 않았던 로비의 화려한 소파라든지 이슬람식 좌식으로 꾸며놓은 공간 등을 구경하고 여기저기 사진을 찍으면서 한참 기다렸다. 보기에는 과도한 장식이라고 생각되었으나 사진에는 오히려 화려하고 멋지게 나오는 바람에 기분을 풀기도 했다. 외국에서 우리와 다른 경험을 할 때마다 문화의 차이를 인정하고 다른 생활 방식을 이해하려고 한다. 우리는 그들이 굼뜨다고 하지만 아마 외국인들이 한국을 여행한 후에 한국인들이 성격이 너무 급하고 일에 치받혀 인생을 즐기지 못하고 있다고 비판할 것이라는 생각도 든다.

아제르바이잔은 언어가 튀르키예와 비슷하며 외모나 문화도 튀르키예와 상당히 연관되어 있지만 이란의 영향도 많이 받아서 튀르키예와는 또 다른 독특한 분위기가 있다. 캐주얼하면서도 산뜻한 이탈리아 레스토랑에서 피자와 샐러드로 간단한 식사를 했는데 종업원에게 물티슈를 부탁했더니 무려 8개의 물티슈를 가져다주면서 한국인이냐고 묻고 손흥민 선수 팬이라고 반가워한다. 겪어보니 아제르바이잔 사람들은 대체로 정이 많고 한국인에게 호의적이어서 서유럽을 여행할 때보다는 훨씬 대우받는 느낌이었다. 싱가포르에 거주할 때 겉으로는 동양인인 그들의 태도가 상당히 직선적이고 서구적이어서 당황했었던 기억이 있는데 이와는 대조적으로 아제르바이잔이나 튀르키예 사람들의 외모는 서구적이지만 (물론 서유럽이나 미국 사람들 기준에는 이들의 모습이 동양적이겠지만) 내면은 동양적인 정서가 상당히 강한 것이 흥미로웠다.

아제르바이잔의 역사

카스피해에 연하여 있는 아제르바이잔은 소련의 한 공화국이었고 1991년 독립하여 신생 국가라고 생각할 수 있지만 의외로 오래전부터 사람들이 살았다는 기록이 나온다. 수도 바쿠에서 60여 킬로 떨어진 곳에 있는 고부스탄(Gobustan)에는 선사 이전 새겨진 6천여 점 이상의 암각화가 발견되었는데 이는 구석기 시대부터 청동기 시대에 걸쳐 그려진 것으로 이 지역에 인류가 오랫동안 거주했다는 증거이다. 고부스탄 지역은 지금 거의 사막 기후이다. 그러나 암각화에는 사람들이 배를 타고 나가는 모습이 새겨져 있어, 이 지역이 예전 해변과 연결되었으며 오랜 시간이 지나면서 지형적인 변화가 있었다는 것을 알려주고 있다.

청동기와 철기시대에는 스키타이족(Scythia), 마나족(Manna)이 거주했고, 이후 아제르바이잔 남부와 이란 북부에 아트로파테나(Athropatena) 왕국이 존재한 기록이 있다. 코카서스 중부의 가발라 지역에 코카서스 알바니아(Caucasian Albania) 왕국의 성벽이 기원전에 세워진 것도 발굴을 통하여 확인되고 있다. 바쿠 지역에서 흘러나오는 석유를 기원전 4~3세기부터 채집했다는 기록도 있어 오래전부터 인류의 거주지로 쭉 이어오고 있음이 확인되고 있다.

그럼에도 고대 시기부터 페르시아·그리스·로마 등 주변 강대국의 영향 아래 있었기에 그 존재가 뚜렷하지 못한 점도 있었다. 아제르바이잔 사람들이 자랑스러워하는 역사는 9세기경 형성되기 시작한 쉬르반(Shirvan) 봉건 왕국이다. 이 왕국은 바쿠와 연하여 있는 카스피해에서 가발라 지역까지 비교적 넓은 영토를 관할하였으며, 12세기에는 바쿠 지역에 쉬르반샤(Shirvanshah) 성을 건설하여 통치 거점으로 활용하면서 14~15세기까지 세력을 확장해 나갔다. 특히 14세기에는 이브라힘 1세 왕과 이후 그를 이은 두 왕은 내부의 권력을 공고히 하는 가운데 킵챠크 칸국 등 주변 강국의 압력에 대응하여 외교를 통하여 영역을 확장하는 등 전성기를 이루었다. 이후 쉬르반 왕국은 16세기 초반 부상한 페르시아 사파비 왕조의 침입으로 1538년 멸망하였다.

쉬르반 왕국 시기에 형성된 쉬르반샤 왕궁, 성벽으로 둘러싸인 왕성 내부(Icherisherher), 방어시설인 메이든 타워(Maiden Tower)는 전성기 유적으로 유네스코 세계 문화유산으로 선정되었다. 그 가운데 메이든 타워는 예전에 바로 바다로 연하여 있으면서 주변의 침입을 막기 위한 전망대로 사용되었다. 이러한 유적과 여러 기록이 있기는 하지만 13세기에 코카서스 지역을 여행한 마르코 폴로는 아르메니아와 조지아를 구체적으로 지칭한 반면 아제르바이잔의 명칭을 사용하고 있지는 않다. 이로 보아 당시에 쉬르반 왕국 등 아제르바이잔의 세력이 크게 융성했다고 보기는 어렵다.

아제르바이잔의 전체적인 역사를 간략히 정리하여 보면 조지아·아르메니아 등 코카서스 국가들과 마찬가지로 2,000여 년에 걸쳐 주변 강대국의 영향을 받아왔다. 기원전 4세기~기원후 3세기에 걸친 코카서스 알바니아, 9~16세기 쉬르반샤 왕국 등이 비교적 독자적으로 통치를 하였지만 주변 강대국과의 관계는 늘 불안했다. 기원전 페르시아(아케메네스)·그리스, 3세기 사산조 페르시아, 7세기 아랍, 11세기 투르크, 13세기 몽골, 16~18세기 페르시아·오스만 제국 등이 아제르바이잔에 영향을 미쳤다. 19세기 초에는 러시아가 페르시아를 물리치면서 이 지역에까지 진출하였다. 아제르바이잔은 1918~1920년간 불과 3년여 독립된 시기를 제외하고 1991년 소련이 무너지기까지 거의 200여 년간 러시아의 영향권 하에 있었다.

아제르바이잔은 강대국의 영향을 받았음에도 그 정체성을 계속 지켜왔다는 것이 중요했고, 이는 국민적 자긍심과 관련되어 있다. 여러 역사 기록에는 코카서스 알바니아가 나오지만, 그동안 발굴 사업이 활발히 진행되었던 것은 아니었다. 우라르투 등 고대 아르메니아에 대한 기록과 유물은 넘쳐나고, 콜키스·이베리아 등 고대 조지아에 대한 기록 및 유물도 다수 발굴되었으나 코카서스 알바니아에 대한 유적은 상대적으로 드문 상황이었다. 이에 아제르바이잔은 역사적 뿌리를 찾아 코카서스 알바니아 역사 되찾기 사업을 적극 전개하여 왔다. 이 가운데 특히 가발라 지역은 기원전 4세기에서 기원후 3세기에 걸쳐 존재했던 코카서스 알바니아의 수도로 알려진 곳이다. 아제르바이잔은 강대국 사이에서 오랫동안 정체성을 지켜왔던 자부심을 고양하기 위하여 고대부터 문헌적으로 존재하였던 코카서스 알바니아의 발굴에 대하여 특별한 의미를 부여하여 왔으며 그 존재를 증명하기 위하여 아제르바이잔 고고학 연구자들은 유적지 발굴을 적극 추진하여 왔다. 이 발굴 사업에 한국 발굴팀도 참여하고 있는데 15년여 이상 양국 고고학자들의 공동 발굴 노력으로 왕 성터·성벽·수로 등 많은 유적·유물을 발굴하는 성과를 거두었다. 이로써 코카서스 알바니아의 존재를 재확인하였으며 아제르바이잔의 고대 모습이 드러나 그 정체성이 확립되었다.

1991년 소련의 와해 후 독립한 아제르바이잔은 석유 자원에 대한 자주권을 확보하였다. 지도자의 강력한 통치하에 정치적 안정을 이루면서 석유 수출로 거두어들인 기금을 경제발전에 투입하여 높은 성장세를 기록해 나가고 있다. 코카서스 3국은 북으로 러시아, 남으로 이란과 접하여 있는데 이란은 오랫동안 국제 경제제재 하에 있어 지역 특성상 러시아가 여전히 중요한 무역 상대국이다. 그러나 아제르바이잔은 지역 여건의 어려움에도 튀르키예·조지아 등과 원만한 외교관계를 통하여 석유·가스의 수출선을 다변화해 나가고 있다. 조지아·아르메니아가 독립 후에도 경제적으로 러시아의 영향을 강하게 받는 것과는 달리 아제르바이잔은 에너지 자원을 잘 활용하여 견실한 경제와 안정적인 정치를 이루면서 비교적 독자적인 노선을 추구하는 점이 눈에 띈다.

▲ 저녁에 바라본 카스피해

카스피해 연안의 불타는 나라

 카스피해를 보니 예전 미국 루이지애나주의 뉴올리언스에 도착하자마자 미시시피강으로 달려갔던 기억이 난다. 바쿠에서도 마찬가지로 카스피해 바닷가로 다가가 물을 손에 담가 보았다. 해외에 근무하면서 오랫동안 고국을 방문하지 못하여 울적할 때 왠지 강이나 바닷물을 접하면 마음이 차분히 가라앉는 느낌이었다. 튀르키예 트라브존에서 흑해의 바닷물, 러시아의 니즈니 노보그라드에서 볼가 강물, 이집트 룩소르에서 나일강 물을 손에 담아 물을 통하여 예전 사람들과 교감을 해보고 싶었고, 또한 손에 움켜쥐었던 물들을 후 흘려보내면서 이 물들이 5대양 6대주를 흘러 언젠가 우리나라로 갔으며 하는 조그만 소망을 가지곤 했었다.

 카스피해의 물들은 러시아의 볼가강과 우랄강, 그리고 코카서스산맥에서 흘러 내려온 것이다. 바다라고 하지만 해변의 연안을 따라 좌우로 건물들이 쭉 이어져 호수와 같아 보였다. 그러나 물이 소금 성분을 띠고 있고 바다 크기가 37.6만 평방 킬로로 한반도의 1.5배나 될 정도로 작지 않다. 러시아·카자흐스탄·투르크메니스탄·이란·아제르바이잔 등 5개국에 걸쳐 있는 카스피해 전체 해변의 길이가 7,350킬로나 되는데 서울과 부산 간의 거리가 400킬로를 상회하는 수준에 비하면 무려 18배 정도로 꽤 길다. 이중 아제르바이잔의 해변은 800킬로 정도로 다른 나라들의 해변에 비해 길지는 않지만 그래도 부산에서 신의주에 가는 거리 정도이다. 카스피해는 유럽과 아시아를 나누는 경계가 되어, 이 바다 서쪽에 위치한 코카서스 3개국은 유럽으로 분류된다.

▲ 바쿠의 불꽃 타워

아랍 여행가 이븐 바투타와 러시아의 작가 푸시킨·체호프 등 여러 문인들이 카스피해까지 왔었지만 이에 대한 기록이 그다지 많지는 않아 다른 바다보다 잘 알려지지 않았다. 다만 음식 애호가들 사이에서는 철갑상어의 주요 서식지인 이곳에서 얻는 상어알이 화제이다. 검은색의 윤기가 나는 조그만 알들은 희귀해졌는지 이제는 보기도 쉽지 않다. 1999~2001년 러시아 모스크바에서 근무할 당시 아주 가끔 검은 철갑상어알을 맛보았는데 철갑상어에 대한 호기심이 앞섰던 기억만 희미하게 남아있다.

세계의 석유·가스전을 표시한 지도를 보면 중동의 페르시아만과 함께 카스피해 연안에 유전·가스전이 몰려 있음을 알 수 있다. 카스피해를 둘러싼 5개국 모두 석유·가스 생산국이다. 그중에서도 아제르바이잔의 샤-데니즈 가스전(Shah-Deniz Field), 카자흐스탄의 카샤간 유전(Kashagan Field) 등이 카스피해를 둘러싼 대표적인 석유·가스 생산 지역이다. 바쿠 시내 바로 앞에 있는 카페에서 카스피해를 바라보니 멀리서 불빛이 반짝이면서 오라고 손짓한다. 또한 이 도시의 상징이기도 하면서 불꽃 타워(Flame Tower)라는 이름의 현대식 빌딩에서는 매일 밤 아제르바이잔 국기 색깔인 청색·적색·초록색 등 삼색이 어우러져 불꽃 모양의 조명을 만드는 쇼가 펼쳐진다. 이 경관이 불의 나라라는 것을 상징하고 있다.

왜 불의 나라라고 불릴까? 이곳에서 살았던 사람들은 오래전부터 석유가 채집되었던 이곳에 신성한 불이 보존되어 있다고 믿었다. 어떤 지역에서는 가스가 땅으로부터 분출되면서 언덕이 불타고 있는 느낌을 주기도 했다. 이 지역에서 불은 생활의 한 부분이었고 불은 신성하다는 믿음이 자연스럽게 전해져 왔다. 종교적으로도 페르시아에서 시작된 조로아스터교가 불을 숭배하는 신앙으로 발전되면서 신앙과 불이 결부되었다. 이에 고대 아제르바이잔인들도 조로아스터교를 믿으면서 늘 불이 끊이지 않는 아제르바이잔은 자연스럽게 불의 나라라고 불리게 되었다. 아제르바이잔 에서만이 아니라 조지아에 위치한 카즈베기산도 불과 관련 있는 곳이다. 프로메테우스가 불을 훔쳐 인간에게 전달하는 죄를 저질러 제우스의 명령으로 코카서스산맥의 카즈베기산에 얽매여 있었다는 그리스 신화로 볼 때 아제르바이잔을 포함한 코카서스 지역과 이란 등에서 불이 중요하였다는 것을 알 수 있다.

수도 바쿠를 거닐며

아제르바이잔의 바쿠 시내에서는 옛 왕국이 있었던 구시가지와 여러 박물관·기념관이 위치한 번화한 시내 거리가 볼만하다. 바쿠 근교에서는 고부스탄, 불의 사원·불의 산, 석유 관련 시설 등에 중점을 두고 보면 이 나라의 특성을 알 수 있다. 시외로 나아가면 실크로드를 따라 예전의 무역 거점으로 활발하였으며 세계문화유산으로 지정된 세키 지역이 가볼 만하 하다. 또한 코카서스산맥 가운데 위치하면서 코카서스 알바니아의 옛 수도로 알려진 가발라는 현지인들이 즐겨 찾는 곳이다.

우리는 지도를 통하여 방문하는 곳의 위치를 대략 숙지하고 이곳들에 대한 사전 지식을 가진 후 바쿠 여행을 구시가지에서부터 시작하였다. 전날 택시에서 성문 앞에 내렸을 때는 어둡고 비가 부슬부슬 내려 서둘러 호텔로 가다 보니 성문을 자세히 보지 못했다. 다음 날 아침 성문인 더블 게이트(Double Gates) 앞에 서서 보니 게이트를 중심으로 거대한 성벽이 좌우로 쭉 둘려 있다. 성문 위를 보니 두 마리의 사자가 황소 머리를 옹위하고 있는 모습으로 조각된 동물이 눈에 띈다. 사자는 권력과 힘의 상징이고, 황소는 부와 풍요함의 상징이며, 황소 옆의 두 동그라미는 해와 달을 의미한다고 한다. 이 성문은 구시가지로 들어서는 입구이며, 안쪽으로는 7~12세기에 걸쳐 형성되었던 옛 도시 모습이 남아 있는 듯 고풍스럽다.

구시가지의 왕성, 쉬르반샤 궁전, 메이든 타워

성벽으로 둘러싸인 구시가지 안에 쉬르반샤 궁전과 메이든 타워 등 중세 시대의 건물이 잘 보존되어 있었다. 메이든 타워는 기원전 7~6세기와 기원후 12세기경 두 차례, 왕성은 12세기 이후에, 쉬르반샤 궁전은 12~15세기경 조성된 것으로 알려졌다. 유네스코는 쉬르반샤 궁전 및 메이든 타워와 함께 성벽으로 둘러싸고 있는 구시가지 전체를 2000년에 세계문화유산으로 지정하였다. 그 배경으로는 아제르바이잔의 전통문화가 잘 보존되어 있으며, 구시가지에 구석기 이래 인간이 거주했던 지역이었고 이후 조로아스터·사산조페르시아·아랍·쉬르반·오스만제국·러시아 등의 문화가 이어져 그 역사적·문화적 가치를 인정하였기 때문이다.

구시가지 내 왕궁인 쉬르반샤 궁전부터 돌아보기 위해 궁전 마당을 지나 궁전 건물 안으로 들어가려다 보니 건물 한쪽 벽에 여러 총탄이 흔적으로 남아 있어 궁금했다. 1918년 아르메니아가 이곳을 침입하여 12,000여 명의 아제르바이잔 사람들을 죽인 장소라는 설명이 쓰여 있다. 아제르바이잔인이 아르메니아에 대하여 깊은 불신을 가지고 있다고 들었는데 1918년 사건이 불신의 시발점이 되어 100년 이상 지속되어 왔던 것이 아닌가 하는 생각이 들었다. 1991년 소련의 와해 이후 독립한 양국은 두 차례에 걸쳐 영토 전쟁을 하면서 서로 간의 간극은 더욱 깊어졌고 현

▲ 쉬르반샤 궁전

▲ 쉬르반샤 궁전 벽의 총탄 흔적

재도 양국은 외교관계가 없을 정도로 껄끄러운 관계이다. 하지만 최근 고위 인사 간에 화해를 위한 접촉이 전개되고 있고 조금씩 진전이 있어 서로의 접점을 찾아 나가고 있다. 협상이 잘 타결되어 평화를 이루고 또한 협력을 통하여 경제가 더욱 발전되기를 기대해 본다.

왕성 내 쉬르반샤 궁전은 군사적 방어와 행정적인 이유로 가장 높은 언덕에 조성되어 있어서 이곳에서 구시가지와 주변 지역을 내려다볼 수 있다. 여기서는 궁전 건물 뒤로 현대식 빌딩들, 그리고 불꽃 타워가 한 컷에 잘 담기는 사진을 찍을 수 있는데 옛 건물과 새 건물이 오묘한 조화를 이루고 있었다. 궁전은 그렇게 크지 않은 규모이지만 통치하던 방·왕의 처소·왕실 무덤·모스크·목욕탕 등이 다 갖추어져 있다. 이곳에 거주하던 사람들이 사용하던 물은 어떻게 공급되었을지가 궁금해 물어보았다. 고고학자들이 왕궁 지역을 발굴하여 보니 500리터나 담는 저수고가 있었고 10여 미터 깊이에 물 송수관이 발견되어 26개의 방이 있는 목욕탕에 물을 공급하였다는 것이 확인되었다고 한다.

궁전은 지금 박물관으로 이용되고 있는데 가장 전성기였던 14~15세기의 이브라힘 1세 등 3명의 왕 치세 기간 사용했던 검·도구·옷 등 여러 장식품이 진열되어 있고 당시 풍습을 알 수 있는 화려한 그림도 전시되어 있다. 관심을 끄는 것은 왕성 내의 있는 메이든 타워 그림으로 15세기 당시에 배가 타워 바로 앞에 정박해 있어 왕성이 카스피해 바로 옆에 있었음을 알 수 있다. 그러나 지금은 이 타워 인근에 커다란 도로가 지나고 있고 이 도로를 지나야 카스피해에 도달할 수 있어 오랜 나날이 지나면서 수십 미터 정도 땅이 메워졌음을 알 수 있다.

쉬르반샤 궁전을 나와 성벽을 따라 조금 걷다 보니 이체리세헤르 지하철역(Icherishaeher)이 성벽 밖에 보인다. 나중에 이곳에서 지하철을 타 보았는데 관광객들이 이곳에 내리면 구시가지에 접근하기 편리하게 되어 있다. 이체리세헤르는 아제르바이잔어로 내부 도시 또는 구시가지라는 뜻이다. 지하철역 인근의 성문 근처에는 미니 서적 박물관(Miniature

▲ 미니 서적 박물관

Book Museum)이 있는데 손가락 정도로 앙증맞은 크기의 60여 개국 6,500권 이상의 책들이 전시되어 있다. 푸시킨·체호프 등 러시아 책이 가장 많았고 고전 문학 작품·시집·동화·종교 서적 등 다양한 장르의 책들이 있었는데 중국의 사서삼경도 전시되어 있어 눈길을 끌었다. 가장 인상적인 책은 2.8 밀리미터 크기의 아주 조그만 책인데 돋보기로 봐야만 읽을 수 있는, 세상에서 매우 작은 책 중 하나라고 한다. 한국 책을 찾아보니 '위대한 개츠비', '동물농장', '이방인', '피그말리온' 등 4권으로 한국 작가의 서적이 아니라 번역서만 전시되어 있었고 일본 책도 마찬가지였다.

성벽을 쭉 따라 왕성 내 바쿠의 상징인 메이든 타워로 향했다. 처음, 이 건물을 보았을 때 매우 두텁게 지어졌다는 느낌이 들 정도로 둔중하였다. 지금은 해안가와 떨어져 있지만, 이 건물은 처음 해안 암벽에 불쑥 튀어나온 바위 위에 세워졌다. 우선 바위 위에 5미터 정도의 벽을 세우고 이

▲ 쉬르반샤 궁전내 메이든 타워 그림

▲ 메이든 타워

를 연결하는 원통형 타워를 축조하였다. 적의 움직임을 파악하기 위하여 지어졌을 것으로 보고 있지만 이 타워가 언제, 어떤 목적으로 지어졌고 메이든 타워라는 이름이 어떤 연유로 주어졌는지 아직 정확히 확인되지 않고 있으며 이에 대해 여러 가지 이야기가 전해 내려오고 있다. 그중 하나는 원치 않는 결혼을 앞둔 공주가 왕에게 타워를 지어달라고 하면서 타워가 완성되면 결혼하겠다고 했는데 타워가 완공된 후 탑 꼭대기에 올라 몸을 던졌다는 이야기이다. 다른 버전들도 있지만 결론은 모두 공주가 탑 꼭대기에서 몸을 던졌다는 것으로 끝난다.

 방어 목적으로 이 타워가 건립되었다고 하나 일각에서는 불을 숭상하여 지었던 사원이라는 의견도 있다. 이 타워는 현재 29.5 미터 높이인데 두 시기로 나누어 건축되었을 것이라고 한다. 기원전 7~6세기에 13.7 미터의 높이로 처음 지었고, 이후 12세기에 보강되어 현재와 같은 모습을 띤 것으로 보고 있다. 12세기에 건축한 사람은 셀주크 지도자의 손자인 다비드 올르 마수드(David Oghlu Masud)로 그의 이름에서 메이든 타워라는 이름을 따 온 것이 아닌가 하고 추정할 뿐이다. 달팽이와 같이 꼬불꼬불한 계단을 통하여 위에 올라서면 바쿠 시내 전체를 조망할 수 있어

남산 타워에 올랐다는 느낌이다. 수 세기 전에 도시 전체를 조망할 정도로 높게 건축할 수 있는 뛰어난 기술이 이 조그만 나라에 있었다는 것에 약간 놀랐다. 층마다 당시의 유물이 전시되어 있어 타워 전체가 소규모의 박물관이었다.

메이든 타워 바로 앞에는 성 바르톨로메오 교회 흔적이 남아 있다. 지금은 대부분 사람이 이슬람 종교를 믿고 있지만 예전 아제르바이잔에도 기독교가 널리 퍼졌었다. 예수 그리스도의 12 사도였던 바르톨로메오, 타대오, 그리고 타대오 사도의 제자 엘리세우스가 전도하였던 곳이다. 바르톨로메오는 인도·소아시아 지역을 전도한 이후 당시 코카서스 알바니아(현재 아제르바이잔)에서도 전도하여 커다란 성과가 거두었다고 한다. 그러나 기독교에 대한 강력한 반대 세력이 바르톨로메오를 붙잡아 바쿠 지역으로 압송하여 처단하였다. 당시 조로아스터교 사원이라고도 알려진 메이든 타워 바로 앞 지역에서 바르톨로메오 사도가 71년 순절하였는데

▲ 바르톨로메오 교회 유적

이를 기리기 위하여 1903년 사도 교회를 짓고, 2003년 추기경이 방문하여 미사를 올렸다. 지금은 그 교회가 없고 흔적만 남아 있다. 다만 일각에서는 바르톨로메오 사도가 아제르바이잔뿐만 아니라 아르메니아에서도 포교하였으며 권력기관에 잡혀 살갗이 벗겨져 죽임을 당했던 장소가 아르메니아라는 설도 있다.

성 바르톨로메오 교회 지역을 지나 큰길 대신 조그만 길을 걸어 보았는데 어디로 빠져나갈지 모를 정도로 미로迷路이다. 좁은 길 사이의 좌우 건물들이 옅은 황색토로 높게 지어져 있어 타임머신을 타고 예전으로 돌아가 걷고 있는 듯하고, 예전 쿠웨이트에서 겪었던 아랍풍의 건축 양식 문화를 접하는 느낌도 들었다. 반질반질한 돌길을 따라 이리저리 가다 보니 대상隊商숙소(사라이), 목욕탕(하맘), 모스크 등의 역사적인 건물 외에도 카펫 가게와 기념품 가게, 레스토랑 등이 들어서 있다.

▲ 바쿠 구시가지 미로

아제르바이잔은 조그만 공국으로 페르시아·아랍·오스만 제국·러시아 등 강대 세력의 틈바귀 사이에서도 정체성을 유지하였다. 9세기부터 16세기까지는 쉬르반 왕조(Shirvanshah)가 그 존재감을 과시하였는데 그 시기 가운데 12세기에는 문화적으로 크게 융성하기도 했다. 그러나 점차 세력이 약화되어 가다가 16세기에는 페르시아 사파비 왕조의 한 주로 격하되면서 아제르바이잔의 역사가 단절되는 운명을 겪기도 했다. 한때 화려했던 쉬르반 왕조의 흔적은 구시가지에 고스란히 남아 있어 관광객이 즐겨 찾는 장소가 되어 있다.

헤이다르 알리예프 센터

바쿠 시내를 오가다 보면 유난히 눈에 띄는, 무언가 흘러내리는 듯한 건축물이 있다. 이 건축물은 아랍의 서체와 같이 모서리 없이 곡선으로만 이루어진 혁신적인 형태를 하고 있다. 이는 바쿠의 랜드마크 중의 하나인 헤이다르 알리예프 센터(Heydar Aliyev Center)인데 이라크 태생 영국인 여성 건축가 자하 하디드(Zaha Hadid)의 작품으로 그녀는 동대문 디자인 플라자(동대문 DDP)를 디자인하기도 했다. 그녀의 건축물이 사람의 눈을 사로잡아 유명하기도 하지만, 여성의 활동이 무척 제한적인 아랍 출신의 여성이 세계적인 건축가가 되었다는 데 대하여 많이 회자되기도 한다. 알리예프 센터는 2014년 디자인 박물관에서 주관하는 올해의 디자인상을 수상하기도 했다.

지하철을 이용해서 알리예프 센터를 방문해 보기로 했다. 우리는 어느 나라를 방문하더라도 현지 사람들과 어울려 보고 싶어 했고 그 수단 중의 하나가 공공 교통수단을 타보는 것이기 때문이다. 지하철은 거리에 상관없이 한번 사용에 약 400원(0.5 Manat) 정도로 상당히 저렴했는데 열차

▲ 헤이다르 알리예프 센터: 밖에서 본 모습

▲ 헤이다르 알리예프 센터: 안에서 본 모습

가 정차하는 곳으로 가기 위하여 반쯤 기울었다 할 정도로 가파른 경사의 에스컬레이터를 타고 빠른 속도로 깊숙이 내려가야 했다. 문득 모스크바에서 지하철을 타기 위하여 에스컬레이터로 한없이 길게 내려갔던 생각이 떠올랐는데 속도가 이만큼 빠르지는 않았던 것 같다. 모스크바 지하철 정류장에는 커다란 조각상이나 화려한 그림이 조성되어 있었는데 바쿠의 정류장은 비교적 소박했다.

각 정류장 간의 거리가 꽤 길다는 느낌이 들었는데 우리로 본다면 두세 정류장 정도 지나서야 한 정류장이 나오는 정도였다. 중간중간 정류장을 만들어 역세권을 만들었으면 도시 발전에 도움이 되었을 것이라는 생각이 들었다. 지하 기반 공사가 어려워 그러하였는지 모르겠으나 그보다 공산 시절에 건설되었기에 국민들의 후생을 위하여 개발한다는 개념이 없이 다만 승객을 실어 나른다는 정도로 지하철을 만들지 않았는지 하는 느낌이다. 우리가 탄 지하철 차량만이 낙후되어서 그러하였는지 모르겠으나 운행 중 귀를 찢는 듯한 소음이 지속되어 귀를 막았는데 다른 승객을 보니 아무렇지도 않은듯하여 슬그머니 손을 내리기도 했다. 역에서 내려 구글 지도를 보며 알리예프 센터를 찾는데 참하게 생긴 여대생이 우리에게 다가와 안내해 주겠다고 한다. 코카서스 사람들은 대체로 한국에 대해 호의적인데 우리가 앙카라에 거주할 때도 튀르키예 사람들이 항상 친절하게 대해 주어 대접받는 느낌으로 살았던 기억이 있다. 코카서스 3국 중에서도 아제르바이잔 사람들이 튀르키예 사람들과 외모며 성격이 가장 닮았다고 느꼈다.

멀리서 본 알리예프 센터는 직선과 각이 없이 곡선의 유려한 모습의 흰색 건물로 마치 건물 자체가 하나의 거대한 전시품처럼 보인다. 사진을 찍는 방향에 따라 모습이 달라 보여 관광객들은 여러 각도에서 사진을 찍곤 하는데 밖에서 사진만 찍고 센터 안에는 들어가지 않는 사람들도 많다. 알리예프 센터나 바쿠 국제공항의 이름을 현 대통령의 아버지인 헤이다르 알리예프의 이름을 따와서 붙인 것을 보면 아제르바이잔 사람들은 지도자로서 그를 자랑스럽게 여기는 듯하다.

헤이다르 알리예프는 구소련 시절 아제르바이잔 공화국의 공산당 서기장이었으며, 1991년 독립 후 3대 대통령으로 취임하여 국가 발전을 주도하였다. 그는 소련의 붕괴 이후 독립한 아제르바이잔이 1992년 아르메니아와의 전쟁에서 패배하여 내전 상황으로까지 치닫던 상황에서 1993년 대통령으로 취임하였다. 불안한 정치 상황을 수습하고 안정화시켰기에 아제르바이잔의 국부로 평가받고 있으며, 권위주의적 통치자이기도 했지만, 경제적으로 아제르바이잔이 주요 산유국으로 발돋움하는 데 기여하였다. 그는 외국 투자 자본을 유치하여 카스피해의 석유 자원을 개발하였으며, 이를 주변 국가에도 수출하는 에너지 정책을 추진하였다.

소련 당시 바쿠 지역에서 생산된 석유는 헐값에 소련으로 유출되어 아제르바이잔의 발전에 커다란 도움이 되지 못하였다. 그러나 아제르바이잔의 독립 후 헤이다르 알리예프는 조지아 및 튀르키예와 협상하여 석유는 바쿠에서 조지아의 트빌리시와 튀르키예의 제이한으로 연결하는 BTC(Baku-Tbilisi-Ceyhan) 송유관으로, 가스는 바쿠-트빌리시-튀르키예 에르주룸(Baku-Tbilisi-Erzurum)에 이르는 가스관을 설치하여 석유·가스 수출선을 다변화하는 데 기여하였다. 또한 석유·가스로 획득한 수익을 국내 사회경제 사업에 투자하여 국가의 발전을 도모하였던 점이 치적으로 평가받고 있다. 중동의 여러 국가가 풍부한 에너지 자원에도 불구하고 발전을 이루지 못한 현실과 비교하여 볼 때 아제르바이잔이 석유·가스 자원을 토대로 발전한 것은 지도자의 리더십 때문이다.

강력한 지도자이었던 그는 2003년 지병으로 사망하였으며 그의 아들 일함 알리예프가 지금까지 20년 이상 집권하고 있다. 일함 알리예프 역시 권력을 장악한 가운데 경제발전을 통하여 국민적 지지를 확보해 나가고 있다. 아제르바이잔은 1994년 아르메니아와의 전쟁에서 패배하여 나고르노-카라바흐 지역을 상실했는데 당시 러시아는 아르메니아를 지원하였다. 그러나 권력을 승계한 일함 알리예프 대통령은 러시아와의 관계를 우호적으로 구축하여 러시아의 아르메니아 지원을 사전에 차단하고 형제국인 튀르키예로부터 드론 등 군수품 지원 등을 확보하였다. 이러한 준비를 한 이후 2020년 전쟁을 통해 상실한 영토를 회복하였는데 전쟁 이후 국민들의 지지가 상승하였다. 대통령 부자가 30년 이상 통치하고 있지만 정치적인 안정 하에 석유 자원 개발에 힘입어 경제가 꾸준히 성장하고 있다는 점에서 중동의 다른 산유 국가들과 대비된다.

센터 건물 안으로 들어가 보니 가장 먼저 눈에 띄는 것은 아제르바이잔 국기 색상인 빨간색, 초록색, 파란색 천으로 이루어진 형상이었다. 각각의 색상으로 된 천이 따로 춤을 추듯이 하늘로 치솟았다가 바닥으로 내려왔다가 하면서 역동적으로 움직이며 시선을 확 잡아끌었다. 이는 미국 예술가 다니엘 워첼(Daniel Wurzel)의 '공기 분수-칼라가이들의 춤'(Air Fountain-Dance of Kalagays)'이라는 작품으로 최근 알리예프 센터의 상설 전시 작품으로 추가되었다고 한다. 다이엘 워첼은 공기의 소용돌이와 칼라가이라는 얇은 천을 결합하여 천이 펴지거나 돌거나 뛰어오르는 모습으로 강렬한 느낌을 표현했다. 사진만으로는 이 작품의 매력을 충분히 담지 않는 것이 아쉬워서인지 많은 관람객이 동영상으로 이 작품을 찍기에 바빴다.

건물 내부도 외부의 모습 못지않게 현대식이고 파격적이었는데 계단도 부드럽고 흐르는 듯한 곡선 형태로 만들어져 있어서 계단마저도 전시품으로 보일 지경이었다. 알리예프 센터는 박물관·갤러리·공연장·콘퍼런스 홀로 구성되어 있고 상설 전시와 기획 전시로 구성되어 있는데 상설 전시실에는 헤이다르 알리예프 선임 대통령의 생애와 그의 업

▲ 공기분수-칼라가이들의 춤

적을 다룬 사진·영상·소장품·다른 나라로부터 받은 선물들과 함께 그가 생전에 타던 자동차도 전시되어 있다. 그밖에 전통 악기나 전통 의상·공예품·도자기·카펫 등이 전시되어 있으며 전날 방문했던 고부스탄의 암각화도 몇 점 전시되어 있어서 반가웠다.

아제르바이잔 카펫은 2010년 유네스코의 인류무형문화유산 대표 목록

▲ 아담과 이브의 카펫

에 등재되었을 만큼 아제르바이잔의 자랑인데 카펫의 색감이 화려하고 다양해서 보는 눈이 즐거웠다. 카펫 중에서는 '아담과 이브의 카펫'이 가장 인상적이었는데 아담이 사과를 들고 있는 것은 성경의 모티브를 암시하고 있다. 아담과 이브가 화려한 옷을 입고 있고 암수 사슴이 각각 그들을 바라보며 사랑을 연결해 주고 있으며, 가운데 위치한 꽃병이 '생명의 나무'를 표현하는 것으로 작가의 상상이 가미된 흥미로운 작품이었다.

기획 전시실에서는 세계적인 현대 예술가들의 작품과 설치 미술을 볼 수 있었는데 한국에서도 전시된 적이 있는 이탈리아 출신의 현대 조각가 지안프랑코 메지아토(Gianfranco Meggiato)의 조각품들이 전시 중이었다. 반복적으로 배열된 곡선으로 섬세하고 우아한 느낌을 표현한 청동 조각품들이 특히 강렬한 인상을 주었는데 그의 작품은 원시적인 모습과 현대적인 모습을 결합하여 인간의 내면이나 우주의 구조 같은 철학적 주제를 표현한다고 한다. 고부스탄 암각화에서부터 현대적인 조형물까지 다양한 시대의 전시품들을 돌아보다 보니 시간이 금방 흘러갔다. 알리에프 센터는 내부의 인테리어와 전시도 충분히 볼만한 가치가 있다는 생각이 들었다.

로스트로포비치 박물관

20세기의 뛰어난 첼리스트 중 한 명인 므스티슬라프 로스트로포비치(Mstislav Rostropovich 1927~2007)가 러시아인이라는 것은 알고 있었지만, 아제르바이잔 태생인 것은 코카서스 방문 전에 검색하다가 알게 되었다. 그가 어린 시절 살았던 바쿠의 생가가 로스트로포비치 박물관(Mstislav Rostropovich House Museum)으로 개관되었다고 하여 방문해 보기로 했다. 박물관은 우리가 묵고 있는 호텔에서 멀지 않은 시내에 있는데 규모가 크지 않은 가정집인 데다가 박물관 표시도 따로 없고 건물의 번호 표시도 잘 보이지 않아서 찾기가 힘들었다. 게다가 박물관 근처에 다가갔는데 오가는 사람들도 뜸하여 물어볼 데도 없었다. 겨우 찾아낸 건물로 들어갔더니 청소하는 아주머니가 2층으로 뛰어 올라가 우리가 온 것을 알렸고 3명의 직원이 우리를 환영하는 바람에 어리둥절했다. 명색이 세계적인 음악가의 박물관인데 홍보가 전혀 되어 있지 않아서 방문객이 우리 밖에 없다니...

첼리스트 아버지와 피아니스트 어머니 밑에서 태어난 로스트로포비치는 어린 시절부터 음악 교육을 받았고 16세에 모스크바 음악원에 입학해서 첼로와 작곡과 지휘를 공부했다. 그는 이때 쇼스타코비치와 프로코피에프로부터 작곡을 배우기도 했다. 1950년대에 스탈린상을 수상했고 모스크바 음악원의 교수가 되었으며 이 무렵부터 국제적인 명성을 얻기 시작했다. 소프라노인 아내 갈리나 비시네프스카야와 함께 공연을 하기도 했는데 그의 연주는 뛰어난 테크닉뿐만 아니라 감성적인 해석으로 찬사를 받았다. 레퍼토리가 넓어서 현대음악에도 탁월한 연주 실력을 발휘하여 쇼스타코비치·프로코피에프·브리튼 등 세계적인 작곡가들이 그를 위해 작품을 헌정했다. 그는 훌륭한 첼리스트였을 뿐 아니라 뛰어난 지휘자이기도 했는데 런던 필하모니, 베를린 필하모니 등 세계적인 오케스트라를 지휘하며 지휘자로서의 활동도 이어갔다.

▲ 1989년 무너진 베를린 장벽 앞에서 연주하는 로스트로포비치

로스트로포비치는 1989년 11월 파리의 아파트에서 베를린 장벽이 무너졌다는 소식을 듣고 바로 베를린으로 날아가 베를린 장벽 앞에서 홀로 바흐의 무반주 첼로 모음곡을 연주하며 많은 이들에게 감동을 줬다. 구소련 시절 반체제 작가이자 노벨 문학상 수상자인 알렉산드르 솔제니친(Alexandr Solzhenitsyn)에게 은신처를 제공해 주는 바람에 소련 정부의 감시를 받을 만큼 소련의 억압적인 체제에 저항했던 그는 냉전의 종식을 의미하는 베를린 장벽의 붕괴라는 역사적 사건 한 가운데 첼로를 연주하면서 자유와 평화를 지지하는 신념을 보여주었다. 세계적인 첼리

스트 겸 지휘자였을 뿐만 아니라 훌륭한 인권운동가로서 1974년 유엔 세계 인권상을 수상하기도 했다. 박물관의 안내자는 로스트로포비치가 여러 차례 자선공연을 하였다는 점을 강조하였는데 그의 이력을 보면 충분히 그러할 만하다는 생각이다.

박물관 벽면에는 그의 가족 및 세계적인 예술가들과 함께한 사진들을 발견할 수 있는데 우리에게 매우 익숙한 인물들을 보게 되어 반가웠다. 유명한 음악가인 쇼스타코비치·프로코피에프·브리튼, 노벨문학상 수상 작가인 솔제니친, 미술계의 거장 피카소·샤갈과 함께 한 사진이 벽면을 가득 메우고 있다. 낙서로 가득 찬 베를린 장벽 앞에서 허름한 의자에 앉아 첼로를 연주하는 그의 모습을 담은 흑백 사진은 매우 감명스러웠다. 사진이 선명하지 않음에도 불구하고 마치 첼로 선율이 사진을 뚫고 나와 그가 전하는 자유와 인간의 존엄성에 대한 메시지를 우리에게 전달해 주는듯하다.

특히 그가 쇼스타코비치와 찍은 사진은 서로의 각별한 인연을 보여주고 있다. 로스트로포비치는 모스크바 음악원에서 그의 작곡 스승이었던 쇼스타코비치를 음악석으로 뿐만 아니리 인간적으로도 존경했다고 한다. 쇼스타코비치는 로스트로포비치를 위하여 첼로 협주곡 1번과 2번을 작곡했는데 이 작품들은 고통과 절망, 그리고 저항의 정서를 담고 있어 은근히 소련의 체제에 대한 작곡가의 정서를 담고 있다. 이에 로스트로포비치는 음악에 숨겨진 스승의 메시지를 전 세계에 전달하는 훌륭한 연주를 했다.

솔제니친과는 예술과 정치의 자유라는 이상을 공유하는 친구로 지냈다. 소련의 인권 탄압을 고발한 솔제니친에게 은신처를 제공하며 예술적 자유를 옹호했던 로스트로포비치는 결국 서방으로 망명해야만 했다. 그는 소련으로부터 1978년 시민권을 박탈당했는데 소련의 개혁 개방이 한창이던 1990년에야 시민권을 회복하였다. 이러한 이야기를 듣고 솔제니친과 로스트로포비치가 함께한 사진을 보니 감회가 새로웠다. 또한 피카소와 함께한 사진을 보면서는 두 사람 사이에 어떤 관계로 엮어졌을까 하고 궁금했다. 20세기 음악계와 미술계를 대표하는 이 두 거장은 파리에서 알게 되어 로스트로포비치가 피카소에게 음악회의 포스터를 그려달라고 요청하자 피카소가 로스트로포비치의 첼로 연주 스케치를 그려주면서 서로의 우정이 시작되었다. 그들은 서로의 예술과 가치관을 존중하며 교류했고 박물관에는 피카소가 그린 로스트로포비치의 초상화도 전시되어 있다.

러시아로부터 독립한 아제르바이잔은 뛰어난 예술가가 거의 없었기에 바쿠 출신인 그를 크게 환영하였다. 헤이다르 알리예프 대통령은 그를 초청하여 훈장을 수여하고 매년 로스트로포비치 국제 음악 경연대회를 바쿠에서 개최하기도 하였으며 지금도 이어지고 있다. 푸틴 대통령 역시 그에 대하여 각별히 존경을 표하였는데 냉전 종식 후 러시아에서도 공연을 하는 등 음악 활동을 활발히 하였고 사망 후 모스크바에 묻혔다.

박물관에는 그가 사용했던 첼로·지휘봉·악보·연주 의상 등의 개인 소지품뿐만 아니라 그가 작곡한 악보들이 진열되어 있고, 음악회 프로그램·음반·편지·그가 받은 트로피 등도 빼곡하게 전시되어 있다. 또한 공연 영상도 찾아볼 수 있어서 로스트로포비치의 모든 것이 여기에 있다고 할 수 있다. 이곳은 전시 공간을 넘어 음악교육 공간으로도 사용되며 첼로 마스터클라스, 음악 워크숍 등 다양한 행사 공간으로도 사용된다고 하니 아제르바이잔 음악인들에게는 유용한 공간일 터이다. 다만 세계적인 음악가의 산실인 만큼 바쿠를 방문하는 관광객들이 꼭 방문할 곳으로도 손색이 없으나 이에 대한 홍보가 부족하여 외국인인 우리가 오히려 아쉬웠다. 관람을 마친 우리가 한국에서 왔다고 하니 K-Pop에 대하여 안다고 반가워하면서 방명록에 사인을 남겨달라고 요청해 왔다. 끝까지 친절한 미소로 대해주던 직원들을 뒤로하고 훌륭한 음악가가 남긴 뛰어난 연주 외에도 인류에게 전하고 싶었던 사회적 메시지를 곱씹어보며 박물관을 나왔다.

니자미 간자비 문학박물관

아제르바이잔의 대표 시인 니자미 간자비(Nizami Ganjavi 1141-1209)의 이름은 아제르바이잔 방문 전 검색하는 자료마다 등장하기에 니자미 간자비 문학박물관(Nizami Ganjavi Museum of Azerbaijan Literature)을 들러볼 계획을 막연히 갖고 있었다. 그러다가 호텔 앞 관광안내소에 붙어있는 니자미 간자비의 '레일리와 메즈눈'의 연극 공연 포스터를 보고 직원에게 물어보니 아제르바이잔 버전의 '로미오와 줄리엣'이라고 하여 호기심이 생겼다. 시내 중심가에 니자미 공원(Nizami Park)에다가 니자미 거리(Nizami Street)라는 이름까지 있는 것을 보니 명실공히 아제르바이잔의 대표 시인이라는 것이 실감이 나서 방문하였다.

박물관의 정면에는 니자미의 동상과 아제르바이잔의 문학을 대표하는 주요 인물들의 동상이 자리 잡고 있다. 박물관 안으로 들어가자 어느 언어로 안내를 받을지 물어보면서 아제르바이잔어·러시아어·영어·페르시아어·아랍어·영어 가이드가 있다고 한다. 큰 기대를 하지 않았는데 영어가 가능한 젊은 여성이 우리만을 위하여 니자미 시인 그리고 아제르바이잔 문학에 대해 1시간 넘게 열정적으로 설명해 주었다.

전시실로 들어서니 세계적인 문학가 롱펠로 (Henry Wadsworth Longfellow), 괴테(Johann Wolfgang von Goethe), 뒤마(Alexandre Dumas), 튀르키예 시인 나짐 히크메트(Nazim Hikmet), 러시아 시인 레르몬토프(Mikhail Lermontov) 등의 두상이 쭉 설치되어 있었다. 이들 모두 니자미의 시를 극찬하고 호평을 남겼다는 공통점이 있기에 이곳에 전시했다고 한다. 이들 중 나짐 히크메트는 한국에는 잘 알려지지 않았지만, 튀르키예에 거주할 때 그의 시를 알게 되었는데 뜻밖의 장소에서 접하게 되어 감회가 깊었다. '가장 훌륭한 시는 아직 쓰이지 않았다/가장 아름다운 노래는 아직 불리지 않았다/최고의 날들은 아직 살지 않은 날들…'로 시작되는 히크메트의 '진정한 여행'의 구절을 떠올리며 본격적으로 관람하기 시작했다.

1939년에 설립된 니자미 박물관에는 23개의 전시실에 다양한 아제르바이잔 문학작품 필사본, 고문서, 문학작품과 관련된 회화와 조각품, 카펫 등이 전시되어 있다. 각 전시실에는 니자미의 작품과 생애, 아제르바이잔과 페르시아 문학의 역사, 아제르바이잔과 세계 문학 간의 교류 등에 대한 자료를 다양하게 전시하고 있었다. 또한 니자미 작가만을 전시한 것이 아니라 아제르바이잔을 대표하는 여러 문학 작가에 관련된 중요한 자료들이 전시되어 있어 이들의 역사와 문화를 볼 수 있는 좋은 기회이었다. 다만 우리는 그날 하루 종일 쉬지 않고 돌아다녀 피곤한 가운데 전시관 종료를 불과 1시간 정도를 앞두고 입장했기에 가이드의 설명 중 주로 니자미의 작품과 관련된 전시물에 대해서만 집중해서 들어 아쉬움도 있었다.

　니자미 간자비의 본명은 일야스 이븐 유시프(Ilyas Ibn Yusif)이며 니자미는 아호로서 '마스터', 간자비는 그가 태어난 지역 간자(Ganja)에서 따온 이름이기도 하며 보물을 뜻한다고도 한다. 니자미는 아제르바이잔에서 태어나 쭉 그곳에서 살았지만, 작품을 페르시아어로 썼기에 간혹 그를 이란인으로 착각하는 경우도 있다고 한다. 당시에는 페르시아 문화가 선진문화여서 페르시아어로 작품을 쓰던 전통이 유행했었다. 이러한 경향은 간자 지역에도 퍼져 있어 니자미 역시 페르시아어로 작품을 썼다. 그의 작품이 이란이나 중앙아시아 등 다른 나라에도 알려지면서 궁정 문인으로 종사할 것을 요청받기도 했으나 그는 이를 거절하고 자신만의 독특한 스타일로 작품을 남겼는데 특히 세련된 언어와 상징적인 기법으로 쓴 이야기 중심의 서사시에 뛰어난 재능을 보였다.

▲ 니자미 간자비 문학박물관 입구의 조각품

　니자미의 대표작은 1188년에 쓴 5부작 연작시 '함사'(Khamsa)이며 전시실에는 화려하게 장식된 필사본과 삽화가 진열되어 있다.

함사의 2번째 이야기(Khosrow and Shirin)의 주인공은 도끼를 들고 산을 베는 영웅적인 모습의 파하드(Farhad)인데 '파하드가 산을 절단하다(Farhad Cuts the Mountain)'라는 제목의 카펫이 그의 영웅성을 나타내고 있다. 박물관 입구 벽면에도 건장한 남자가 암석을 깨는 모습의 전시물이 있는데 그가 아제르바이잔의 대표적 영웅인 파하드이다. 그는 가뭄이 일어난 땅에 도끼로 암석을 깨서 막혀있던 수로를 뚫어 사람들을 구원하는 전설적인 인물로 니자미의 시에 등장하여 유명하다. 카펫 섹션에서 봤던 파스텔 색조의 카펫에서는 파하드가 신화적이고 신비적으로 묘사되었는데 입구에 있는 조각가(D.Karyagdy)의 청동 전시품에서는 좀 더 용맹한 면모가 돋보이며 거기에 구릿빛의 색상이 강렬함을 더해 주기에 이 두 작품을 비교하는 것도 흥미로웠다.

호텔 앞 관광안내소에 붙어 있던 포스터인 '레일리와 마즈눈'은 함사(Khamsa)의 3번째 이야기인데 이 작품에 영감을 받은 모하메드 피즐리(Mohammed Fizuli)라는 유명 작가도 같은 제목으로 작품을 썼고 아제르바이잔을 대표하는 유명한 작곡가 하지베요프(Uzeyir Hajibeyov)는 이를 토대로 오페라를 작곡하기도 했다. '레일리와 마즈눈'은 아제르바이잔 버전의 로미오와 줄리엣으로 사랑에 빠진 두 남녀가 가족의 반대로 이룰 수 없는 비극적인 사랑을 그린 서사시다. 남자 주인공인 마즈눈은 아랍어로 '미친 사람'이라는 뜻으로, 이름이 암시하듯이 사랑 때문에 미친 사람처럼 행동한다. 박물관의 카펫 전시실에는 마즈눈이 야생동물과 함께 있는 카펫을 볼 수 있었다.

'함사'의 4번째 이야기인 '7명의 공주'에 나오는 공주들의 조각품도 전시되어 있어 관심을 더욱 가지고 보게 되었다. 7명의 공주라는 연작시는 사산 왕조의 바흐람 구르(Bahram Gur)왕이 7개의 지역에서 온 공주들을 궁전에 초대하여 이야기를 듣는 내용이다. 7명의 공주들은 각각 아나톨리아(현재의 튀르키예), 인도, 중국, 사란디브(스리랑카), 페르시아, 중앙아시아, 마그레브(북아프리카)에서 왔으며 아름답고 지혜로운 그녀들의 철학적이고 도덕적인 교훈이 담겨있다.

'함사'에 나오는 '레일리와 마주눈'과 '7명의 공주' 등 이야기들은 카펫을 짜는 사람들과 그림을 그리는 유명 화가들의 작품 소재로도 종종 사용되고 있다고 하니 '함사'가 대단한 작품임을 실감할 수 있었다. 이 외에도 니자미의 초창기 시들의 모음집 '디반'(Divan)의 사본, '알렉산더 대왕의 시'(The book of Alexander), 바쿠에 있는 메이든 타워와 바쿠에서 60여 킬로 떨어져 있는 고부스탄을 한 공간에 합성해 놓은 듯한 그림 등에도 눈길이 갔다. 가이드는 '알렉산더 대왕의 시'도 '함사'의 5번째 이야기라고 하여 수많은 자료들 사이에서 '함사'와 관련된 자료를 보물찾기하듯 하나하나 찾아내는 재미가 있었다. 그러다 보니 여러 인물의 초상화 가운데 유독 니자미의 초상화에 관심을 가지고 보게 되었다. 그런데 니자미가 활동하던 시기에는 초상화를 정밀하게 그리는 기술이 그다지 발전되지 않았기에 현재 전시된 초상화들은 후대 예술가들이 상상에 의해 그린 것으로 그들의 실제 모습이라고 하기 어렵다.

기대했던 것보다 훨씬 방대한 자료들을 보면서 알찬 시간을 보냈는데 한 가지 아쉬운 점은 사진 촬영이 금지되어 사진을 찍지 못했다는 점이다. 그나마 투어를 끝내고 입구에 있는 니자미의 동상, 그리고 소비에트 조각가(D. Karyagdy)의 작품 'Farhad, Cutting the rock'(1941)이라는 조각품만 사진 촬영이 허용되었다. 가이드가 시종일관 지치지 않고 니자미 그리고 아제르바이잔 문학에 대해 열정적으로 설명을 해 주어 시간이 후딱 지나가 버렸다. 하지만 허용된 단 한 장의 사진만 찍고 박물관을 나오려니 고문서는 그렇다 치더라도 일부 전시실이나 전시품은 촬영을 허용해도 되지 않을까 하는 아쉬움이 떠나지 않았다.

바쿠 노벨석유클럽, 아제르바이잔 석유

한강 작가가 노벨문학상을 수상했다는 소식을 듣고 크게 환영하면서 노벨가家와 바쿠의 연결고리를 떠올렸다. 노벨가는 바쿠에 설립한 석유 산업으로 거두어들인 이익으로 노벨 기금의 상당 부분을 조성하여 지금까지 노벨상을 수여하는 토대를 마련하였고 2024년 문학 부문의 수혜자가 한강 작가이다. 바쿠 중심지에서 조금 떨어진 곳에 100여 년 전 이곳에서 석유 사업을 하던 노벨 형제의 흔적인 바쿠 노벨석유클럽(BNOC)이 있다.

19세기 말부터 노벨가·로스차일드가 등 유럽의 여러 자본가가 아제르바이잔의 석유 개발에 뛰어들었는데 당시 주요 석유 생산지는 미국과 함께 아제르바이잔이었다. 아제르바이잔은 오래전부터 석유가 흘러나오던 곳으로 널리 알려져 왔다. 이곳에서 기원전 4~3세기부터 석유가 채굴되기 시작했는데 실크로드를 따라 여행하던 마르코 폴로도 이에 대하여 쓰고 있다. 그는 샘에서 풍부한 석유가 나오며, 이 기름은 식용으로 쓸 수 없지만 연료로서 요긴하다고 기록하였다.

세계 석유의 역사에서도 아제르바이잔이 중요한 한 장을 차지하고 있다. 대규모 석유 채굴 이전에는 표면으로 흘러나오는 석유를 채집하는 정도이었는데 처음으로 아제르바이잔의 바쿠 인근 카스피해 연안에서 기술을 이용하여 석유를 채굴하였다. 현재 공식적인 자료에는 1859년 미국의 드레이크 대령이라는 석유 채굴업자가 펜실베이니아주에서 새로운 기술

▲ 노벨석유클럽 내부 모습

▲ 아제르바이잔 최초 석유시추시설

로 석유를 채굴하였다고 기록되어 있지만 아제르바이잔은 그보다 11년 앞선 1848년에 산업적 용도로 세계 최초로 채굴하였다고 주장한다. 이후 아제르바이잔의 석유 개발을 위한 투자가 여러 기관에서 대규모로 진행되어 석유 채굴 규모가 미국을 능가할 정도이었다. 로스차일드 등 투자자뿐만 아니라 노벨 가는 1879년 바쿠에 석유회사를 설립하였다. 바쿠의 백색 도시(White City)라고 불리는 곳에는 바쿠 노벨석유클럽과 기념관이 있어 방문하였는데, 노벨상을 만든 알프레드 노벨은 이곳에서 일한 적이 없고 그의 형인 루드비히 노벨이 바쿠를 거점으로 석유 생산과 유통으로 대규모 부를 축적했다.

아제르바이잔에서 석유산업은 급속히 확장되었는데 1901년에는 전 세계 석유 생산의 1/2을 생산할 정도였다. 석유에 대한 각국의 수요가 증가하면서 카스피해에서 흑해까지 운송 파이프가 건설되기도 하였으며 바쿠에서 생산된 석유를 운송하기 위한 유조선도 등장하였다. 1924년에는 카스피해 연안 석유를 채굴하기 위한 시추를 최초로 하였으며 1949년에는 공해에까지 시추하는 단계로 기술이 발전해 나갔다. 이곳에서 축적된 기술은 러시아의 서시베리아·중동·북아프리카 석유 개발의 토대가 되었다. 아제르바이잔에서 그동안 60~70억 배럴의 석유를 채굴하였지만, 아직도 300억 배럴의 석유가 매장되어 있다고 추정하고 있다. 이후 가스전 개발도 이루어져 현재는 상당한 규모의 가스 수출이 이루어지고 있다. 수도 바쿠 인근 지역 곳곳에서 메뚜기 모양의 석유를 채굴하는 시설이 곳곳에 보일 정도로 석유와 가스를 대량 생산하는 나라이다.

아제르바이잔에서 생산되는 석유 중에 치료 목적으로 쓰는 것이 있다.

이는 나프탈란(Naftalan)으로서 불에 타지는 않지만, 몸의 외부 및 내부의 상처를 치료하는 효과를 지니고 있다. 이 석유는 매우 희귀한데 그 효과는 우연히 알려졌다. 중세에 어느 낙타몰이꾼이 석유가 나오는 곳에서 병든 낙타가 뒹구는 것을 보고 죽었을 것으로 생각하고 떠났다. 그런데 그가 몇 주 후 그 장소로 돌아왔을 때 이 낙타가 다 치유가 된 것을 보고 깜짝 놀라 이 석유를 치료제로 사용하기 시작하였다고 한다. 이 석유의 효용에 대해서는 아제르바이잔의 12세기 대大 시인 니자미 간자미의 시와 13세기 마르코 폴로의 기록에도 나온다. 마르코 폴로는 이 석유가 낙타에게 생기는 비듬이나 옴의 예방에 효능이 있으므로 아주 먼 데에서도 이 기름을 채취하러 온다고 적었다.

아제르바이잔은 사우디아라비아·러시아·베네수엘라와 같이 석유 및 가스에 의존하고 있는데 석유 시추·생산·수출·가공 등 석유화학 산업의 시황에 따라 국가 경제가 출렁인다. 소련 당시에는 이곳에서 생산된 석유가 주로 소련으로 공급되었으며 냉전 종식 이후에도 주로 러시아를 통하여 수출하였다. 그러나 1991년 독립한 이후 집권한 헤이다르 알리예프 대통령은 국영 석유사(SOCAR)를 1993년 새로이 만들었다. 그는 SOCAR를 통하여 체계적인 생산·운송·투자 시스템을 구축하고 주변 국가와 협력하여 기존 러시아를 통한 송유관뿐만 아니라 조지아-튀르키예 구간의 송유관을 신설하여 수출선을 다변화하였다.

튀르키예에 근무할 당시 아제르바이잔 석유를 받는 제이한(Ceyhan) 송유시설을 방문한 바가 있다. 이 시설에 진입하기 위하여 사전 허가를 받았으며 둘러본 송유관 시설은 인가나 다른 시설로부터 격리되어 엄중

한 경호가 취해지고 있었다. 튀르키예는 석유·가스가 생산되지 않아 이란·이라크·러시아 등으로부터 수입하고 있는데 아제르바이잔을 통하여도 일정한 규모의 석유를 확보하여 석유 수입선을 다변화하였다. 그동안 수입한 석유를 유럽에 재송출하여 석유를 전달하는 통로(corridor)가 되어 왔지만, 최근에는 석유화학산업에 투자하여 정제된 석유를 수출하기도 한다. 이를 위하여 튀르키예와 아제르바이잔 석유공사(SOCAR)는 공동 투자를 통하여 튀르키예 서부 이즈미르에 석유정제시설을 건설하였다. 수년 전 이 정제시설을 우리 기업이 이탈리아 기업과 공동으로 건설하고 있어 방문하였는데 건설 현장에 바람이 심하게 불던 기억이 아직도 뚜렷하다. 튀르키예와 아제르바이잔은 인종·언어적인 공통점이 있을 뿐만 아니라 화학산업 등 에너지 부문에서도 협력이 긴밀하게 이루어지고 있다.

바쿠 근교로....

우리는 대부분의 해외여행을 자유여행으로 다니는 편이다. 우리 또래의 지인들 이야기를 들어보면 단체 여행으로 가보니 자유여행보다 훨씬 편하다고도 하는데 원하는 일정을 짜고 여유롭게 다니고 싶어 자유여행만을 주로 해 왔다. 하지만 코카서스 여행을 하면서는 비교적 먼 곳으로 이동할 때 유럽처럼 교통수단이 발달되어 있는 것도 아니고 생소한 지역들이 많아 현지 가이드의 설명이 필요할 것 같아서 자유여행과 현지 투어를 번갈아 하면서 다녔다.

바쿠 시내에서는 우리끼리 둘러보았으며, 외곽으로 나가는 코스는 현지 투어를 예약했다. 바쿠 근교 여러 곳을 방문하는 프로그램으로 초기 석유시추 장소-비비 헤이뱃 모스크(Bibi-Heybat Mosque)-고부스탄 암각화(Gobustan)-진흙 화산(Mud Volcano)-불의 화산(Fire Mountain)-불의 사원(Fire Temple)을 둘러보는 코스였다. 1인당 70불로 점심도 포함하고 있어 가성비가 좋았다. 코카서스 현지 투어는 대부분 영어와 러시아어로 함께 진행되는데 간혹 러시아어로만 진행되는 투어도 있으니 사전에 확인해야 한다. 어떤 관광객은 안내 언어를 확인하지 않고 신청했더니 러시아어로만 진행되는 투어여서 한마디도 알아듣지 못했다고 했다.

여행사는 호텔에서 도보로 5분 정도의 거리였는데 투어하기 전날 문자가 왔다. 오전 9시에 모이라고 했지만 8시 반까지 와달라는 내용이었기에 우리는 8시 20분경 모임 장소로 갔는데 아무리 기다려도 가이드가 나타나지 않았다. 그날따라 비가 부슬부슬 내려 몸이 으슬으슬하기도 했다. 참다못하여 성질 급한 어느 관광객이 가이드에게 전화했더니 곧 오겠다고 답하는데 가이드는 정작 9시 반 정도 되어서야 나타나는 게 아닌가! 일행들의 빗발치는 항의에도 교통 체증 때문에 어쩔 수 없다고 당당하게 대답하는 모습을 보고 그날의 투어가 걱정되었지만, 막상 투어를 해보니 가이드는 지각한 것 외에는 성실하고 영어 실력도 유창한 데다가 전문 지식도 풍부해서 투어는 만족스러웠다.

우리 일행은 모두 17명이었는데 미국·캐나다·영국·홍콩·인도에서 온 사람들이어서 투어는 영어로만 진행되었다. 코카서스 여행을 하면서 현지 투어를 해보니 영어로만 진행되는 투어는 거의 없었는데 이번에는 한 가지 언어로만 설명하니 훨씬 자세히 설명해 주어 좋은 정보를 많이 얻을 수 있었다. 한편으로 열심히 듣고 또 한편 중요한 내용을 받아 적느라고 바빴는데 가이드의 설명을 일일이 적을 수가 없어서 키워드로만 받아 적다 보니 나중에 메모를 보았을 때 무슨 내용인지 모르는 부분도 있었다.

비비 헤이뱃 모스크

투어는 초기 석유 시추 장소를 간단히 돌아보고 바쿠 남서쪽 카스피해 연안에 자리 잡고 있는 비비 헤이뱃 모스크(Bibi-Heybat Mosque)로 이어졌다. 이 모스크는 13세기에 지어졌다가 1936년 소련의 종교 탄압으로 파괴되었고 아제르바이잔이 독립한 이후인 1998년 헤이다르 알리예프 대통령 시절에 재건되었다. 재건 당시 건물의 전통적인 양식을 최대한 유지하면서도 현대적인 건축 기술로 내구성을 강화했다.

비비 헤이뱃의 비비는 아제르바이잔에서 여성에 대한 존칭이며 헤이뱃은 존엄성을 의미한다. 비비 헤이뱃은 예언자 무함마드의 후손이자 아바스 왕조의 박해를 피해 바쿠로 피난 온 일곱 번째 이맘인 무사 알 카딤

▲ 비비 헤이뱃 모스크 내부 모습

의 딸로서 그 이름은 우카이마 카눔(Ukeyma Khanum)이다. 이 모스크가 그녀의 무덤 위에 지어졌기 때문에 비비 헤이뱃 모스크라는 이름이 탄생했는데 아제르바이잔인들은 비비 헤이뱃이 예언자 무함마드의 혈통과 연계되어 있어 이를 매우 소중하게 여긴다. 비비 헤이뱃 모스크는 파티마 모스크라고 불리기도 하는데 1850년대에 알렉산더 뒤마가 이 모스크를 파티마 모스크라고 불렀기 때문이라고 전해진다. 뒤마는 카스피해 연안 지역을 여행하고 쓴 '카스피해의 여행'에서 비비 헤이뱃 모스크 건축물이 아름답고 모스크가 지역 주민들에게 중요한 순례지라고 기록했다.

이 모스크는 임신을 원하는 여성들이 주로 방문하는 장소로도 알려져 있는데 아제르바이잔인들은 비비 헤이뱃이 여성과 가정 문제에 도움을 주는 인물이라고 믿고 있기 때문이다. 우리가 방문한 때에도 여성 방문객들이 유난히 많았는데 비비 헤이뱃의 가호를 통해 소원이 이루어지기를 바라는 여성들이 이곳을 찾고 있다. 모스크는 3개의 돔과 2개의 높은 미나렛(모스크의 탑)이 우아하면서도 장엄한 자태를 뽐내고 있다. 내부로 들어서면 선명한 녹색 바탕에 금색의 다양한 이슬람 문양과 이슬람 서체로 장식된 화려한 돔 내부 장식이 시선을 확 잡아끈다. 하지만, 이 모스크에서 가장 눈에 뜨이는 것은 내부에 들어가자마자 보이는 범상치 않은 모습의 사각형 공간인데 그 안에는 무함마드 후손들의 관이 놓여있고 녹색 관 위에 아랍어로 글씨가 쓰여 있다. 그저 멋진 조형물인 줄 알았는데 그 속에 관이 있다니...

일몰 시각에 비비 헤이뱃 모스크의 외관이 황금빛으로 빛나기에 그 모습이 더욱 아름답다고 한다. 하지만 외적인 아름다움을 떠나서 아제르바이잔인들에게는 역사적으로도 중요한 문화적 유산이며 지역 주민들이 기도와 종교 활동을 위해 모이는 신앙의 중심지이다.

진흙 화산

바쿠에서 60여 킬로 떨어져 있는 고부스탄의 진흙 화산(Mud Volcano)으로 가는 길은 나무나 초목이 거의 없는 한적한 사막의 비포장도로였다. 진흙 화산은 마을에서 떨어져 있다 보니 인적이 드문 고립된 세계로 들어가게 되어 황량하기까지 하다. 전 세계에 있는 1,000여 개의 진흙 화산 중 400여 개가 아제르바이잔에 있으며 카스피해 연안과 고부스탄 지역에 밀집되어 있다. 진흙 화산은 석유와 천연가스가 매장된 지역에서 발견되는데 뜨거운 용암이 아닌 지하의 가스가 압력을 받아 진흙을 밀어 올리며 가스·오일·미네랄 등이 포함된 회색 진흙 화산이 생성된다. 화산이라는 이름과는 달리 이 진흙을 만져보면 오히려 차갑게 느껴진다고 한다.

▲ 바쿠 근교의 진흙 화산

방문하기 전 검색을 했기에 진흙 화산의 규모가 크지 않다는 것을 알고 있었지만, 막상 도착해보니 처음에는 상당히 실망스러웠다. 어떤 진흙 화산은 화산이라는 말을 붙이기도 민망할 정도로 작은 웅덩이 정도의 크기였기 때문이었다. 하지만 관찰하니 작은 화산구에서 어린아이가 입으로 물을 내뿜듯이 진흙을 아주 조금씩 계속하여 내치며 진흙의 기포가 뽀글뽀글 잔거품을 일으키는 것이 신기했다. 화산의 종류도 어떤 것은 흙무더기를 쌓아 올린 모양이고 어떤 것은 평평하게 생기는 등 다양해서 지켜보는 재미가 있었다. 열기를 실험하기 위하여 가이드가 종이에 불을 붙여 진흙 화산으로 던졌더니 불이 크게 번지기에 다들 환호했다. 하지만 일행 중의 한 명이 아주 가까이 다가가는 바람에 가이드가 성난 목소리로 벗어나라고 소리를 크게 질러 모두 깜짝 놀랐다. 나중에 가이드는 소리를 지른 것에 사과하면서도 잘못 다가갔다가 사고가 일어날 수 있다고 변명하기도 했다.

진흙 화산 중에는 진흙목욕을 체험할 수 있는 평평하게 생긴 작은 연못 같은 곳도 있는데 우리가 방문한 날은 바람도 불고 날씨도 쌀쌀해서 아무도 그 안에 들어갈 엄두를 내지 못했다. 가뜩이나 진흙의 촉감이 차가운데 춥고 바람 부는 날 진흙목욕이라니…하지만 이곳의 진흙이 특히 입자가 고와서 피부에 좋다고 생수병에 담아가는 사람들도 있었다. 진흙 화산은 2001년에 크게 폭발한 적이 있었고 2011년에는 폭발한 화산의 불길이 50미터 이상 치솟았으며 언젠가 또다시 폭발할 가능성도 있다고 한다. 첫인상은 다소 실망스러웠지만 다른 곳에서 보기 힘든 색다른 경험이었다.

▲ 고부스탄 입구

고부스탄 암각화 ▼ ▶

70　불의 나라 **아제르바이잔** · 와인의 나라 **조지아** · 돌의 나라 **아르메니아**

고부스탄 암각화

진흙 화산과 멀지 않은 곳에 고부스탄 암각화가 그려진 동굴과 바위 군이 있는데 이는 아제르바이잔 여행의 백미로서 2007년 유네스코 세계문화유산에 등재되었다. 고부스탄의 '고부'는 돌 또는 바위, '스탄'은 바위를 뜻하는 단어가 결합한 것이어서 돌의 땅 혹은 바위의 땅이라는 뜻인데 온통 바위투성이인 바위산을 직접 바라보니 왜 그런 이름이 붙었는지 수긍이 된다. 이곳 역시 진흙 화산처럼 주변의 경관은 황량하기 그지없다. 하지만, 이 황량한 바위산에서 각종 유물들, 정착지 흔적, 무덤 등과 6천여 점의 암각화가 발견되어 고고학적 가치가 매우 높은 곳이다.

암각화 바위산 입구에 움푹하고 폭이 넓은 바윗 돌이 놓여있는데 가이드가 조그만 돌 두 개로 두드리니 소리가 화음을 이루었다. 이 바위는 아제르바이잔에서만 볼 수 있는 천연 음악석이라고 하는데 고대인들이 이것으로 음악을 만들고 춤도 추었다고 한다. 일행들과 함께 신기해하며 앞을 다투어 돌을 두드려 보았다. 여기서부터 좀 더 들어가면 여러 가지 암각화가 나타나기 시작한다. 정비된 탐방로를 따라 걸으면서 암각화를 볼 수 있게 해놓았는데 암각화 옆에는 번호와 설명이 적힌 안내판이 서 있어 시 많은 도움이 되었다.

4만여 년 전 구석기시대부터 사람들이 동굴 바위에 새긴 그림은 당시 생활상과 도구 사용 기술의 변화 과정을 알 수 있는 귀중한 문화유산이다. 사냥하거나 춤추고 있는 사람들의 무리, 말을 타고 있는 사람, 임신한 여성 등 인간의 생활뿐만 아니라 싸우고 있는 소, 사냥에 쫓기는 동물, 여러 마리의 양과 말 등이 새겨져 있어 당시의 수렵생활상과 함께 동물들을 길들였던 정황을 알 수 있다. 춤과 의례를 묘사하는 암각화를 통해 선사시대의 종교의식을 엿볼 수 있다. 암벽에는 배를 타고 있는 사람들이 새겨져 있는데 이는 신석기 시대에 고부스탄 지역이 지금과는 달리 바다와 연하여 있었다는 점을 이야기해 준다. 청동기 시대에 해와 달을 향하여 기도하고 있는 모습, 철기 시대에 말을 탄 전사가 무기를 들고 있는 모습 등도 새겨져 있고 곳곳에 물이나 희생된 동물의 피를 담은 듯한 구멍도 있다. 이후 로마제국 시대의 라틴문자, 중세기의 암각으로 돌에 구멍을 뚫어 동물을 매어 단 모습, 아랍 문자 등도 이곳에서 나타난다.

황소 은신터(Bull shelter)라고 이름 지은, 황소와 관련된 암각화가 많이 발견되었는데 황소와 인간들 그리고 배가 그려져 있었다. 29번이라고 붙여진 암각화는 39명의 남성과 24명의 여성, 야생 소, 염소, 배를 포함한 115개의 이미지가 그려져 있었다. 31번에서는 나치당의 표시 같은 어금꺾쇠 십자가(Swastikas) 문양을 볼 수 있는데 이 표시는 고대 시대에 태양과 불을 상징했다고 한다. 49번은 임신한 여성들과 얼굴을 맞대고 있는 황소의 모습으로 눈길을 끌었다. 아자 자그 은신터(Ana Zaghs Shelter)에 구석기시대 말부터 중세 시대까지 사람들이 거주한 것으로 보이며, 이곳에서 돌로 만든 도구와 1,000여 개의 뼈들, 조개껍질로 만든 펜던트 등 3만 점의 유물이 발견되었다.

고부스탄 암각화를 보니 울산의 반구대 암각화가 떠올라 비교해 보게 된다. 신석기 시대 사람들의 생활상을 묘사한 반구대 암각화에는 고래·거북·상어 등 바다 동물, 사슴·노루·산양·호랑이·표범·멧돼지·토끼 등 육지 동물, 사람들의 사냥 및 어로 장면 300여 점이 그려져 있다. 이곳에 가

보면 주변의 시냇물이 흐르고 있어 암각화가 점차 희석되어서인지 사람들의 접근을 막고 있다. 다가가지 못하니 멀리서 바라만 볼 뿐이고 박물관에서 이 암각화를 모사한 그림을 접할 뿐이어서 그다지 감흥이 오지 않았다는 것이 솔직한 심정이다. 이에 반하여 고부스탄의 암각화는 바로 앞까지 가서 볼 수 있으며, 산등성의 바위에서 새겨져 있어 선명하고, 사막 기후여서 비교적 잘 보존되어 있었다. 고부스탄 암각화를 통하여 고부스탄이 석기시대부터 중세기까지 종교적이고 의례적인 행사를 하는 중요한 장소이었음을 알 수 있었고 고대인들이 자연과 상호작용을 했던 방식을 생생하게 느낄 수 있었다. 가까이에서 암각화를 촬영하였지만, 사진의 모습이 실제로 봤을 때보다 희미하게 나와 아쉽기는 했다.

    암각화 문화경관 지구의 투어를 마치고 불의 산으로 가는 길에 우리 일행은 점심을 먹기 위해 아제르바이잔의 전통 레스토랑에 들렀다. 그때까지는 짧은 시간 내에 여러 곳을 둘러보고 사진 찍느라 같이 여행한 일행들과 대화를 나눌 기회가 없었다. 점심때가 되어서야 채식주의자인 영국인과 인도인 등 5명이 한 테이블에 앉고 나머지 12명은 다 같이 먹도록 테이블이 배치되어 자연스럽게 일행과 대화를 나눌 수 있었다. 홍콩에서 온 3명의 20대 여성은 한류 팬이라고 하면서 K-문학에 대하여 이야기하였다. 캐나다에서 온 젊은 부부는 한국의 국제학교 선생으로 3년간 근무했다며 "안녕하세요." "감사합니다." 등의 간단한 한국어 실력을 자랑스럽게 뽐내면서 서울의 인사동과 강남, 그리고 분당 등 방문했던 곳의 지명을 줄줄이 읊었다. 우리는 우리대로 전에 방문했던 캐나다 도시들의 이야기를 꺼내면서 화기애애하게 분위기를 이어 갔다. 홀로 여행하는 점잖은 인상의 미국에서 온 60대 노신사도 아들이 한국에서 근무한 적이 있어서 한국을 방

▲ 아제르바이잔 전통음식인 사즈 이치

문했다고 아는 체를 하는데 가장 맛있었던 음식이 호빵이라고 해서 의외였다. 한국 음식에 맛있는 음식이 얼마나 많은데 호빵이라니… 호빵을 편의점에서 먹었다고 하는데 점잖은 노신사가 한국의 젊은 이들 사이에 끼여서 호빵을 먹는 모습을 상상하니 슬그머니 웃음이 나왔다.

점심은 렌틸 수프, 토마토와 오이, 샐러드, 빵 그리고 '사즈 이치(Sajichi)'가 주 요리로 나왔다. 렌틸 수프는 우리가 튀르키예에 거주할 때 자주 먹던 고소한 맛의 콩 수프인데 코카서스 3국 사람들도 즐겨 먹는다. 사즈 이치는 아제르바이잔인들이 가족이나 친구들과 함께 둘러앉아 나눠 먹는 대표적인 전통 음식이다. 사즈(Saj)라고 불리는 얇은 철판에 닭고기와 감자·토마토·양파 등의 채소를 넣어 볶은 요리로 철판 채로 나와서 따뜻하게 먹을 수 있었기에 예상한 것 이상으로 맛이 있었다. 일행과 사즈 이치를 나눠 먹으며 이런저런 이야기꽃을 피우다 보니 점심시간이 훌쩍 지나가 버렸고 식사 후 불의 산으로 가기 위해 다시 미니버스(마르슈르트카)에 올랐다.

불의 산, 불의 사원, 조로아스터 교

불의 산(Burning Mountain)이라는 뜻을 가진 야나르 다그(Yanar Dag)를 방문하면서 거대한 산 전체가 불에 타오르는 모습을 상상하고 갔는데, 막상 가보니 산이라고 할 것도 없는 조그만 언덕에 마치 횃불 몇 개가 꽂혀 있는 것으로 보여 크게 실망했다. 하지만 그것은 횃불이 아니라

▲ 불의 산

땅에서 분출되는 가스가 대기 중의 산소와 결합하여 불을 일으키며 꺼지지 않고 타오르는 것이었다. 아제르바이잔의 아제르는 불, 바이잔은 영토를 의미하여 불의 나라라는 뜻인데 불의 산에 와보니 왜 그런 이름을 붙여졌는지 이유를 알 것 같았다. 이 지역은 가스가 풍부하게 쌓여있는 지층 위에 있고 땅의 틈으로 가스가 지속적으로 분출되고 있다. 이와 같이 가스가 분출되면서 불이 타오르는 장소가 몇 군데 더 있었지만, 지금은 이곳만 남아있다고 한다.

 불꽃의 규모는 작았지만, 이 불꽃은 비가 오나 눈이 오나 꺼지지 않고 수천 년간 타오르고 있다고 하니 신기하기도 하고 신비롭기까지 했다. 불꽃의 열기가 상당히 강해서 다가가니 뜨거움이 느껴졌다. 우리는 쌀쌀한 늦가을에 방문했기에 모닥불을 쬐듯이 그 열기에 몸을 녹였지만, 여름에 방문하면 너무 뜨거워서 다가가기도 힘들다고 한다. 관광객들은 그저 사진을 찍기에 바쁘지만, 아제르바이잔인들은 이곳을 신이 내린 선물이라고 여기고 경건하게 여긴다.

투르크 민족의 토템사상에서 나오는 늑대가 토속 신앙 형성과 연관되어 있으며 또한 불의 산과도 관련되어 있다. 이 지역 부근에 늑대의 소굴이 있었는데 이 늑대들이 산의 불을 보게 되면 인간으로 변하였다고 사람들이 믿게 되면서 고대부터 불의 산을 신성한 장소로 여겼다. 신성한 곳이다 보니 오래전부터 많은 사람들이 이 지역을 다녀갔는데 오스만 제국에서 가장 널리 알려진 여행가인 에블리야 첼레비(Evliya Chelevi)도 이곳을 방문하고 기록을 남겼다.

불의 산 인근에는 '아테쉬가'라고 불리는 불의 사원(Ateshgah, Fire Temple)이 있는데 이제는 거의 사라진 조로아스터 종교의 모습을 알려주는 유적이다. 사원은 5각형 성벽으로 둘러싸여 있고, 그 안으로 들어서면 커다란 마당 가운데 네 기둥이 받치고 있는 불의 신전이 있다. 이 신전

◀▲ 불의 사원

건물 상단에는 페르시아어와 힌디어 문자가 새겨져 있으며, 건물 가운데 놓여 있는 제단에서 불이 계속 타고 있다. 이 불은 땅에서 분출되는 천연가스로 인해 타오르는 것이 아니라 다른 곳에서 가스를 공급받아 불을 지피고 있다. 예전에는 지하에서 자연적으로 나오는 천연가스가 불을 만들어 냈다고 한다. 하지만 19세기 후반부터 이 지역에서 대규모의 천연가스를 채굴하게 되자 불길이 점점 약해지다가 결국 꺼지게 되었다. 지금은 가스관을 통해 불이 꺼지지 않도록 하면서 불의 신전이라는 상징성을 표현하는 정도의 역할을 하고 있다. 불의 신전을 중심으로 기도하는 방, 수도하는 방, 상인들의 숙소 등이 연이어 있는데 정교한 석조건축으로 만들어진 방들에는 당시 사람들의 생활 모습을 엿볼 수 있는 여러 모형을 전시해 놓았다. 방이 작아서 답답한 느낌이 들어 우리 일행은 교대로 소수의 인원만 들어갔다가 나오는 식으로 구경했다.

그런데 한 가지 의문이 생겼다. 제단 건물에 힌디어 문자가 새겨져 있고 또한 다른 유적지에서 보지 못했던 인도계 사람들이 이곳에 유난히 많아 가이드에게 물어보니 그 이유가 있었다. 이 사원에 힌디어 문자가 새겨진 것은 18세기에 이 사원을 확장할 당시 조로아스터 교를 믿는 인도인들의 후원이 많았기 때문이다. 사원 내에 힌두교 신들을 찬양하는 산스크리트어 비문도 있는 것으로 보아 당시 인도와의 문화적 교류가 활발히 이루어졌음을 알 수 있었다. 또한 페르시아인이 자신들의 종교 대신 새로 유입된 이슬람을 믿게 되면서 조로아스터 교인 수가 급감하게 되었다. 이후 조로아스터 종교는 점차 인도로 옮겨 갔으며 이 결과 지금은 인도에 소수의 조로아스터교 신봉자가 남아 있을 뿐이다. 이곳 사원은 19세기 말 인도인이 떠나면서 어느 기간 방치되어 있다가 1975년 다시 복원되었는데 이제는 조로아스터 유적으로 관리되고 있다.

많은 인도인이 종교적인 이유와 함께 자기 조상의 흔적을 쫓아 이곳을 찾고 있다. 일본 나라현 호류지(廣隆寺)나 사가현 이삼평(李參平) 비를 찾았을 때 비교적 한산한 가운데도 유독 한국인들을 여럿 보았던 것과 비슷하다는 느낌이다. 예전 김해시를 방문했을 때도 수로왕릉이나 국립김해박물관에서는 인도인들을 별로 보지 못했지만, 인도 아유타국에서 왔다는 허황옥(김수로 왕비)의 능, 그리고 능 바로 앞에 있는 파사석탑에 여러 인도인이 서성대던 것도 기억난다.

조로아스터교는 고대 페르시아에서 발생하여 아케메네스·파르티아·사산 왕조에 이르기까지 1,000여 년 이상 영향력이 있었던 종교였다. 그러나 페르시아가 이슬람을 수용한 이후 세력이 급감하였고 아제르바이잔에서도 거의 사라졌다. 다만 지금은 인도에서 아주 소수의 사람이 믿는 정도일 뿐이다. 기원전 15~13세기 사람으로 추정되는 조로아스터는 현명한 신(아후라 마즈다, Ahura Mazda)으로부터 계시를 받아 박트리아 왕국(현재 우즈베키스탄·타지키스탄·아프가니스탄 지역)으로 전파되면서 확산되기 시작하였고 페르시아의 영향권에 있었던 아제르바이잔에서도 영향력 있는 종교이기도 했다. 조로아스터교는 선악이 존재하는 정신세계에서 악을 물리치고 순수한 선에 도달하기 위하여 마음·몸·주변 환경을 순수하게 만드는 노력을 끊임없이 해야 한다고 강조한다. 특히 예언자인 조로아스터가 이러한 순수함을 이끌며 조로아스터교 예식에서는 불이 순수함과 현명한 신을 표현하는 상징하기에 신성한 불이 항상 사용되며 결코 꺼져서는 안 된다.

조로아스터교의 절대 신인 아후라 마즈다를 상징하는 문장은 독수리가 날개를 펴고 있고 절대 신이 날개 중간에 옆으로 서 있는 모습인데 불의 사원 제단 건물과 부속건물 방에도 그 문양이 새겨져 있었다. 히틀러가 이 문양을 활용하여 나치의 상징인 독수리 문양을 만들었다고도 하며, 프리드리히 니체는 '자라투스트라(조로아스터)는 이렇게 말했다'라는 철학서를 통하여 자신의 철학사상을 전개하였다. 이러한 사례로 볼 때 조로아스터교의 무언가가 독일인들에게 끌리는 모양이다. 조로아스터교에서는 죽은 사람의 영혼은 영원하지만, 육체는 땅에 묻힐 경우 썩어 흙·물·불·공기 등을 오염시킨다고 한다. 이러한 믿음으로 사람이 죽으면 독수리가 살을 쪼아 먹도록 하고 뼈를 추려 보관하는 조장(鳥葬) 문화가 발전하였다.

아테쉬카는 더 이상 사원으로 역할을 하고 있지 않으며 단지 관광지의 한 곳일 뿐인데 그럼에도 유네스코 세계문화유산 잠정 리스트에 올라 있어 사람들의 방문이 계속 이어지고 있다. 한때 이란·인도·중앙아시아·아제르바이잔 지역까지 세력을 펼쳤던 조로아스터 종교의 흔적이 이곳에 상징적으로 미약하게 남아 있음을 느끼면서 떠났다.

코카서스 알바니아 고대 도시: 가발라

아제르바이잔의 고대도시인 가발라(Gabala)는 수도 바쿠에서 차량으로 3~4시간 걸리며 코카서스산맥 기슭에 있는 아름다운 곳이다. 이 도시는 600여 년간 코카서스 알바니아라는 조그만 왕국의 수도이었으며, 1세기의 인물인 가이우스 플루니우스는 '박물지'에 가발라를 알바니아의 한 지역으로 기록하고 있다. 가발라는 아제르바이잔 사람들의 휴양지이기도 한데 주

▲ 가발라에서 바라본 코카서스 산맥

변의 산이 워낙 높다 보니 케이블카로 어느 지점까지 한 번 오른 다음, 다른 케이블카로 바꾸어 타고 다시 올라야 가장 높이 개발된 곳까지에 이른다. 이곳에 올라 보니 북쪽으로 코카서스산맥이 웅장한 위용을 자랑하고 있고 그 아래 한쪽에는 깊은 협곡이, 다른 쪽으로는 멀리 아래로 인가들이 보인다. 이곳은 가장 더운 여름 날씨에도 선선하여 아제르바이잔 사람들이 즐겨 찾는 곳인데 필자가 방문한 때에도 많은 사람들로 북적이고 있었다.

이곳을 방문하게 된 것은 가발라 지역의 사비르(Sabir) 고대 유적지를 발굴하고 있는 우리 고고학자들과 인연이 되어 이루어졌다. 주 튀르키예 대사로 근무할 당시 트로이·히타이트 등 세계적으로 알려진 유적지를 방문할 기회가 있었고, 튀르키예의 저명한 고고학자들과도 많은 이야기를 나누었다. 이후 아제르바이잔 바쿠에서 국제 학술행사가 열리고 계기에 가발라 발굴 현장 방문이 이루어지면서 참가하게 되었다.

깊은 코카서스산맥이 위치한 지역과 달리 가발라 발굴단지는 약간 도드라진 가운데 둔덕에 있다. 현장에 가보면 한편으로 깊은 계곡에 강물이 흘러 자연적인 방어막이 되어 있고 다른 편에는 구운 벽돌로 만든 5미터 이상의 성문 두 개가 남아 있다. 성문 안으로 평평하고 넓은 땅이 쭉 펼쳐져 있어 지형상으로 외부의 적을 방어하기에 적합한 지역으로 아마 풍수지리를 하는 전문가들도 선호할 곳으로 생각된다. 우리 전문가들은 이곳에서 아제르바이잔 전문가들과 긴밀하게 정보를 공유하면서 방사성 탐사 등 최신 기술을 활용하여 공동 발굴을 진행하여 그동안 확인하지 못한 코

▲ 가발라 유적지 성문

가발라 유적 발굴지 ▶

I. 불의 나라 **아제르바이잔** 81

카서스 알바니아의 유적과 여러 유물을 발견하였다. 성벽 안에 조성된 커다란 평지는 왕성 터로 확인되었으며, 성벽·가옥·수로·묘실·우물·저장고 등 많은 유적·유물을 발굴하는 성과를 거두었다.

이 발굴 사업을 위하여 아제르바이잔-한국 친선협회(SEBA, Seoul-Baku Association)의 여성 회장이 오랫동안 지원을 해오고 있어 존경스럽기도 하다. 그녀는 자신의 고향인 가발라의 고대 유적 발굴을 통하여 아제르바이잔의 오랜 역사가 되살아나기를 바라는 마음에서 적극적으로 후원하였다. 그녀의 열정을 보면서 예전 '더 디그(The Dig)'라는 영국 영화가 기억난다. 고대 유적 유물 발굴에 관심 있는 미망인이 발굴 전문가를 고용하여 자신 소유의 토지 내 둔덕에서 커다란 배와 묘실, 분장품을 발굴한 실화에 바탕을 둔 이야기이다. 발굴된 물품들은 6세기 앵글로색슨 시대의 유물로서 그동안 바이킹 시대 이전의 암흑기로 여겨졌던 영국의 역사를 다시 쓰는 대단한 발굴이었다. 아제르바이잔 기업가의 후원으로 문헌적으로 알려져 왔던 2,000여 년 전의 고대 국가인 코카서스 알바니아가 재발견되고 있으며 이러한 인류문명의 공동 발굴에 우리 전문가들이 참여하고 있는 것은 뜻깊고 자랑스럽기까지 하다.

유네스코 세계문화유산 사이트에 수록된 가발라 지역 발굴 현황을 찾아보면 한국 전문가들이 참여하여 여러 성과를 거두었다고 기록될 정도로 우리 전문가들의 기여가 높이 평가받고 있다. 이 발굴단지 주변으로 라벤더와 해바라기 농원도 개발되어 여름이면 보라색과 노란색의 꽃 향연이 벌어지고 많은 관광객으로 북적인다. 코카서스 3국을 방문하는 여행객들은 바쿠를 보고 난 이후 버스를 이용, 실크로드에 위치한 세키를 경유하여 조지아로 넘어가는 일정을 주로 가지는데 그 중간 지역에 가발라가 있다. 아제르바이잔의 여름휴가 지역에 위치한 가발라에서 매년 여름 우리 발굴단이 활동하고 있으니 역사에 관심이 있고 일정이 되면 가발라 발굴 지역을 찾아보는 것도 의미가 있을 것이다.

실크로드 세계문화유산 도시: 세키

가발라를 떠나 서북쪽으로 1시간 정도 가니 세키(Sheki) 라는 유서 깊은 도시가 나타났다. 지도를 보면 예전부터 바쿠에서 가발라와 세키를 지나 조지아로 이어지고 있는데 이 도로가 코카서스산맥 밑으로 쭉 가는 길이다. 실크로드의 코카서스 지역 이름에는 이 세 도시(바쿠-가발라-세키)가 빠짐없이 나온다. 헤로도토스·스트라본·프톨레마이오스·마르코 폴로 등 고대 및 중세의 유명 인사뿐만 아니라 푸시킨·레르몬토프·알렉산더 뒤마 등 근세 러시아·프랑스 작가들의 책에서도 이 도시들이 명기되었을 정도로 사람들이 많이 오가던 곳들이다. 이들이 지나간 도로를 따라 세키까지 이동하였는데 평온하기만 하다.

세키는 좌우로 뻗어 있는 코카서스산맥의 남쪽 인근에 있어 산맥의 아름다움을 흠뻑 품고 있다. 이곳은 실크로드의 교차로에 위치하여 중세 이후 동서 교역의 중심지로서 여러 문명이 어울리던 지점으로서 2019년 유네스코 세계문화유산으로 선정되었다. 대상(隊商)들은 중앙아시아에서 카스피해를 우회하여 이곳을 지나 소아시아로 넘어갔다. 이들을 통하여 서로 다른 지방의 문물뿐만 아니라 사상, 종교 등이 교류되었으며 세키는 그 문화들이 교차하는 중요한 장소이었다.

세키의 건축물은 강대국이었던 페르시아의 사파비·카자르 왕조와 러시아제국의 영향을 많이 받았다. 그 가운데 군주의 성(Khan Palace)은 여러 제국의 문화를 표시하고 있으며 또한 문물 교류의 상징이기도 하다. 세키는 18세기에 산사태로 대규모 진흙 뭉텅이가 흘러내려 도시 전체가 파괴되었다가 새롭게 형성되었다. 그 당시 세워진 군주의 성은 화려한 문

▲ 세키 군주의 성

양의 건축물로 붉은 벽돌과 나무창 틀을 사용하면서도 못을 전혀 쓰지 않았으며. 지진에 견디기 위한 장치도 하였다. 내부 장식을 보면 기하학적 패턴에 다양한 꽃들의 장식 문양으로 화려함을 뽐내고 있다. 스테인드글라스 창문은 세밀하게 조립되어 있는데 1제곱미터에 많게는 5,000여 개의 세밀한 조각으로 만들었으며, 창문 하나를 조립하는 데 길게는 6개월 가까이 걸렸다. 이와 같이 화려한 건축물을 지을 수 있었던 것은 당시의 견고한 경제력이 뒷받침되었기에 가능하였다. 선선한 기후로 누에 양식이나 비단 산업이 융성하였고 동서양 물품이 오가면서 무역도 활성화되었기 때문이다.

성 건물 밖의 정원에서 아름드리나무가 연이어 있는데 더운 날씨임에도 이곳에 앉아서 한동안 멍하니 있었는데 코카서스의 바람이 지나가면서 싱그러움을 더해 주었다. 중세에도 대상들은 이곳의 사라이(숙소)에 잠시 머물면서 문물을 교환하고 이야기를 나누었을 터...그래서인지 당시에는 국제적인 도시의 하나이었다고 하나 지금은 산맥에 파묻힌 가운데 관광객만이 방문하는 도시로 그 명맥이 간신히 유지되고 있다는 생각도 든다. 그럼에도 남 코카서스 3국을 여행하는 관광객에게는 필수 여행지로 되어 잇히지 않는 도시이기도 하다.

II
와인의 나라
조지아

조지아는 우리에게 그림과 같이 나타났다. 푸른 계속, 하얀 마을, 산에 걸려 있는 포도밭, 그리고 남부의 감미로운 공기... 러시아의 척박한 환경에서 동양적 아름다움으로 가는 길은 너무나 황홀했다.

(알렉산더 푸시킨 Alexander Pushkin,
에르주름으로의 여행 Journey to Arzrum)

Georgia appeared before us like a vision — green valleys, white villages, vineyards hanging from the mountains, and the gentle air of the South. The transition from Russia's severe landscape to this oriental beauty was astonishing."

▲ 카즈베기산과 게르게티 교회

▲ 조지아 지도

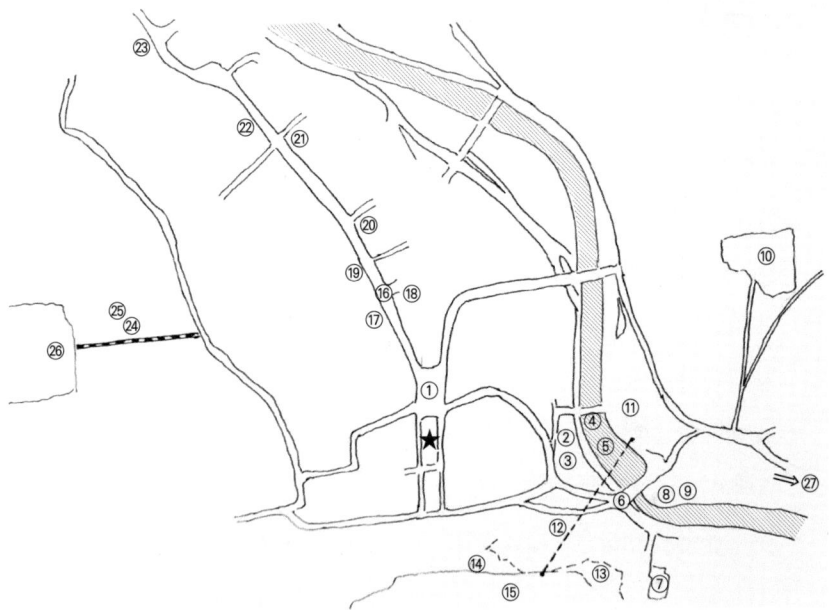

▲ 조지아 수도 트빌리시 지도

조지아 트빌리시 방문장소

① 자유광장
② 구시가지
③ 시오니 대성당
④ 평화의 다리
⑤ 쿠라강
⑥ 고르가살리 광장
⑦ 유황온천
⑧ 고르가살리 왕 동상
⑨ 메테히 교회
⑩ 츠민다 사메바 성당
⑪ 리케공원
⑫ 케이블카
⑬ 나리칼라 요새
⑭ 조지아 어머니상
⑮ 식물원(Botanic Garden)
⑯ 루스타벨리 거리
⑰ 자유광장 지하철역
⑱ 국립박물관
⑲ 국회의사당
⑳ 내셔널 갤러리
㉑ 오페라 극장
㉒ 프로스페로 책 카페
㉓ 루스타벨리 지하철역
㉔ 푸니쿨라
㉕ 므타츠민다 다비드 교회
㉖ 므타츠민다 공원
㉗ (트빌리시 근교) 쇼타 루스타벨리 국제공항
★ 투숙장소

바쿠를 출발한 아제르바이잔 항공기는 40여 분 만에 조지아 수도 트빌리시의 국제공항에 도착했다. 운 좋게도 우리가 도착한 시간은 공항이 한가해서 입국 심사 대기시간이 거의 없었으며 입국심사를 순조롭게 마치고 짐을 찾는 곳으로 이동하였다. 이에 잠시 주변을 둘러볼 여유가 생겼는데 공항 천장 가까이 높이 걸려있는 커다란 조지아 국기가 시선을 잡아끌었다. 흰 바탕에 큰 십자가 1개와 작은 십자가 4개가 새겨져 있는데 이는 조지아의 수호성인 조지(Saint George)와 복음 성인 4인을 의미하는 것으로 조지아 정교를 상징한다고 한다. 국기에서부터 종교적 색채를 강하게 나타내고 있는 것이 인상적이었고 조지아를 이해하기 위해서는 그들이 믿는 정교에 대하여 조금은 알아야 하지 않을까 하는 생각이 들어서 성당을 방문할 때마다 속성으로나마 미리 관련된 자료를 찾았다.

▲ 쇼타 루스타벨리 국제공항

쇼타 루스타벨리 국제공항

짐을 찾고 공항을 나와서 바라보니 조지아 국제공항의 이름이 쇼타 루스타벨리 트빌리시 공항이라고 쓰여 있다. 처음 듣는 이름인 쇼타 루스타벨리, 그러나 조지아를 여행하다 보니 곳곳에 그의 이름이 새겨져 있다. 공항을 나와 환전하니 100 라리(1라리=500원 정도) 지폐에 그의 얼굴이 실려 있고 트빌리시 중심 도로의 이름이 루스타벨리 거리여서 자연히 그에 대하여 관심을 가지게 되었다. 쇼타 루스타벨리는 전설적인 문학가로 '호랑이 가죽을 두른 용사'라는 대서사시를 저술하였는데 조지아 인들이 자랑하는 문학작품이다. 이 작품은 예전 코카서스와 중동의 정치·경제·사회·문화적 모습과 변화, 사람들의 생활양식, 전통 등 귀중한 정보를 담고 있으며 2013년 유네스코 세계기록유산(UNESCO's Memory of the World Register)으로 등재되었다.

루스타벨리의 서사시는 12~13세기 타마르 여왕 시대를 배경으로 하고 있는데 여왕의 즐거운 여가를 위해 11세기 뛰어난 군주였던 다비드 대왕의 위업을 주제로 삼아 서사시를 지었다. 우리가 역사에 대해 이야기할 때 랴오둥 반도까지 아우르는 광대한 나라였던 고구려에 대해 자랑스러움을 느끼듯이 조시아 사람들은 이 시대 이야기가 나오면 한껏 자부심을 느낀다. 트빌리시 국립대학 교수는 조지아 역사에서 가장 높이 평가받는 타마르 여왕이 다스리던 때 조지아의 영토는 튀르키예 동부·아르메니아·아제르바이잔 일부를 관할하였고 인구 역시 현재의 370만 명을 능가하는 수준이었다고 자랑한다. 타마르 여왕은 우리의 세종대왕으로 이해하면 될 듯하다.

아제르바이잔에서 이용했던 볼트(Bolt) 앱을 통해 택시를 불러 호텔에 도착했다. 조지아에서도 호텔을 고를 때 가장 염두에 두었던 것은 위치였다. 우리가 묵은 호텔은 구시가지 초입에 있어서 시내 중심인 자유 광장과 가깝고, 지하철(Liberty Square역)까지 도보로 5분 정도 거리에 있으며, 구시가지 중심부인 고르가살리 광장(Gorgasali Square)까지는 도보로 10분 정도 걸리기에 위치로는 더할 나위 없이 좋았다. 호텔의 내부 장식은 고급스럽지는 않았지만, 산뜻한 색상에 현대적인 디자인이어서 그 정도면 충분히 합격점을 줄 수 있었다. 게다가 호텔 프런트 직원은 어찌나 친절한지 우리가 점심 먹을 식당을 물어보자, 식당 위치는 물론이고 조지아의 명물인 하차푸리(Khachapuri)라는 음식의 종류에 대해서도 자세하게 설명해 주었고 우리가 호텔을 드나들 때마다 웃으면서 인사를 건네곤 했다. 우리가 만난 조지아 인들은 대부분 친절했기 때문에 여행하는 내내 마음 상한다거나 불편할 일이 없었다. 코카서스에서는 조지아뿐 아니라 아제르바이잔이나 아르메니아 사람들 모두 서유럽에 비하면 훨씬 한국에 대해 호의적인 것을 느낄 수 있었다.

조지아에 도착하여 가장 먼저 먹은 음식인 하차푸리는 조지아의 전통 음식으로 피자와 비슷하다. 모스크바에서 근무하던 시절 피자처럼 생긴 이메룰리 하차푸리(Imeruli Khachapuri)의 맛에 반했었기 때문에 가기 전부터 조지아에서의 첫 끼는 무조건 하차푸리로 정했었다. 마침 호텔 앞 레스토랑이 하차푸리로 유명하였는데 호텔 직원이 꼭 먹어보라고 메모해 준 아자룰리 하차푸리(Adjaruli Khachapuri)와 샐러드를 주문했다. 아자룰리 하차푸리는 항해하는 배 모양으로 생겼으며 위에 계란이 토핑처럼 올라가 있는데 직원이 계란과 치즈, 버터를 섞어주는 특이한 음식이었다. 생각보다 느끼하지 않았고 맛이 있었지만, 우리 두 명이 먹고도 남길 만큼 양이 많았다.

식사 후 자유 광장으로 걸어가면서 거리 풍경을 먼저 둘러보았다. 소련 시대에는 이 광장에 레닌 동상이 있어서 레닌 광장으로 불렸으며, 공산당의 중요한 행사가 이곳에서 열렸다. 조지아가 소련으로부터 독립 후 레닌 동상은 철거되었고 지금은 용을 무찔렀다는 용맹한 기사, 성 조지(Saint George)의 황금빛 동상이 우뚝 서 있다. 그는 조지아의 수호성인으로 조지아라는 국명이 그의 이름에서 유래했고 조지아 국기에 있는 십자가도 그를 상징할 만큼 역사적·종교적으로 중요한 인물이다. 자유와 독립을 상징하는 성 조지의 동상은 35미터 높이의 기념비 위에 세워져, 주변에 위치한 여러 관공서 빌딩과 호텔 속에서도 당당하게 존재감을 드러내고 있다. 로터리로 만들어진 자유 광장은 독립과 민주주의의 상징인 장소가 되었다. 광장 주변은 차량 통행도 많은 데다가 인근에 지하철역과 갤러리아 백화점까지 있어서 항상 인파로 붐비는 복잡한 곳이다.

▲ 트빌리시 자유광장

자유 광장과 이어지는 중심거리의 이름이 공항 이름에서 만났던 루스타벨리인데 우리의 광화문 거리처럼 많은 차량이 교차하고 사람들이 오가는 거리이다. 대로임에도 주변에 횡단보도가 보이지 않고 드문드문 있는 지하도를 이용해야만 하는 점이 불편했다. 명색이 시내 한 복판인데 횡단보도가 없다니…조지아 사람들은 횡단보도 없이도 적당히 길을 건너는 것이 습관이 되었는지 지나가는 차량 사이로 대로를 능숙하게 건너는데 이방인인 우리에게는 상당히 낯선 경험이었고 지하도를 찾기에 바빴다. 루스타벨리 거리에 국립 역사박물관, 내셔널 갤러리, 현대미술관, 트빌리시 오페라 극장 등의 문화 공간과 함께 유럽풍의 건물들, 그리고 각종 카페·레스토랑·고급 상점·호텔 등이 몰려 있어 체류하는 동안, 이 거리를 여러 차례 걸으면서 트빌리시 거리의 풍광이나 오가는 사람들 모습을 보면서 즐기기도 했다.

이 거리의 현대 미술관 건너편에는 국회의사당 건물이 있는데 민의가 표출되는 곳으로 수시로 시민들의 데모가 일어나고 있다. 2023년 3월 친러시아 정부가 외국 기관으로부터 20% 이상 자금 지원을 받는 시민단체 또는 언론기관을 외국 대리인(foreign agent)으로 규정하는 법을 통과시키려고 하다가 시민들의 강력한 저항으로 추진을 보류하였는데 당시 시민들이 경찰과 충돌한 장소도 이곳이었다. 이 법은 러시아가 외국 기관을 축출하는 데 썼던 방법과 같아서 유럽연합에 다가가고자 하는 국민들의 염원을 저해하는 법이라고 여겨졌기에 국민들의 반대가 극심하였다. 2024년 10월 총선 결과에 대한 항의 데모도 국회의사당과 호텔 근처 자유 광장에서 열려 우리가 체류하는 동안 밤새도록 시민들의 함성이 들리기도 했다. 조지아는 1991년 독립하면서부터 의원내각제를 채택하고 민주주의를 기본 가치로 하고 있어 코카서스 3국 가운데 민주주의가 가장 발전된 국가지만 우리와 같이 여론의 양극화가 심해지고 있다.

도착한 첫날 자유 광장에서부터 루스타벨리 거리를 따라 루스타벨리 지하철역까지 걸어갔다가 다시 자유 광장으로 돌아오기 위해 지하철을 타보았다. 지하철로는 한 정거장밖에 안 되지만 걷기에는 20분 이상 걸리는 거리여서 피곤하기도 했고 조지아의 지하철은 어떤지 궁금했기 때문이었다. 지하철 요금은 1라리(약 500원)였는데 에스컬레이터가 모스크바나 아제르바이잔 바쿠에 비할 수 없이 길게 느껴졌고 내려가는 속도가 무척 빨라서 난간을 잡아야만 했다. 그러나 조지아 젊은이들은 빠른 속도로 내려가는 그 긴 에스컬레이터를 성큼성큼 내려가고 있었다. 트빌리시의 첫날은 루스타벨리 공항부터 루스타벨리 거리에 루스타벨리 지하철역, 그리고 100라리 지폐에서까지 루스타벨리를 접하며 그의 이름을 확실하게 각인시키며 시작되었다.

조지아의 역사

조지아의 역사는 180만여 년 전으로 거슬러 올라간다. 조지아 사람들은 아프리카에서 시작된 호모 에렉투스가 아프리카 이외의 지역으로 진출하기 시작하면서 처음 이동한 곳이 조지아라고 자랑스러워한다. 이로써 조지아 지역에 구석기 시대부터 인류가 존재했다고 주장하는데 여러 서적에 설명된 인류 이동 과정에서 조지아에 대한 기록이 드물어 조지아의 주장이 국제적으로 인정받고 있는지는 잘 모르겠다.

이 시점에서 훌쩍 건너 8,000여 년 전 조지아 남부 고라(Gora)에서 도기를 이용하여 와인을 만들었던 것이 확인되어 이 지역에 선사시대부터 사람들이 거주했음을 확인할 수 있다. 조지아에서 나타나는 인류 존재의 기록을 보면 흑해 인근의 콜키스(Colchis), 중부·동부의 이베리아(Iberia), 북부의 스바네티아(Svanetia)가 있었다. 조지아 동쪽인 코카서스산맥과 카스피해 지역에는 코카서스 알바니아가 형성되었고 남부에는 우라루트라는 비교적 큰 왕국이 활동하고 있었다. 이들은 독자성을 유지하는 가운데도 아시리아, 페르시아(아케메네스·파르티아·사산조), 그리스·로마 등 제국의 영향도 많이 받았다.

기원전 및 기원후 조지아 지역에서는 서부의 콜키스와 중부의 이베리아 간에 경쟁이 심했고 코카서스를 둘러싸고 인근 강국인 페르시아(사산조)와 로마제국 간의 영향력 다툼도 계속되었다. 이후 3세기에는 사산조 계통의 미흐란(추후 기독교로 개종하여 미리안 3세가 됨)이 페르시아와 로마의 승인하에 이베리아 왕으로 즉위하였는데 그는 조지아 내 기독교의 전파와 관련되어 있다. 당시 미리안 3세의 왕비인 나나가 불치병에 걸렸는데 성녀 니노가 그녀를 치료한 이후 미리안 왕이 334년 기독교로 개종하였다.

5세기 중반에는 바흐탕 고르가살리(Vakhtang Gorgasali) 왕이 즉위한 이후 페르시아 영향력에서 벗어나 분열된 조지아 지역을 통합하고자 하였다. 바흐탕 왕은 어린 나이에 등극하여 전장에서 사망하였다고 전해지는데 트빌리시 시내 곳곳에 그의 이름을 딴 곳이 많다. 그의 동상이 크게 세워져 있고 고르가살리 광장이라는 거리 이름도 있으며 심지어 고르가살리 식당도 있는데 고르가살리는 늑대의 머리라는 뜻이다. 그는 후세 조지아 인들의 귀감이 되었으며 그에 대한 이야기는 자랑스러운 전설로 내려오고 있다. 구시가지 중심에서 올려보면 언덕에 메테히 교회와 그 바로 앞에 그의 동상이 트빌리시를 내려다보고 있다.

바흐탕 왕은 이베리아의 독립과 확장을 위하여 주변 지역에 대하여 상당한 공세를 취하였지만, 그의 사후 페르시아의 침략으로 그의 목적은 달성되지 못하였다. 당시 코카서스 지역에는 카르틀리(이베리아)·아르메니아·코카서스 알바니아(현재 아제르바이잔) 등 세 소국이 존재하였으나 이들은 남쪽의 페르시아와 서쪽의 비잔틴 제국의 영향을 받았다. 이후 새로이 등장한 아랍권의 우마이야 왕조가 651년 페르시아를 제압한 이후 코카서스 지역까지 진격하면서 조지아는 오랫동안 아랍의 영향권으로 편입되었다.

조지아의 전성기라고 한다면 11세기의 다비드 왕, 12세기의 타마르 여왕 시절을 든다. 다비드 왕은 1089~1125년간 통치하면서 왕국을 통일하고 셀주크 등 주변의 침략국들을 물리치면서 황금기를 가져왔다. 당시 상황은 유럽에서 1095년 1차 십자군이 결성되어 동방으로 침입해 오고 있었다. 이에 코카서스에 영향을 미치고 있던 셀주크계 투르크·아랍·쿠르드 등 이슬람 세력은 유럽에 대항하는 것이 급선무이었다. 이들이 코카서스 지역에 대하여 영향력을 행사하기 어려운 상황을 활용하여 다비드 왕은 국내적으로 국가와 교회를 통합하고 귀족 및 지방 세력을 제압하였으며 군대를 확충하여 대외적으로 셀주크 투르크를 물리치면서 독자적인 영향력을 확충해 나갔다. 또한 정략적인 결혼을 통하여 페르시아 및 비잔틴 제국과도 대외관계를 안정적으로 관리해 나갔다.

타마르 여왕 시대 역시 조지아의 전성기이었다. 그녀는 1178년에 선임 왕인 게오르기 3세에 의해 공동 왕으로 등극한 이후 1184년 선임 왕이 사망하면서 단독으로 집권하였다. 최초의 여성으로 등극하자 교회·귀족·지방 세력 등의 극심한 반대가 있었으나 내부 반란을 진압하고, 현재의 아제르바이잔·아르메니아 북부·튀르키예 동부 트라브존 지역 등으로 영토를 확장하여 1213년 사망할 때까지 통치하면서 조지아의 황금시대를 이루었다. 그녀의 통치 기간은 셀주크 투르크의 쇠퇴 기간이고 몽골의 침입이 이루어지기 전으로 강대국과 겨루지 않았던 행운도 있었다. 타마르 여왕을 지지한 인물이면서 당대의 최고 시인이었던 쇼타 루스타벨리(Shota Rustaveli)는 '호랑이의 가죽을 두른 용사(Knight in the Pantheon's Skin)'라는 시를 통하여 그녀의 통치를 극찬하였는데 이 시와 함께 루스타벨리의 명성은 지금까지 조지아의 문학을 대표할 정도이다.

타마르 여왕 사후 1220년부터 몽골의 침입을 받았으며 간헐적으로 독립적인 상황도 있었지만 대체로 1991년 독립될 때까지 강대국의 영향권에 놓였다. 몽골 이후 티무르 제국·오스만제국·페르시아의 사파비드 제국의 틈새에 있다가 18세기 후반부터는 러시아의 영향권으로 들어갔다. 예카테리나 여제는 1783년 조지아와 비밀 협정을 통하여 주변국의 위협으로부터 조지아를 보호해 주겠다는 약속을 하였지만, 러시아는 이러한 약속을 어기고 1801년 조지아 일부 지역을 러시아령으로 편입시켰다. 이러한 러시아에 대하여 조지아의 독립운동도 있었지만, 세력의 한계로 이루지 못하였다. 조지아는 20세기 초 제1차 세계대전을 전후하여 러시아가 국내적으로 혼란스러운 상황에서 1918년 일시적으로 독립을 이루었지만 소련의 볼셰비키가 세력을 공고화하면서 1920년 소련의 한 공화국으로 편입되었다.

조지아는 소련의 일부가 되었지만 스탈린 총서기장, 베리야 비밀경찰(KGB) 수장 등 정작 소련을 이끈 주요 지도자들은 조지아 출신이 상당수 차지하였다. 그럼에도 그들이 조지아를 특별 대우한 것은 아니다. 오히려 제2차 세계대전 기간 중 조지아가 독일과 내통하였다는 이유로 조지아에 거주하던 사람들을 대규모로 중앙아시아 및 시베리아로 소개疏開하는 사건도 발생했다.

조지아는 1991년 소련이 와해되면서 비로소 독립하였지만, 이후 35여 년간 러시아와의 관계가 순탄하지 않았다. 2008년 친 러시아계 남오세티야와 압하지야 지역을 통합하려고 하다가 러시아의 강력한 공격을 받아 불과 5일 만에 퇴각하였다. 이에 따라 러시아가 조지아 영토의 약 20%에 해당하는 이 지역을 관할하고 있다. 조지아 전체 역사를 조망하면 3~4세기의 미리안 3세(284~361), 5~6세기의 바흐탕 고르가살리 왕 시대(447~502), 11~13세기의 다비드 왕(1089~1125)과 타마르 여왕(1178~1213) 시대에는 독자적인 국가로서 정체성을 유지하는 가운데 대외적으로도 위상이 높았으나 그 이후 오랫동안 강대국의 영향을 받았을 정도로 불운의 역사로 점철되어 있다. 이는 역으로 강대국들이 코카서스 지역을 장악하기 위하여 서로 치열하게 경쟁하고 다투었다는 것을 알 수 있다.

조지아의 성당과 수도원

　조지아와 아르메니아를 관광할 경우 수도원과 성당을 주로 찾게 되는데, 기독교에 익숙한 사람들이 아니면 흥미를 잃게 될 수도 있다. 한국의 절과 같이 조지아 수도원도 인가와 동떨어져 있고 자연 속에 파묻혀 있어 경치는 뛰어나다. 그러나 이 종교시설들이 대체로 한적한 곳에 있어 몇 시간씩 가야 한다. 우리는 종교에 문외한이지만 성당과 수도원을 방문하면서 마음의 울림을 느꼈다. 또한 역사와 종교에 대한 흐름이나 주요 인사에 대한 조금의 지식을 가지고 방문할 필요가 있다는 것을 느꼈다.

　기독교가 전파되기 이전에 코카서스 지역 사람들은 토속 종교를 믿거나 페르시아의 영향을 받아 조로아스터 종교를 신봉했었다. 이후 기독교가 전해지면서 아르메니아, 이베리아(조지아)는 기독교로 개종되었다. 조지아는 성녀 니노(Nino)가 당시 미리안(Mirian) 3세 왕의 왕비인 나나(Nana)의 병을 고치면서부터 기독교를 받아들였다는 전설과, 미리안 왕이 사냥 중 일식을 겪으며 어둠속에서 절망에 빠졌다가 니노의 기도를 통하여 태양이 다시 나타나자 이를 계기로 기독교로 개종하였다고 하는 전설이 전해진다. 어느 쪽이 계기가 되었든 공히 니노의 역할이 중요했음을 알 수 있다. 미리안 왕은 기독교로 개종한 이후 이를 세상에 널리 알리기 위하여 당시 수도였던 므츠헤타 언덕에 커다란 십자가(즈바리)를 세웠으며 이 십자가가 있던 자리에 세운 성당이 즈바리 수도원이다. 왕은 또한 성녀 니노를 통하여 므츠헤타에 '살아있는 기둥 성당(Cathedral of the Living Pillar, Sveti-tskhoveli)인 스베티-츠호벨리 대성당'을 건설하였다. 미리안 3세와 왕비는 조지아에 처음 기독교를 받아들인 치적에도 불구하고 자신들은 스베티-츠호벨리 대성당에 묻힐 자격이 없다며 대신 규모가 작은 인근의 삼타브로 수도원에 묻혔다.

기독교는 문자에도 영향을 미쳤다. 왕이 기독교를 국교로 인정하였지만, 사람들은 이 의미를 알지 못하였다. 이에 왕은 백성들이 기독교를 깨닫도록 할 목적으로 5세기에 조지아 문자를 창제하였다. 조지아와 아르메니아 언어를 처음 보면 동남아의 미얀마 등 언어와 비슷하게 문자가 굴러가는 듯한 색다른 느낌이다. 조지아 인들은 지금까지도 당시 창제된 문자를 사용하고 있으며 우리가 한글을 자랑스러워하듯 그들도 자신만의 문자를 가진 것에 커다란 자부심을 가지고 있다.

조지아의 옛 수도가 므츠헤타(Mtskhesta)인데 현재의 수도인 트빌리시(Tbilisi)로 옮긴 때는 5세기, 바흐탕 고르가살리 왕 때의 일이다. 고르가살리 왕은 447년 즉위하여 502년 전장에서 죽었다고 하니 55년이나 오랜 기간 통치한 왕이다. 그는 조지아를 둘러싸고 페르시아와 비잔틴 제국이 세력 다툼을 하는 상황에서 비잔틴 제국에 우호적인 성향을 보이면서도 페르시아의 관습도 존중하는 균형적인 입장을 취하였다. 그는 점차 권력을 장악해 나가자 종교적으로 왕이 교회보다 우선하고, 왕권과 교권을 통합하는 입장을 취하였다. 또한 당시 예수님의 신성과 인성에 관한 단성론과 양성론 등 신학자 간에 종교적인 분쟁이 심하였는데 이 사안에 대하여 왕은 단성론을 배제하면서 주교와 갈등이 심각하였다. 이에 왕은 정치적 갈등을 피하고자 새로운 수도를 물색하여 트빌리시로 옮겼다.

기원전 3세기부터 기원후 5세기까지 800여 년간 조지아의 옛 왕국 수도인 므츠헤타와 5세기 이후 현재까지 1500년 이상 수도인 트빌리시, 그리고 관광객이 찾는 시그나기, 카즈베기 등 전 지역이 종교와 깊숙이 연관되어 있다. 5세기 이후 수도인 트빌리시의 메테히 교회 앞에 고르가살리 왕의 동상이 있고 구시가지에는 기독교를 전파한 성녀 니노의 십자가가 보관된 시오니(Sioni) 대성당이 있다. 기독교의 성삼위일체를 의미하는 사메바 성당도 관광거리인데 트빌리시 시내의 츠민다 사메바 성당과 가장 높은 산인 카즈베기 산에 위치한 게르게티 사메바 성당은 성지 순례자뿐만 아니라 일반 관광객들도 반드시 찾는 곳이다. 이에 더하여 성녀 니노가 묻힌 시나그기 지역의 보드베 수도원이 종교적으로 의미가 깊다.

  므츠헤타 지역 전체가 유네스코 세계문화유산으로 등재되어 있는데 종교적으로 미리안 왕·성녀 니노·바흐탕 고르가살리 왕의 자취를 찾아가는 것, 므츠헤타와 트빌리시를 연결하면서 이해하는 것, 종교적 시설이 위치한 코카서스 지방의 경관을 즐기는 것이 조지아에서 여행의 근간이다. 종합적으로 보면 므츠헤타의 즈바리 수도원, 스베티-츠호벨리 대성당, 삼타브로 수도원을 보고, 트빌리시의 시오니 대성당, 메테히 교회, 므타츠민다 다비드 교회를 보면 조지아 기독교 성지를 전반적으로 돌아보게 된다. 이에 더하여 니노의 무덤이 놓여있는 시그나기의 보드베 성당, 그리고 성삼위일체 성당 두 곳(트빌리시의 츠민다 사메바, 카즈베기산의 게르게티 사메바)을 방문하게 되면 조지아 국민들이 종교를 생활화하고 있음을 느끼게 되고 조지아에 대한 종교적인 이해의 폭을 넓힐 수 있다. 물론 종교에 더하여 한적한 지방의 풍경과 세계 최초의 와인을 즐기고 스탈린의 고향을 방문하면서 역사적 현장을 찾게 되면 조지아 여행이 더욱 풍요로워질 것이다.

수도 트빌리시를 거닐며

조지아를 여행할 때 트빌리시에 쭉 머무르면서 높은 산이 위치한 카즈베기, 옛 수도 므츠헤타, 와인의 도시 시그나기 같은 곳들을 각각 하루 현지 투어로 다녀왔기 때문에 트빌리시를 둘러볼 시간적 여유가 어느 정도 있었다. 국립박물관, 내셔널 갤러리를 여유롭게 볼 수 있었고 틈틈이 카페에도 들러 휴식을 취하기도 하였다. 박물관들과 오페라 극장 등이 있는 쇼타 루스타벨리 거리의 세련된 분위기도 좋지만, 좁은 골목에 아기자기한 카페와 레스토랑, 기념품 가게 등이 빼꼭하게 들어서 있는 구시가지 거리의 분위기는 정겨웠고 마음을 흠뻑 잡아끌었다. 오래된 골목이라 허름한 건물도 있고 잘 다듬어지지 않은 투박한 느낌도 있지만 어린 시절 아파트가 아닌 골목길 속에 자리 잡은 주택에서 자라서 그런지 옛 생각도 나고 그래서 더 정이 갔다.

트빌리시를 거닐기 전 우선 지도를 보고 방문할 곳을 한번 일별하여 보면서 갈 곳을 찾아보았다. 트빌리시 시내를 쿠라강(또는 므트크바리 강)이 관통하며 강 한편으로 구시가지와 현대식의 중심 시가지가 발전되어 왔다. 케이블카를 타고 올라가는 구시가지 뒤편의 산언덕에는 나리칼라 성벽과 조지아 어머니상이 있고 그 언덕을 반내편에는 식물원이 숲 가운데 자리 잡고 있다. 또한 푸니쿨라(Funicular)로 올라야 할 정도로 가파른 중심 시가지 뒤편 산언덕에는 널찍한 므타츠민다 공원이 조성되어 있다. 중심 시가지의 가장 크고 변화한 거리가 루스타벨리 거리이며 그 가운데 관광객들이 주로 걷는 곳은 자유 광장 역과 루스타벨리 역 사이이다. 이 거리를 따라 국립박물관·내셔널 갤러리·오페라극장·국회의사당이 있다. 자유 광장 역과 쿠라강 사이가 구시가지로 오랜 성당이나 건물들

그리고 각종 기념품 가게들이 있다. 쿠라강 다른 편에 바흐탕 동상과 메테히 교회가 있기는 하지만 관광지라기보다 인가들이 밀집한 곳이다. 여기서 멀지 않은 곳에 츠민다 사메바 성당이 있는데 이 지역은 19~20세기에 아르메니아계 사람들이 거주하던 곳으로 조지아에 관광객이 증가하면서 최근에 개발되고 있다.

시오니 대성당, 평화의 다리, 조지아 어머니상, 나리칼라 요새

투숙한 호텔을 나와 먼저 구시가지로 접어드니 사람들로 붐빈다. 오랜 돌길을 따라 10분 정도 걸으면서 거리 풍경을 음미하다 보니 시오니 대성당(Sioni Cathedral)이 나온다. 이 대성당은 7세기에 건축되었지만, 여러 차례 파괴와 복원을 거쳐 지금의 모습이 되었다. 대성당의 겉모습은 소박

▲ 시오니 대성당

▲ 시오니 대성당 내부 모습

▲ 시오니 대성당내 성녀 니노의 십자가

하나 내부는 엄숙하고 아름다웠다. 돔 천장 아래에 성모자상과 12 사도의 그림이, 그리고 안쪽 벽면에 예수님과 성모마리아의 성화가 그려져 있었다. 시오니 대성당에서는 유독 엄숙하고 경건한 분위기가 느껴져 관광객들도 조용하게 관람했는데 아마도 조지아의 기독교 역사에 빼놓을 수 없는 성녀 니노의 십자가가 보관되어 있기 때문일 것이다. 니노의 십자가가 어디 있는지 물어 볼 필요도 없이 제단 옆쪽 사람들이 모여 있는 곳에 가보니 그곳에 놓여 있었다. 니노는 꿈에서 성모 마리아로부터 조지아에 가서 기독교를 전파하라는 계시를 받고 자기 머리카락으로 포도나무 가지를 엮어서 십자가를 만들었다. 그래서 니노의 십자가는 가로 부분이 수평이 아니라 아래로 비스듬히 기울어져 있는 것이 특징이다. 우리가 본 것은 복제품이고 진품은 1년에 2번만 대중에게 공개되는데 이때는 어마어마한 인파가 몰려든다고 한다.

▲ 타마다 동상

시오니 대성당을 나와 조금 걷다 보니 와인 잔을 들고 있는 청동상이 눈에 띄었다. 타마다 동상 (Tamada Statue)이라고 하는 이 동상은 복제품이고 진품은 조지아 국립 박물관에 보관되어 있다고 한다. 타마다는 조지아에서 연회를 주관하는 사람을 뜻한다. 조지아 사람들이 즐기는 문화는 이색적이면서도 또한 낭만적이다. 타마다가 처음 연설 후 와인 잔을 높이 들며 건배를 제안하고 잔을 비운 후 다음에 건배할 사람을 지정하면 다음 사람이 또 연설하고 건배를 하는 식으로 모임이 이어진다. 참석한 모든 사람에게 차례로 말할 기회가 주어지기 때문에 먹고 마시고 대화를 나누다 보면 연회 시간이 길어질 수밖에 없다. 타마다는 적절한 순서로 건배할 사람을 지정하고 연회의 분위기와 이야기를 이끌어가는 인물로 연회를 성공적으로 이끄는 데 중요한 역할을 한다. 전에 우리가 참석했던 외교관들의 연회에서는 주인이나 주요 게스트 정도만 건배했는데 조지아에서는 타마다가 지정할 때마다 초대 손님들이 돌아가면서 건배하기 때문에 술을 많이 마시게 된다.

 타마다 동상을 지나서 산 정상 언덕에 위치한 조지아의 어머니상과 나리칼라 요새를 보기 위해 리케 공원 내 케이블카 정류장으로 이동하였다. 케이블카를 타고 도착한 언덕의 성벽을 따라 조금 걸어가니 트빌리시 시내가 한눈에 들어왔는데 푸른색의 쿠라강과 붉은 지붕의 건물이 색감의 조화를 이루는 멋진 풍경이다. 이 가운데 현대풍의 평화의 다리와 독특한

▲ 쿠라강과 평화의 다리

모양을 한 기다란 원통처럼 생긴 콘서트홀이 다소 튀는 모습을 보이며 옛것과 새것의 오묘한 조화를 보여주고 있었다.

구시가지와 새롭게 개발한 지역을 연결하는 평화의 다리(Peace Bridge)가 멀리 보인다. 다리의 디자인이 워낙 특이하여 눈에 잘 뜨이기 때문에 오가며 멀리서 자주 보기는 했다. 그러나 다른 일정 때문에 시간이 없어 다리를 걸어 보지 못하다가 밤 경관이 멋지다고 해서 조지아에서의 마지막 날 저녁 늦게야 건너가 보았다. 유리와 강철로 만들어진 이 다리는 물결 모양의 현대적인 디자인으로 밤에는 조명이 화려하게 빛나기 때문에 더 존재감을 드러내는 것 같았다. 물이 흐르는 가운데 멋진 트빌리시의 야경 사진을 찍기 위해 몰려온 사람들로 붐볐고 사진을 찍어주겠다고 호객하는 사람도 있었다. 현대적이고 독특한 디자인의 평화의 다리가 지금은 주목을 받지만, 설계 과정에서 이 다리가 주변 경관과 어울리지 않을 것이라느니 다리 건설에 과다한 비용이 들 것이라느니 하여 비판적인 의견도 많았다. 그러나 이제는 다리의 독특한 디자인과 조명으로 관광객들의 시선을 끌고 있으며 트빌리시의 경관을 돋보이게 하는 명물로 거듭나고 있어 도시의 발전에 긍정적인 역할을 하고 있다.

기묘하게 생긴 콘서트홀은 2012년에 건축되었지만, 정치적인 요인과 재정적인 이유로 아직 사용되지 못하고 있다. 당시 미하엘 사카슈빌리 정부가 트빌리시의 현대적 이미지를 강화하기 위해 콘서트홀을 건설했으나 정권이 교체되면서 마무리되지 못한 채 외국 기업(Global Victory Trust)에 매각되었다. 새 소유자는 콘서트홀을 디지털 아트센터와 콘퍼런스 홀로 활용한다고 발표했으나 아직도 개관하지 못하고 있다.

트빌리시를 관통하는 쿠라강은 조지아어로는 므트크바리강이라고 불리는데 튀르키예에서 시작되어 조지아와 아제르바이잔을 거쳐 카스피해까지 흘러간다. 언덕 전망대에서는 저 멀리 츠멘다 사메바 성당(성 삼위일체 성당), 메테히 교회, 고르가살리 동상도 볼 수 있었다. 트빌리시의 전망을 한동안 바라보다가 다른 편 아래를 보니 식물원의 나무들이 우거져 있다. 이 식물원은 타마다 여왕이 조성하였다고 하니 이 역시 800여 년 조림된 곳이다.

조지아 어머니상 방향으로 걸어가는 길에는 음료수와 기념품 판매점이 늘어서 있고 관광객들이 국적을 말하면 거기에 맞춰 국가를 연주해 주는 거리의 악사까지 있다. 조지아 어머니상(Mother of Georgia)은 한 손에는 와인 잔, 다른 손에는 칼을 들고 있는데 '친구에게는 와인을, 적에게는 칼을'이라는 의미라고 한다. 그런데 조지아 어머니상이 처음부터 지금과 같은 모습은 아니었다. 1958년에 소련 시대의 상징을 표현하는 동상으로 만들었는데 시간이 흐르면서 자연적인 마모 현상이 일어났다. 이후 소련으로부터 독립한 조지아는 1997년 내구성이 강하고 날씨 변화에도 마모되지 않도록 복원하여 지금에 이른다. 와인 잔과 칼을 들고 있는 모습은 소련 시대 동상과 같지만, 예전 동상이

▲ 조지아 어머니 동상

기골이 장대한 여장군 같은 모습이라면 지금의 동상은 좀 더 날렵하고 현대적인 모습이다. 어머니상은 높이가 20미터가 되는 거대한 동상으로 절벽 앞에서 시내 중심지를 바라보고 있어 그 앞모습을 찍을 수가 없었다. 가까이 다가가더라도 오히려 전체적으로 보기가 어렵기에 사진을 찍더라도 좀 떨어져서 옆모습을 찍을 수밖에 없어서 아쉬웠다.

나리칼라 요새(Narikala Fortress)는 4세기경에 건립되어 여러 시대를 거쳐 파괴와 복구가 반복되었는데 페르시아·오스만 제국·러시아 등 주변 세력이 이 요새를 사용하면서 이름도 여러 차례 바꾸었다고 하니 강대국에 지배 당해온 조지아의 역사가 그대로 느껴지는 곳이다. 원래는 케이블카에서 내려 나리칼라 요새까지 걸어갈 수 있었지만, 우리가 갔을 때 보수 중이라 가는 길이 막혀있어서 성벽에 기댄 채 요새를 바라보며 사진 찍는 것으로 만족해야 했다.

▲ 나리칼라 요새

메테히 교회, 고르가살리 왕 기마상, 아바노투비니 유황온천지대

다시 케이블카를 타고 내려가 쿠라강을 건너 절벽에 위치한 메테히 교회(Metekhi Church)를 보러 갔다. 이 교회는 5세기 바흐탕 고르가살리(Vakhtang Gorgasali)왕이 건설했지만, 그때 지어진 흔적은 지금 남아있지 않다. 현재의 교회는 13세기에 드미트리오스 2세 때 재건되었는데 이후 몽골의 침입 등 여러 전쟁에 의해 파괴와 복구가 이루어졌다. 19세기 러시아가 조지아를 지배할 당시 이 교회는 조지아의 민족적 종교적 정체성을 억압하기 위한 감옥으로 사용되었으며 소련 시대에는 극장으로 사용되었다. 교회의 외관은 단순하면서도 장엄한 모습이었는데 너덜너덜해 보이는 낡은 벽면에서 세월의 흔적이 많이 느껴졌고 내부에는 다양한 성모자상과 성인들의 이콘(Icon)이 여럿 걸려 있었다. 내부가 그리 크지 않은 탓인지 상대적으로 다른 교회들보다 이콘이 많이 걸려있는 것처럼 보였고 조지아의 다른 정교회가 그렇듯이 신자들이 서서 예배를 드리기 때문에 의자는 보이지 않았다. 이곳은 사진 촬영이 금지되어 있어 사진을 담지 못한 것이 아쉬웠다. 메테히 교회 밖 언덕에서 바라보는 트빌리시의 전망도 역시 아름다웠다. 여기서 머리를 들어 보니 쿠라강 너머 조지아의 어머니상과 나리칼라 요새, 케이블카 등이 보이고 아래를 보니 평화의 다리와 콘서트홀이 보인다. 조금 전에 케이블카를 타고 올라가서 바라봤던 장소에서 이제는 반대로 케이블카 쪽의 조지아 어머니상을 바라보려니 느낌이 새로웠다.

교회 앞 절벽에는 트빌리시를 건설한 바흐탕 고르가살리 왕의 기마상이 쿠라 강을 바라보면서 서 있다. 고르가살리의 동상도 조지아 어머니상과 마찬가지로 절벽에 바짝 붙어 있어서 앞모습을 찍기 힘들었다. 고르가살리 왕은 수도를 므츠헤타에서 트빌리시로 이전하였는데 그 이유가 재

▲ 메테히 교회와 고르가살리 왕 기마상

미있다. 왕이 사냥을 하던 중에 사냥매가 온천에서 꿩을 제압하면서 떨어진 곳에서 따뜻한 온천이 발견되었다. 왕은 므츠헤타에서 여러 분쟁으로 수도를 옮길 의향을 가지고 있던 와중이어서 이 온천 장소로 수도를 옮기기로 하고 따뜻하다는 의미의 트빌리시라는 이름을 붙였다고 한다.

수도를 트빌리시로 옮긴 원인이 된 전설의 아바노투바니(Abanotubani) 유황온천 지대는 고르가살리 광장을 지나 조금 걷다 보면 만날 수 있었다. 온천탕들의 외관은 붉은색 돔형 지붕이 볼록하게 솟아있는 것이 특징으로 이곳의 온천물은 피부는 물론 류머티즘성 관절염, 근육통에 효과적이라고 알려져 있다. 이 온천 지대의 Orbeliani Baths는 푸시킨이 이보다 더 좋은 온천장을 보지 못했다며 극찬했다고 해서 잘 알려져 있는데 이곳은 전통적인 돔형 지붕의 다른 온천탕과는 달리 마치 이슬람의 모스크처럼 생겼다. 이 주변의 온천탕 중에서 가장 화려하고 눈에 뜨이므로 사진 찍는 명소로 꼽히기도 한다. Orbeliani Baths는 푸른 온천탕을 의

▲ 아바노투바니 유황온천지대

미하며 이 건물 외벽의 푸른 타일이 돋보이기 때문에 붙여진 이름이다. 이 온천 지대는 푸시킨 외에도 뒤마, 톨스토이, 레르몬토프의 사랑을 받았다고 전해진다. 우리는 튀르키예에 거주할 때 하맘이라고 불리는 온천장을 이용해 본 경험을 떠올렸는데 조지아의 온천이나 튀르키예 하맘 모두 수백 년의 전통을 갖고 있고 과거에는 목욕을 떠나 사교의 장으로 이용되었다는 공통점이 있다.

츠민다 사메바 성당, 므타츠민다 다비드 교회, 프로스페로 북 카페

쿠라강을 중심으로 구도심지의 강 건너편 엘리아 언덕에는 츠민다 사메바 성당(성 삼위일체 성당)이 우뚝 서 있다. '츠민다'는 조지아어로 성스러움을 의미하며 '사메바'는 삼위일체라는 뜻이다. 이 성당은 조지아 정교회 독립 1,500주년을 기념하여 국민들과 기업인들의 성금으로 1995년에 건축하기 시작하여 2004년에 완공되었다. 이 성당도 언덕에 있어 트빌리시 시내 전경과 멀리 조지아 어머니상까지 조망할 수 있었다.

▲ 트빌리시 츠민다 사메바 성당

　멀리서도 웅장하리라 생각했지만 사메바 성당을 바로 앞에서 보니 높이 87미터(지하까지 합하면 100미터)의 거대함에서 범접할 수 없는 아우라(aura)를 뿜어내고 있었다. 예배당만 9개나 있다는 말을 듣고 그 규모가 대단하다고 느꼈는데 본당 외에도 수도원·휴게실·주교관에 신학교까지 갖춰진 대규모 복합단지 건물이라고 하니 조지아의 종교적인 영향력을 나타내는 대표적인 시설이라고 생각되었다. 지붕과 돔에 조명 시스템이 설치되어 밤에는 성당이 더욱 화려하게 돋보인다.

　성당 내부는 웅장하고 화려한 외부에 비해 비교적 단순하게 느껴졌는데 돔 천장 아래 제단의 뒤쪽으로는 예수님과 사도의 벽화가 있지만 돔 천장에는 벽화가 그려져 있지 않아 다소 썰렁했다. 대신 성당 내부에는 성화와 다양한 이콘이 보였는데 금이나 은으로 입혀진 화려한 이콘은 곳곳에서 반짝거리며 존재감을 드러내고 있었다. 그동안 성녀 니노를 사진으로만 봤었기에 나이 지긋한 조지아 여성에게 어느 성화를 가리키면서

II. 와인의 나라 **조지아**　113

▲ 트빌리시 츠민다 사메바 성당의 신부

니노의 성화가 맞는지 물었더니 영어가 통하지 않는데도 알아듣고 '니노'라고 대답하면서 자랑스럽게 고개를 끄덕였다. 시오니 대성당과 메테히 교회에도 니노의 성화가 있었을 텐데 그때는 아마 보고도 모르고 지나쳤을 수 있다. 조지아 정교회의 형식답게 본당에 의자가 따로 없었다. 처음 마주친 시오니 대성당에서는 기도하는 곳에 의자가 없는 것이 신기하고 생소했지만 이후 메테히 교회와 이곳 츠민다 사메바 성당을 관람하면서 어느덧 의자가 없는 것이 오히려 더 자연스럽게 여겨졌다. 바닥에 무릎을 꿇고 기도하는 신도들의 모습은 경건해 보였고 우리에게는 생소한 조지아 정교지만 그 경건하고 성스러운 분위기는 깊은 울림으로 다가왔다.

이스탄불에서 여행한 후 아제르바이잔을 거쳐 조지아로 왔기 때문에 츠민다 사메바 성당을 방문한 날은 집을 떠난 지 12일째 되는 날이었고 전날 하루 종일 카즈베기 투어를 했기 때문에 피곤하기도 해서 일정을 너무 많이 잡지는 않았다. 비 소식도 있고 해서 츠민다 사메바 성당 방문 후 조지아 국립 박물관(Georgia National Museum)과 조지아의 국민 화가 니코 피로스마니의 그림이 있는 내셔널 갤러리(The National Gallery)를 천천히 관람하기로 했는데 박물관에 가보니 문이 굳게 닫혀 있는 게 아닌가! 박물관 휴관일은 월요일이고 우리가 방문한 날은 관광객이 붐비는 토요일이었는데 닫혀 있어 황당했는데 알고 보니 그날 조지아 총선이 있는 날이었기 때문이었다.

시간을 날려 보낸 것이 억울하기도 하고 허무해서 맥이 탁 풀렸지만, 이 기회에 그동안 오가는 길에 찜해 놓았던 조지아 레스토랑에 가서 점심을 먹기로 했다. 식당은 화려하지는 않았지만, 메뉴판의 음식이 꽤 먹음직스러워 보여서 이왕이면 이 식당에서 여러 가지 조지아 음식에 도전해 보기로 했다. 들어가 보니 깨끗하고 아기자기한 실내 장식이 마음에 들었고 종업원도 무척 친절해서 마음에 들었다. 우리는 육개장과 맛이 비슷하다는 하르쵸(Kharcho)와 버섯에 치즈를 넣어 구운 소코 케제(Soko Keste), 그리고 러시아의 샤슬릭과 비슷하게 고기를 꼬치에 꿰어서 굽는 므츠바디(Mtsvadi)를 주문했는데 음식은 모두 기대 이상이었다. 특히 하르쵸가 어찌나 맛있던지 육개장만큼 시원해서 우리 입맛에 딱 맞았고 소코 케제는 어찌나 고소한지 바닥에 붙어있는 치즈를 싹싹 다 긁어먹었다. 므츠바디도 맛이 괜찮았지만, 하르쵸와 소코 케제가 워낙 맛있어서 순위에서 밀려났다. 한국 관광객들은 조지아 음식을 처음 시도할 때 우리나라 만두와 비슷한 힌칼리(Khinkali)를 주문하곤 하는데 힌칼리는 우리나라 만두보다 만두피가 두꺼워서 호불호가 있을 수 있다고 보며 오히려 하르쵸나 피자 비슷한 하차푸리를 통해 먼저 맛보라고 권하고 싶다.

점심을 맛있게 먹은 덕분에 박물관에서 허탕을 친 씁쓸한 기억은 금방 잊고 산악열차인 푸니쿨라(Funikula)를 타고 므타츠민다 공원(Mtatsminda Park)에 가기로 했다. 비가 조금씩 내리기에 전망대의 경관은 기대할 수 없겠지만 트빌리시에 왔으니 푸니쿨라도 한번 타 봐야 하지 않겠는가! 버스를 타고 승강장에 가서 탔는데 이곳 푸니쿨라는 다른 나라에서 탔던 것보다 경사가 심해서 스릴이 있었다. 평소에는 제법 기다려야 하는 데 날씨 탓인지 기다리는 대기 줄은 그리 길지 않았다. 푸니쿨라가 당연히 정상까지 한 번에 가는 줄 알았는데 중간에 승강장이 있었고 히잡을 두른 2명의 여성이 올라타서 우리 앞에 앉았다. 그 여성들은 우리가 한국에서 왔다는 것을 알고 반가운 표정으로 자기들은 이란에서 왔다고 소개하며, 푸니쿨라 중간 승강장에 있는 곳을 추천해 주었다. 경치가 멋진 곳인데 사람들이 모르고 지나쳐 안타깝다며 꼭 가보라고 알려 주었다. 이란에도 한류 열풍이 불어서 우리를 보고 반가웠던 것인지 왜 우리에게만 그곳을 가르쳐 주었는지는 모르지만, 나중에 가보니 그 이란 여성들이 말한 곳은 우리에게 잘 알려지지 않은 다비드 교회로 조용하고 아름다운 곳이어서 두고두고 그 여성들에게 감사한 마음이 들었다.

오락가락하던 비가 거의 그쳐서 므타츠민다 공원 전망대에서 트빌리시 시내가 제법 잘 보였는데 빼꼭하게 보이는 건물 사이에 오전에 보고 온 츠민다 사메바 성당이 우뚝 서 있는 모습을 보니 친구를 만난 것처럼 반가웠다. 사메바 성당을 보고 나서야 쿠라강이나 평화의 다리, 콘서트홀 등이 눈에 들어왔다. 푸니쿨라에는 관광객이 많지 않았지만, 전망대에는 사진을 찍는 사람들이 꽤 많았다. 관광객 이외에 조지아 사람도 많이 보였는데 연인들이나 가족끼리 이곳을 많이 찾는 것 같았다. 전망대 말고 또 하나의

▲ 므타츠민다 다비드 교회

명소는 이곳 푸니쿨라 승강장 근처의 레스토랑인데 이곳은 맛집으로 테라스에서 식사하며 경관을 즐길 수 있다. 특히 야경이 멋있다고 하는데 아쉽게도 우리는 따로 야경을 보러 갈 시간은 없었다. 므타츠민다 공원에는 레스토랑 외에 야외카페도 있어서 날씨가 좋은 날은 이곳에서 시간을 보내는 것도 좋을 것 같았다. 비가 갠 후의 상쾌한 공기를 들이마시며 아기자기한 공원 사이를 산책하였는데 생각보다 공원의 규모가 제법 컸다.

내려오는 길에 이까 이란 여성이 알려준 곳을 가보기 위해 중간 승강장에서 내렸는데 내리는 사람은 우리밖에 없었다. 무엇이 있을까 궁금해하며 가보니 뜻밖에 아름답고 고풍스러운 다비드 교회(St. David Church)가 나타났고 교회 마당에는 묘지들이 보였는데 작가들과 음악가 등 유명인사의 묘지이다. 묘지에는 아름다운 교회와 함께 많은 동상들도 놓여 있고 주변이 온통 푸르른 나무들로 둘러싸여 있어 묘지라고 해도 스산한 느낌이 거의 들지 않았고 고요하고 분위기 속에 정갈하게 잘 관리되어 있었

▲ 므타츠민다 유명인 묘지

다. 조지아 여행을 다녀온 주위의 사람 중 아무도 이곳에 가 본 사람이 없었는데 나중에 노벨문학상을 받은 존 스타인벡(John Ernst Steinbeck)이 1947년에 쓴 러시안 저널(Russian Journal)이라는 여행기를 보니 이 교회에 대한 구절이 나와서 반가웠다. 스타인벡은 지프를 타고 갈 수 있는 곳까지 간 후 나머지 길은 걸어서 이곳까지 올라왔다고 기록하고 있다.

교회 안으로 들어가 보려 했지만, 예배 중이어서 문이 닫혀 있었고 성가만 들려왔다. 교회 주변의 벤치에 몇몇 사람들이 삼삼오오 앉아 있을 뿐 주변은 한적하고 마치 산 중턱에 갇혀 있다는 느낌마저 들었다. 이곳에서도 트빌리시 시내를 조망할 수 있는데 비가 갠 후라서 그런지 멀리 츠민다 사메바 성당의 색이 더욱 선명하게 두드러져 보였다.

우리는 다시 중간 승강장으로 가서 푸니쿨라를 타고 내려가 루스타벨리 거리의 현대미술관(Museum of Fine Art) 건너편에 있는 프로스페로 북 카

▲ 프로스페로 북 카페

페(Prospero's Books & Caliban Coffeehouse)로 향했다. 이 북 카페에는 조지아 서적과 다양한 영어 서적을 보유하고 있어서 현지인들뿐만 아니라 특히 유럽인에게 인기가 있는 곳이다. 우리가 방문했을 때에도 한 무리의 조지아 젊은이와 나이 지긋한 독일인·영국인들이 옆 테이블에 앉아 있어서 한담을 나누고 있었다. 카페의 규모가 크지는 않지만 아기자기하고 예쁜 데다가 날씨가 좋은 날에는 야외 테이블도 이용할 수 있어서 한번 앉으면 일어나고 싶지 않은 곳이다. 서점과 카페가 같이 운영되고 있으나 공간상으로는 분리되어 있다. 카페에도 책이 진열되어 있지만 서점에서 구입한 조지아에 관한 책을 카페에서 읽으며 차를 마시고 여유를 가지는 시간을 가졌다. 카페를 나올 때 사과파이를 테이크아웃하겠다고 했더니 종이 백이 아닌 에코 백에 담아주어 환경을 중요시하는 마음가짐을 느낄 수 있었다.

어느덧 저녁 시간이 되었는데 점심을 많이 먹어서 배도 부른 데다가 오랜 여정으로 피곤함이 쌓여 있기도 하고 다음날 므츠헤타 투어를 가기로

▲ 쇼티 빵 만드는 곳   ▲ 쇼티 빵 장인

되어있기에 호텔 방에서 간단히 저녁을 하되 다만 조지아의 맛을 약식으로나마 느껴 보기로 했다. 우선 호텔을 오가다가 본 허름한 빵 가게가 생각났다. 그 가게로 가보니 사람들이 줄 서서 있고, 조그만 지하의 화덕에서 장인 정신으로 빵을 굽는 아저씨의 모습이 보였다. 냄새도 고소하고 서 있는 사람도 빵이 맛있다는 표정으로 엄지척하여 쇼티를 샀다. 60센티미터 이상 되어 보이는 크기에 값은 1개에 한국 돈으로 650원 정도밖에 안 되었다. 길쭉하게 생긴 쇼티를 먹어보니 바삭하고 맛있어서 그 맛이 한국에 와서도 생각난다. 다음으로 구시가지의 와인 전문점에서 조그만 크기(375ml)의 사페라비 레드 와인을 두 병 샀다. 작은 병의 사페라비 레드와인은 한국 돈으로 3,000원 정도인데 목을 향기롭게 축이면서 잘 넘어가 조지아 와인이 왜 좋은 평가를 받는지 알 수 있었다. 또한 호텔 근처에 있는 갤러리아 백화점에서 조지아인들이 많이 사가는 샐러드와 파스타, 두 종류의 치즈, 조지아가 자랑하는 광천수인 보르조르미 생수를 구입하였다. 이와 함께 북 카페에서 산 사과파이 등으로 저녁을 먹었는데 피곤함에 와인까지 마시니 피로도 풀리고 금방 잠에 들어 다음날에도 신선한 기분으로 여행을 할 수 있었다.

국립박물관

조지아를 방문하는 경우 1~2시간이라도 시간을 내어 루스타벨리 거리에 있는 조지아 국립박물관을 방문할 것을 권하고 싶다. 처음에는 조그만 나라에 뛰어난 유물이 있을까 하고 크게 기대하지 않았다가 지하층에 전시된 코카서스의 금세공 유물을 보면서 감탄을 금할 수 없었는데 다른 나라의 문화를 현재에 비추어 재단해서는 안 되겠구나 하는 생각을 가지게 되었다.

국립 박물관 전시실로 들어서기 전 입구에 조그만 동전이 전시되어 있는데 이는 11~12세기 조지아의 전성기를 열었던 다비드 왕(David IV the Builder)이 1118년 발행했던 구리 동전이다. 앞면에는 다비드 왕의 모습이, 뒷면에는 십자가와 조지아 문구가 새겨져 있다. 입구를 지나 1층 전시실로 들어가니 한 편으로는 인골이 쭉 나열되어 있고 다

▲ 다비드 왕 동전 앞면 1118년

른 편에는 구석기 시대의 희귀한 유물인 아슐리안형 주먹도끼 등이 전시되어 있었다. 조그만 나라의 국립 박물관에 한 층을 통째로 그것도 진품이 아닌 복제품으로 인골을 진열한 것이 의아하여 해설사에게 그 이유를 물어보았다. 그는 조지아에서 발견된 호모 에렉투스 인골로 안내하면서 인류가 아프리카에서 코카서스, 구체적으로 조지아를 통하여 유럽과 중앙아시아로 이동하였는데 이러한 이유로 조지아 인들의 조상이 인도·유럽인으로 불리는 이유라고 설명한다.

▲ 인골전시관

　인골 전시물을 보기 전 마음 한구석에는 인류가 어떻게 발전되어 왔을까 하는 호기심이 늘 있었지만, 체계적인 전시물을 보지는 못했었다. 그러다가 조지아의 박물관에서 인골을 보고 인류의 시초부터 현재까지의 진화에 대한 지식을 가지게 되고 또한 서적도 찾아보았다. 현재 인류는 호모 사피엔스라고 불리지만, 그 이전 인류의 최초 조상으로 두 발로 걷는 오스트랄로피테쿠스 종은 아프리카에서 발견되었다. 이후 인간과 좀 더 가까운 종으로 호모 하빌리스(도구를 만드는 사람)가 시작되었는데 이들은 투박한 원시 석기 도구를 만들었다. 이때부터 호모(사람)라는 명칭이 부여되었다. 이후 발전된 인종인 호모 에렉투스(직립 인간)가 인도네시아 자바섬, 중국 베이징, 케냐에서 발견되었는데 그들은 날카로운 날이 있는 주먹도끼 등을 제작하였다.

호모 에렉투스는 100만여 년에 걸쳐 진화하였으며 이후 현생 인류인 호모 사피엔스가 탄생하였다. 호모 사피엔스 가운데 하위종인 호모 사피엔스 네안데르탈인은 유럽·서아시아 지역 등 광범위하게 거주하였는데 동굴에서 불을 피워 고기를 굽고 옷을 만들었던 도구도 사용하였으며 언어를 사용했을 가능성도 있었

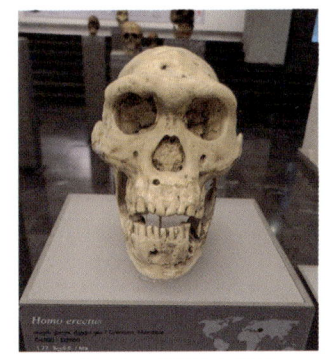

▲ 조지아 호모 에렉투스 인골

다. 호모 사피엔스 네안데르탈인은 아직 파악되지 않은 이유로 멸종되고 현생의 인류인 호모 사피엔스 사피엔스 인들은 발전해 나갔다. 이 인종의 특징은 의사소통을 위한 언어능력에 있다. 언어 활용을 위한 발성기관이 발전되었으며 이는 뇌의 진화를 가져왔다. 이 과정에서 뇌의 모양이 둥근 형태로 되고 뇌의 용량도 크게 되어 예전의 종과는 차이를 보인다.

호모 사피엔스 사피엔스의 초기 현생인류는 프랑스 크로마뇽에서 19세기에 처음 발견되었는데 3.5만여 년 전 유럽에 정착한 것으로 분석되었다. 이전에도 현생 인류의 존재가 있었다는 주장이 있기도 한데 유럽에 정착하기 훨씬 이전인 12만여 년 전에 현생 인류가 출현하였을 것으로 본다. 이에 따라 호모 에렉투스의 혈통을 이어받은 호모 사피엔스 사피엔스와 호모 사피엔스 네안데르탈인들이 종은 다르지만 상당 기간 시대를 함께 살았다고 본다. 초기 현생인류는 석기 도구에 손잡이를 부착하여 사용하였으며, 뼈나 뿔로 만든 창 모양의 무기를 사용하여 사냥하였다. 1.7만여 년 전의 동굴 벽화로 유명한 프랑스 라스코 바위 거주지에서는 밧줄과 노끈도 나와 상당한 수준의 기술적 진보가 있었음을 알 수 있다. 또한 후

기 구석기 시대의 현생 인류는 불을 사용하였으며 동굴에서 나와 노천 거주지에서 생활하는 터전도 이동하였다. 호모 사피엔스는 유럽·아시아를 벗어나 배와 육로로 5만여 년 전에는 호주로, 1.5만여 년 전에는 북아메리카로까지 이동하였다.

다른 섹션에 여러 개 진열된 구석기 시대 아슐리안형 주먹도끼를 눈여겨보았는데 그 이유는 우리나라에서 이 주먹도끼가 발견되어 고고학의 지층을 흔들었다는 설명이 생각났기 때문이다. 경기도 연천군 전곡리의 선사박물관에는 구석기 시대 유물과 호모 에렉투스 등 여러 인골이 전시되어 있다. 이 선사박물관에서 특히 주목할 것은 주먹도끼이다. 주먹도끼는 구석기 시대 사람들에게 가장 소중한 만능 도구로서 세계적인 전문가인 모비우스(H.L. Movius) 고고학 교수는 날이 서 있는 아슐리안형 주먹도끼가 서양에만 있다고 주장해 왔는데 어느 날 전곡리에서도 새롭게 발견되었다. 발견된 경위도 우연히 이루어졌는데 미국에서 고고학을 공부하다가 주한 미군으로 복무 중이던 보웬이라는 병사가 여자 친구와 한탄강을 걷다가 돌로 만들어진 투박한 도끼를 발견하였다. 보웬은 이것이 주먹도끼일 가능성이 있다고 보고 자신의 교수에게 사진을 보냈는데 전문가 감정을 통하여 주먹도끼임이 확인되었다. 전곡리의 주먹도끼가 바로 아시아에서 처음 발견된 아슐리안형 주먹도끼로서 고대사의 기존 이론을 바꾸는 커다란 기점이 되었다. 그동안 동양에서 발견된 도끼는 주로 둥글둥글하여 찍개라고 불렸는데 전곡리 주먹도끼가 발견됨으로써 그동안의 학설을 무너뜨리고 구석기 시대 연구에 획기적인 변화를 불러왔다. 이후 아르메니아 예레반 박물관을 방문하였을 때 그곳에서도 수십 점의 아슐리안형 주먹 도끼들이 전시되어 있어 코카서스 지역이 인류의 발전이나 이동에 어느 정도 역할을 하였음을 알 수 있었다.

　박물관의 지하 1층으로 내려가니 금세공 및 은기구 등 장식품 전시실이 양측에 있었다. 이곳에서 단군 신화 시기 이전에 벌써 코카서스 지역에서 금세공 문화가 시작되었다는 사실과 함께 전시된 금·은 장식품의 세밀함과 화려함에 놀랐다. 기원전 4,000~3,000여 년 전부터 조지아 여러 지역에서 금광이 개발되어 금 세공품이 만들어지기 시작했다. 금·은장식 문화는 서서히 발전되다가 기원전 17세기경부터 금·은 장식품이 발견되지 않아 그 문화가 무슨 이유에선지 한동안 끊어진 것으로 추정한다. 그러다가 기원전 8~6세기에 콜키스 지역에서 새로운 금세공 문화가 나오기 시작했다. 흑해 동부와 연하여 있는 콜키스 지역은 예전 문헌에 금이 풍부한 곳으로 알려졌고 문화적으로 미케네 및 바빌론과 필적할 정도로 발전되었다고 한다. 이후 금세공이 발전하여 기원전 5~4세기에 크게 융성하였는데 이는 자체적인 발전 이외에도 그리스 및 페르시아(아케메네스 왕조)의 영향도 받은 것으로 파악된다.

　그리스의 지리학자인 스트라본은 그의 저서 '지리(Geography)'에서 콜키스 지역은 금·은·동·구리 등 광물자원이 풍부하고 개발되었다고 기록하고 있고 그리스 문헌에서도 금을 좇는 신화적 인물인 제이슨(Jason)이 이곳을 탐험할 충분한 동기가 있었다고 묘사하고 있다. 기원전 3세기에 탄생한 카르틀리-이베리아 왕국은 기원후 1~3세기에 융성하였는데 이 왕국도 인근 지역과 교류를 통하여 금세공을 발전시켜 나갔다. 이 시기에 만들어진 금장식품, 은 기구, 보석으로 장식한 뛰어난 유물들이 코카서스 여러 지역에서 발견되었다.

지하 전시실로 들어서면 홀 중앙에 기원전 18~17세기의 술잔(Goblet)이 전시되어 있는데 술잔의 몸통은 온통 금이고 그 주변에 흑옥·홍옥·청옥·호박이 쭉 박혀 있다. 그 옆에는 은으로 만든 컵인데 이 역시 기원전 18~17세기 만든 것으로 은잔 윗면에는 당시 사람들의 의례 행사 모습, 은잔 아랫면에는 여러 동물이 새겨져 있다. 이어 기원전 5~4세기 콜키스 지방의 출토 유물로 사자와 황소가 싸우는 모습을 조각한 금장식 플레이크, 동물 모양을 순금으로 조작하여 만든 머리 장식, 기원후 2세기의 터키석과 알만딘 보석 장식을 넣은 금목걸이, 기원후 4세기의 동물을 사냥하는 모습을 담은 은 벨트 등이 진열되어 있다.

중앙에 전시된 유물을 본 이후 벽면을 따라 시대별로 쭉 진열된 전시품을 보았다. 박물관이 소장하고 있는 금장식품은 기원전 3,000~2,000년의 유물, 기원전 8~3세기의 콜키스(Colchis, 조지아 서부 지역에 있었던

▲ 금장식 잔, 기원전 18~17세기

▲ 금제품, 기원전 2000여년전

나라) 유물, 기원전 3세기~기원후 4세기의 카르틀리-이베리아(Kartli-Iberia, 조지아 중·동부 지역에 있었던 나라) 유물로 구분되어 있다. 기원전 3,000~2,000여 년의 사자상, 기원전 1,500~1,000여 년의 목걸이, 기원전 8~6세기의 금으로 만든 옷 장식품, 기원전 5~4세기의 목걸이·귀걸이·벨트 장식 등 금으로 만든 장식품이 쭉 연이어 전시되어 있다. 지금부터 수천 년 전에 지금과 견주어도 뒤지지 않을 정도로 세밀하게 장식품을 만들었다는 사실에 감탄할 뿐이었다.

금·은으로 만든 다양한 귀금속품은 중세 시대까지 이어지는데 이는 코카서스 지역에 금·은이 풍부했다는 사실과 관련이 있다. 콜키스 지역에는 미케네·사르디스(리디아 왕국의 수도)·바빌론과 함께 금이 풍부했고 이곳에서 지역만의 특색 있는 장식품뿐만 아니라 그리스 및 페르시아(아케메네스 왕조)의 발전된 모습을 반영하여 변형된 장식품도 제작하였다고 고대 기록에 나타나 있다. 기원전 4세기 이후의 콜키스 장식품과 기원전 3세기부터 세력을 얻기 시작한 이베리아의 장식품들도 쭉 전시되어 있는데 시대가 흐를수록 장식품들은 더욱 세련되어져 갔음을 알 수 있었다.

금은 장식품 등 지하 전시실 맞은편 홀에는 여러 귀중한 보물이 전시되어 있는데 별도 입장료를 지불해야 출입할 수 있다. 그중에서는 12세기 조지아의 전성기 여왕이었던 타마르의 십자가(Queen Tamar's Cross)가 압권이다. 소박한 십자가가 아니라 5개의 루비와 4개의 에메랄드가 화려한 십자가 모형을 하고 그 주위를 6개의 진주와 얇은 금장식 프레임이 둘러싸고 있는 형태이다. 조지아 인들은 이 십자가를 보면서 깊은 종교적인 신앙심과 함께 한때 영화로웠던 조국, 그리고 당시 이 나라를 이끌었던 여성 지도자를 상상하면서 감회에 젖는다고 한다.

신라 경주박물관을 갔을 때 여러 금장식 유물을 보고 경탄하였는데 이곳 박물관에서 수천 년 이전부터 발전되어 온 뛰어난 금세공 장식품을 보면서 인류 문명 간에 교류가 있어 신라로 이어지지 않았을까 하는 생각을 가지게 되었다. 5,000여 년 전부터 발전되어 온 인류의 섬세한 세공술에 감탄하면서 수백 종의 금은 세공 작품 중 일부라도 한국에서도 전시되기를 바라는 마음이 일어났다.

내셔널 갤러리

조지아 트빌리시의 번화가 한편에 자리 잡은 내셔널 갤러리(National Gallery)는 2층 전체가 조지아의 국민화가 니코 피로스마니(Niko Pirosmanashvili, 1862~1918)의 작품으로 전시되어 있다. 그림이 어둡고 기이하고 동떨어진 느낌인데 그럼에도 무언가 동질감을 느끼면서 다가온다. 중세적인 느낌과 함께 근대적인 모습도 띠고 있는 그의 화풍은 원초주의(Primitivism), 순수주의(Naive-Style) 모습으로 동양의 앙리 루소라고도 평가된다.

그의 화풍은 인생 역정과도 깊은 관련이 있다. 그는 조지아 동부 카헤티 지역의 조그만 농가 마을인 미르자니(Mirzaani)에서 태어나 8세인 어린 시절 트빌리시로 이사 왔지만 고아가 되었다. 이후 생계를 위하여 철도 역무원과 상점 직원으로 일하다가 20대 후반에 들어서야 그림에 몰두하였다. 정식으로 미술교육을 받지 못하고 스스로 배운 화가였기에 세련되지 못하고 투박한 느낌이 난다. 일상생활의 사람들, 지방의 풍경, 연회

▲ 당나귀의 다리

▲ 다윗 왕자들의 연회

▲ 당나귀 타고 왕진가는 의사, 피로스마니

장면, 여러 동물 등을 주제로 하여 조지아의 전통적인 모습을 그렸는데 흑색의 바탕이 그림 곳곳에 깊이 새겨져 있다. 이 작품들을 보면 무언가 괴이한데 묘한 여운과 잔상이 남는다.

  그의 작품은 20세기 초 샤갈 등과 더불어 러시아 아방가르드 작품으로도 전시되었다. 그는 몇 차례 전시회를 가졌지만, 생전에는 그다지 알려지지 않았으며 사후에 평가받기 시작하였다. 1969년 이후 파리 루브르·빈·베를린·동경·스위스 등에서 전시회가 열리고, 2018년 그의 사후 100주년을 기념하는 전시회가 세계 각지에서 열리면서 주로 유럽과 일본 등에서 커다란 평가를 받았다. 그에 대한 자료가 그다지 많지 않아 주로 활동한 지역도 알려지지 않은 채 오두막집 같은 곳에서 끊임없이 그림을 그렸으리라 추측할 뿐이었다. 그가 죽었을 때 사람들은 그를 화가로 생각하지 못하였고 현재 그가 묻힌 장소도 모른다.

그러나 시간이 흘러 지금은 트빌리시 식당이나 거리에서 모사된 그의 그림을 종종 볼 수 있을 정도로 그는 조지아 국민들의 사랑을 받는 국민화가이다. 우리에게는 이 화가의 그림보다 그의 여배우에 대한 사랑을 담은 노래가 더 잘 알려져 있다. 그가 마르가리타라는 프랑스 여배우를 사랑하여 전 재산을 털어 백만 송이의 장미를 보냈으나 그 사랑은 이루어지지 못하였다는 이야기를 라트비아 작곡가가 노래로 만든 이후 널리 애송되었다. 한국에서는 심수봉 가수가 '백만 송이 장미'라는 노래로 가사를 바꾸어 불러 널리 알려졌다. 2000년 모스크바에 근무하던 당시 러시아 가사의 이 노래가 민요처럼 애잔한 느낌으로 다가왔다. 이후 한국에서 심수봉의 노래로 자주 들었으니 그의 그림보다 노래를 먼저 접한 셈이었다. 이제 25년여가 지나 그 노래의 주인공인 니코 피로스마니의 그림을 트빌리시 내셔널 갤러리에서 보니 감개무량하기만 했다. 조지아 동부 카헤티 지역에 있는 시그나기의 공원에서도 그의 두상을 보아 반가웠다. 다만 그 표정이 찌푸린 모습인데 생전에 인정받지 못하여 우울한 표정을 짓고 있는가 하는 재미있는 생각도 들었다.

피로스마니의 작품은 우리나라에서 알려지지 아직 않고 있지만 우리에게도 곧 다가올 것이라는 느낌이 드는데 오스트리아에서도 비슷한 경험을 하였기 때문이다. 25여 년 전 빈의 벨베데르(Belvedere) 궁전에서 클림트와 쉴레의 작품을 처음 접하였다. 벨베데르 궁전은 오스트리아가 17

세기 말 오스만 제국의 침략을 막아낸 것을 기념하기 위해 18세기 초에 세워졌는데, 궁전을 개조한 미술관에 오스트리아 화가들의 작품이 전시되어 있었다. 오스트리아는 음악의 본고장으로 너무나 유명했지만, 2000년대 초만 하여도 미술 전문가가 아닌 일반인들에게 오스트리아의 미술은 그다지 알려지지 않았다.

그러나 당시 두 화가의 작품을 접하면서 무언가 색다르고, 사람의 감정을 건드리는 뛰어난 예술성을 느낄 수 있었다. 클림트(Gustav Klimt)의 '물뱀'과 '키스'는 독특했다. 고개를 옆으로 완전히 젖히고 눈을 감은 여성과 그 위로 남성이 키스하는 모습을 그린 '키스'는 온통 황금색으로 빛난다. 인간의 스멀거리는 욕정을 이끌어 내면서도 감히 접근하기 어려울 정도로 신비스러운 분위기가 휘감았다. 쉴레(Egon Schiele)의 '네 그루 나무'라는 작품은 서로 다른 나무가 주홍빛으로 물든 황혼의 하늘과 어우러진 모습을 담고 있다. 각기 여정을 지내온 인생의 다른 모습과 아울러 인생의 저편을 보는 듯하다. 삶의 깊은 철학을 보여주는 듯한 이 작품을 남긴 실레는 불과 28세의 나이로 요절했다는 점에서 더욱 이 작품에 애착을 느꼈다. 그 나이에 어떻게 인생의 깊이를 이토록 격정적으로 그려낼 수 있을까 하는 의아심이 갈 만큼 강렬한 인상을 받았다.

2025년 국립중앙박물관에서 전시된 쉴레의 작품 중 자화상은 자기 내면의 불안한 감정을 칼로 베어 내듯 나타내고 있다. 조금은 기괴한 그러나 누구나 느끼는 그러한 감정을 회화로써 끄집어내어 표현하였다. 지크문트 프로이트나 칼 융이 인간의 무의식이나 내면을 정신 분석한 글이 그림으로 나타난 느낌이다. '자화상', '애도하는 여성', '어머니와 아이' 등 작품을 보면 우리가 생각하는 시각적인 모습과는 전혀 다른 내면에 숨겨진 모습이 드러난다. 25여 년 전만 하더라도 클림트와 쉴레가 생소하였지만, 최근 강렬한 예술적 향기를 담은 그들의 작품이 우리에게 선뜻 다가왔다. 피로스마니의 작품 역시 투박하고 어두기만 한데 무언가 우리의 옛 모습을 담은 듯한 느낌을 주기에 우리에게 곧 다가오지 않을까 하는 생각이 든다.

트빌리시를 벗어나서...

조지아의 대도시로는 제일 큰 도시인 수도 트빌리시, 두 번째 큰 도시로 흑해 연안의 바투미(Batumi), 세 번째 도시로 유네스코 문화유산인 바그라티 대성당(Bagrati Cathedral)이 있는 쿠타이시(Kutaisi)가 있다. 빠듯한 일정으로 바투미와 쿠타이시 두 도시는 방문하지 못하고 대신 널리 알려진 지방을 주로 찾았다. 트빌리시 바로 인근에는 800여 년간의 옛 수도 므츠헤타가 있고, 트빌리시 북쪽으로 러시아와 국경 인근에는 조지아의 경관을 대표하면서 관광객들이 가장 선호하는 카즈베기산이 있다. 소련 스탈린 서기장의 고향인 고리는 트빌리시 북서쪽으로 1시간 30여 분 이동하면 나오는데 트빌리시와 세 번째 도시 쿠타이시의 중간에 있다. 수도의 동쪽으로는 와인의 생산지이면서 기독교 성지로도 유명한 시그나기가 있다. 요즈음 조지아에 대한 관심이 높아지면서 젊은 사람들은 한 달 정도 머무는 가운데 조지아 전역을 여행하는 사례도 종종 있다. 우리는 닷새 정도의 짧은 기간이기에 므츠헤타-카즈베기산-고리-시그나기 지역을 방문하는 가운데 역사와 문화적인 측면에 관심을 두고 둘러보았다.

조지아의 옛 수도: 므츠헤타

조지아의 옛 수도였던 므츠헤타는 트빌리시에서 약 20km 떨어진 곳에 있어서 부담 없이 다녀올 수 있다. 므츠헤타는 미리안 3세가 기독교를 수용하던 4세기 초 이베리아 왕국의 중심지였고 조지아 기독교의 탄생을 상징하는 도시였다. 이곳은 조지아의 종교와 역사를 논할 때 빼놓을 수 없는 곳으로 1994년 도시 전체가 유네스코 세계문화유산에 등재되었다. 인구 8,000여 명의 도시로 트빌리시 인구 120만 명과는 비교도 되지 않을 만큼 규모가 작다. 그러나 초기 기독교의 역사를 간직한 스베티-츠호벨리 대성당(Sveti-Tskhoveli Cathedral), 즈바리 수도원(Jvari Monastery), 삼타브로 수도원(Samtavro Monastery)등이 있어서 많은 관광객이 므츠헤타를 찾고 있다.

우리는 구시가지의 고르사갈리 광장 근처에 있는 여행사에서 므츠헤타 당일 투어를 신청했다. 약속된 시간에 가보니 우리 빼고 모든 일행이 러시아인들이라 잠시 당황했다. 모스크바에 거주한 경험이 있어서 러시아인들을 많이 접해봤는데 러시아인들은 무뚝뚝 하다못해 약간 화난 표정을 하는 사람들이 많아서 친해지는 데 시간이 오래 걸린다. 반면에 한번 친해지면 정을 많이 주고 진실한 사람들이 많다. 러시아 정치인들은 딴 세상에 사는 사람들이니 논외로 하고…므츠헤타 투어처럼 점심도 없이 짧은 시간 동안 여행하는 경우는 친해지기는커녕 대화를 나눌 겨를도 없었다. 아제르바이잔의 고부스탄 투어나 조지아의 카즈베기 투어에 함께 했던 일행들은 같이 사진도 찍고 화기애애한 분위기여서 지금도 기억나는데 므츠헤타에서 동행했던 러시아인들은 한 명도 기억이 나지 않는다. 므츠헤타 투어가이드는 순박하고 친절했지만, 직업의식이 부족했다.

외워서 준비해 온 멘트만을 말할 뿐 질문을 하면 제대로 대답하지 못했고 성당 밖에서만 설명하고 내부에는 동행하지 않았다. 그 때문에 가는 곳마다 조지아 사람들을 붙들고 이것저것 물어보며 거의 셀프 투어를 하며 가이드의 역할이 얼마나 중요한지 새삼 깨달았다.

므츠헤타에서 방문한 곳은 즈바리 수도원(기독교를 공인한 미리안 3세가 세운 십자가 위에 세워진 수도원), 스베티-츠호벨리 대성당(예수님의 성의가 묻혀있는 곳), 삼타브로 수도원(미리안 3세와 나나 왕비가 묻혀있는 곳) 이렇게 3곳이었다. 수도원만 연속으로 방문하면 나중에는 거기가 거기 같고 헷갈릴 수가 있으므로 몇 가지 정보만이라도 미리 알고 가면 훨씬 도움이 된다.

즈바리 수도원

즈바리 수도원은 므츠헤타 중심지에서 조금 떨어진 산언덕에 있다. 언덕 아래에 차가 정차하여 올려다보니 수도원이 저만치 떨어져 언덕 위에 처연히 서 있다. 수도원 내부로 들어가기 전에 절벽 앞 전망대에서 므츠헤타 전경을 내려다보았다. 쿠라강(또는 므트크바리강이라고도 한다)과 아라그비강이 합류하고 조지아의 옛 수도인 므츠헤타의 집들이 마치 성냥갑처럼 촘촘히 늘어서 있다. 자연과 인간이 조화를 이루는 환상적인 경치에 반해서 한동안 수도원 내부로 들어갈 생각을 잊을 정도였다. 쿠라강과 아라그비강은 강의 색깔이 달라서 확실하게 구분이 되었는데 아라그비강이 선명한 푸른 빛의 예쁜 색상인 반면 쿠라강은 트빌리시에서도 봤듯이 탁한 색상이었다.

▲ 즈바리 수도원에서 바라본 쿠라강과 아라그비강

　즈바리 수도원은 4세기 미리안 3세가 기독교를 알리기 위해 세운 십자가 위에 지어졌으며, 깎아지른 절벽 위에 고고하게 자리 잡고 있다. '즈바리'는 십자가라는 뜻으로 당시에 세워졌던 십자가와 수도원은 파괴되었다. 이후 6세기에 카르틀리의 공작 스테파노즈 1세가 십자가가 있던 자리에 수도원을 다시 세웠다. 수도원 건물은 낡고 여기저기 훼손된 흔적이 보였는데 체계적인 복원작업이 이뤄지지 않아서 유네스코로부터 위험에 처한 세계유산으로 지정될 가능성을 경고받은 적이 있다고 한다.

　수도원 내부로 들어가니 단순하고 별다른 장식이 없었다. 제단에 이콘이 걸려 있기는 한데 여백이 많아서 소박하다 못해 썰렁해 보였다. 대신 내부의 중앙에 있는 거대한 나무 십자가가 눈길을 잡아끌었다. 미리안 3세가 세운 십자가는 손실되었고, 이후에 현재의 대형 십자가가 세워졌다. 자세히 보니 그 아래에 가로 부분이 비스듬한 니노의 십자가도 보였고 성모자상의 이콘도 보였다.

▲ 즈바리 수도원

▲ 즈바리 수도원 내부

  즈바리 수도원에 스베티-츠호벨리 대성당의 건립과 관계된 성화가 있어 눈길을 끌었다. 이 성화에는 시도니아가 큰 기둥 아래 예수님의 성의를 든 채 묻혀있고, 미리안 3세와 나나 왕비, 성녀 니노 등 조지아 기독교 역사의 중요한 인물이 모두 그려져 있다. 다음에 간 삼타브로 수도원과 스베티-츠호벨리 대성당에서도 같은 내용의 성화를 보게 되어 이에 얽힌 이야기가 얼마나 중요한가를 알게 되었다. 그밖에 성모자상의 성화, 니노의 성화, 미리안 3세와 나나 왕비의 성화가 걸려 있었다.

삼타브로 수도원

즈바리 수도원을 나와 인근의 삼타브로 수도원를 찾았는데 이곳에는 기독교를 조지아 국교로 공인한 미리안 3세의 무덤이 있다. 미리안 3세는 자신이 많은 죄를 지었기 때문에 성스러운 스베티-츠호벨리 성당에 묻힐 수 없다며 삼타브로 수도원에 작고 검소한 성당을 세워 그곳에 묻히었다. 그의 신앙심이 얼마나 깊기에 그 시대에 왕이 자신을 낮추며 그런 놀라운 결단을 내릴 수 있었던 것일까! 성녀 니노도 이곳에 거주하며 기독교를 전파했다. 수도원은 4세기에 처음 건립되었고 11세기에 현재의 모습으로 재건되었다. 이곳은 수녀들이 거주하는 수도원으로 본당, 성 니노의 예배당, 박물관, 종탑 등으로 이루어진 복합 공간이다. 마당에 묘지들이 많이 보이는 것이 특이했고 곳곳에서 수녀들의 모습이 보였다. 지나가는 수녀에게 미리안 3세와 나나 왕비의 관이 어디 있는지 물어보니 성당 내 입구 원편에 위치한 석관까지 직접 안내해 주었다. 석관은 섬세한 무늬의 장식으로 부조가 새겨져 있었고 석관 뒤편에 왕과 왕비의 그림이 그려져 있어 무덤의 주인이 누구인지 말해주고 있었다.

본당의 규모는 아담했으며 제단은 여러 성화로 채워져 있고 성화 사이에 여러 문양의 부조가 새겨져 있었다. 스베티-츠호벨리 대성당의 건립과 관련된 성화가 이곳에서도 걸려 있었다. 이곳저곳을 둘러보고 있노라니 갑자기 어디에선가 아름다운 노랫소리가 들려왔다. 몇몇 수녀들이 멋지게 화음을 넣으면서 성가를 부르는 것이었다. 그 소리가 어찌나 청아하고 아름다운지 그 자체만으로도 신성한 느낌을 받았는데 창문을 통해 본

▲ 삼타브로 수도원

▲ 삼타브로 수도원 내부의 빛

당을 환히 비추는 빛이 더해져 더욱 특별한 울림으로 다가왔다. 사람들은 한동안 그 분위기에 압도당해 숨을 죽이며 미동도 하지 않고 서 있었는데 그 광경이 성스럽고 인상적이었다.

본당 밖에는 성녀 니노의 예배당이 있다. 카파도키아 출신의 니노는 성모 마리아의 계시를 받고 조지아에 가서 병 든 사람들을 치료하며 기독교를 전파했다고 전해지고 있다. 니노는 움막 같은 초라한 집에서 거주하며 외로움 속에서 조용하고 엄격하게 신앙생활을 해나갔다고 한다. 돌로 지어진 니노의 예배당은 3~4명이 들어가면 꽉 채울 정도로 매우 작은 규모이었으며 벽면에는 색이 바랜 19세기의 프레스코 성화가 그려져 있었다.

니노의 예배당을 나와 마당을 둘러보니 니노의 성화가 그려진 액자와 니노의 십자가(십자가의 가로 부분이 밑으로 쳐진)가 조그만 정원 가운데 세워져 있었다. 수녀들이 거주하는 수도원이어서인지 정원이 아기자기하고 정갈하게 관리가 잘 되어 있었다. 수도원의 규모가 크지 않고 소박하지만 미리안 3세 및 왕비 나나의 석관과 함께 성녀 니노의 자취를 찾아볼 수 있기에 역사적, 종교적으로 그 의미가 크며 조지아 인들에게는 매우 소중한 유산이기도 하다.

스베티-츠호벨리 대성당

삼타브로 수도원을 나와 예수님의 성의가 묻혀있다는 스베티-츠호벨리 대성당으로 향했다. 이 대성당의 이름을 여러 번 들어도 기억하기 어렵지만 '스베티'는 '기둥(Pillar)'라는 뜻이고 '츠호벨리'는 '생명을 주는(Life-Giving)' 또는 '살아있는(Living)'이라는 뜻이라는 것을 생각하면 좀 더 가까이 다가온다. 대성당은 4세기에 미리안 3세의 명을 받은 성녀 니노에 의해 건립되었다. 대성당의 기둥에서 질병을 치료할 수 있는 액체가 흘러나왔는데 그때부터 이 성당은 '살아있는 기둥' 혹은 '생명을 주는 기둥'이라는 뜻의 스베티-츠호벨리 대성당으로 불리었다. 이후 외세의 침입으로 파괴되었다가 11세기 게오르기 1세 당시 돔 양식으로 재건된 후에도 여러 차례 보수와 복원 작업을 거쳤다. 스베티-츠호벨리 대성당으로 가는 길목에 기념품 가게가 줄 지어져 있었고 관광안내소도 그리스 신전 같은 멋진 모습이었다. 입구부터 즈바리 수도원이나 삼타브로 수도원과는 비교가 되지 않을 정도로 거대하고 웅장했으며 성벽으로 둘러싸여 있는 대성당의 앞에는 광장이 자리 잡고 있었다.

성당의 내부 역시 화려했고 각종 성화가 벽면을 가득 채우고 있었다. 즈바리 수도원과 삼타브로 수도원에서 봤던, 7번째 기둥의 기적을 묘사한 성화는 이곳에도 걸려 있었는데 이 성화 앞에는 많은 관광객들로 붐볐다. 이 성화에서도 성의를 든 시도니아가 기둥 아래 잠들어 있고 미리안 3세와 나나 왕비는 무릎을 꿇고 있으며 기둥 옆에는 니노가 서 있다. 기둥을 들어 올리는 천사의 모습도 보이는데 이 천사가 시도니아라는 해석도 있다.

니노가 스베티-츠호벨리 대성당을 세우기로 한 것은 예수님의 성의(聖衣)가 묻혀 있는 장소였기 때문인데 이에 대한 유명한 전설이 내려오고 있다. 예수님이 십자가에서 처형될 당시 현장에 있었던 조지아 출신 유대

▲ 스베티-츠호벨리 대성당

▲ 살아있는 기둥(스베티-츠호벨리) 성화

인 엘리야가 예수님이 입었던 옷을 가지고 고향으로 돌아왔다. 이 옷을 동생 시도니아에게 주었는데 시도니아는 감격한 나머지 이 옷을 잡고 갑자기 죽어버렸다. 장례를 위해 시도니아가 잡고 있는 옷을 떼려 했으나 놓지 않아 같이 묻었는데 이 장소에서 삼나무가 자라났다. 미리안 3세는 예수님의 성의가 묻혀있는 터에 성당을 건립하도록 지시하면서 이 삼나무로 성당의 기둥을 만들도록 했는데 7번째 기둥이 계속 작거나 크거나 하면서 맞지 않아서 세우지 못하였다. 이때 니노가 기도를 드리자, 하룻밤 만에 기둥이 들어 올려지더니 제자리를 찾아 세워졌다고 하여 '살아있는 기둥'이라고 불린다. 다른 버전의 전설도 있는데 7번째 기둥이 하늘로 올라가 버렸다가 니노가 밤새도록 간절하게 기도한 덕에 다시 땅으로 내려와 자리 잡았다는 것이다. 코카서스 지역의 유명한 곳이나 사람에 관한 전설은 여러 개 있어서 혼란스럽기도 하다. 이 기둥에 얽힌 전설 두 가지도 서로 달라 어느 것을 믿어야 할지 모르겠으나 듣고 보면 모두 그럴듯하다.

그 밖에도 예수님과 12 사도들이 원 안에 그려져 있고 그 옆에 바다와 배, 짐승들이 그려져 있는 성화가 특이해서 눈길을 끌었다. 제단에는 예수님과 12 사도의 성화, 성모자상, 예수님의 성화가 걸려있었고 다양한 무늬의 부조가 새겨져 있었다. 제단 위쪽에 큼직하게 그려진

◀ 예수님 성의가 묻혀있는 장소의 기둥

예수님의 프레스코화는 엄숙하고 장엄한 분위기를 풍기는 팬토크레이터(Pantocrator)인데 펜토크레이터란 예수님을 우주의 지도자로서 표현한 그림을 뜻한다.

낡은 기둥 주위로 많은 사람들이 모여 있어 조지아 신도들에게 이유를 물어보니 이곳 아래에 예수님의 성의를 움켜잡고 놓지 않았던 시도니아의 무덤이 있다고 한다. 즉, 이 기둥 아래가 예수님의 성의가 묻혀 있는 성스러운 곳이다. 기둥에는 색이 바랜 벽화가 칠해져 있었고 그 앞에서 여러 사람들이 무릎을 꿇고 기도하고 있었다. 기둥의 벽화가 전체적으로 낡아서 눈에 잘 뜨이지는 않지만, 무언가 성스러운 기운이 가득 느껴졌다.

대성당 내부에 발의 모형이 전시되어 있어서 궁금증을 불러일으켰다. 모형은 새빨간 쿠션 위에 놓여 있고 위에는 작은 십자가가 장식되어 있었는데 유리 속에 소중하게 보관된 것을 보니 뭔가 범상치 않아 보였다. 검색해 보니 사도 안드레아의 발목뼈 조각이 발 모형 위에 놓여있다고 하지 않는가! 성당 방문 전 여기에 대한 정보가 전혀 없었기에 더욱 놀라움이 컸다. 코카서스에서 본 성물들, 예를 들어 스베티-츠호벨리 대성당에 있는 사도 안드레아의 발목뼈 조각이나 예수님의 성의, 아르메니아 에치미아진 대성당에 있는 노아의 방주 파편이나 롱기누스의 창(롱기누스라는 로마 병사가 예수님을 찌른 창)을 지인들에게 이야기하니 믿지 않는 표정을 하면서 역사적인 기록이 없어 근거가 없지 않을까 하고 조심스럽게 반박한다. 하지만 진위여부에 관계없이 이 성물들을 근거로 조지아 인과 아르메니아 인은 자신들의 종교에 커다란 자부심과 함께 종교를 오랫동안 지켜온 데 대한 자긍심도 같이 가지고 있다는 느낌이 들었다.

▲ 사도 안드레아의 발목뼈 조각이 놓여 있는 곳   ▲ 바흐탕 고르가살리 왕의 관

　대성당의 바닥에 보면 하얀색의 관 위에 왕의 모습에 새겨져 있어 눈길을 끌었는데 이것이 므츠헤타에서 트빌리시로 수도를 옮겼던 바흐탕 고르가살리 왕의 무덤으로 추정된다. 스베티-츠호벨리 대성당은 왕의 즉위식이나 장례식 등 국가 행사가 열리는 중요한 장소였고, 예수님의 성의, 사도 안드레아의 발목의 뼛조각 같은 성물 외에도 역사적으로 중요한 왕들이 묻힌 장소이기 때문에 조지아 인들에게는 종교적 의미뿐 아니라 조지아의 역사와 문화를 상징하는 중요한 유산이다. 스베티-츠호벨리 대성당을 끝으로 므츠헤타의 성당 3곳의 투어를 마쳤는데 각각의 성당마다 개성이 뚜렷하였고 그동안 전혀 몰랐던 조지아 정교를 이해하는 데 많은 도움이 되었다.

코카서스산맥에 우뚝 선 카즈베기산

조지아를 찾는 외국인들에게 조지아 여행을 하는 이유를 물어보면 카즈베기 지역의 설산을 배경으로 하여 높은 산꼭대기에 그림처럼 서 있는 게르게티 성당을 보기 위해서라는 답변이 가장 많이 나온다. 그만큼 카즈베기는 조지아에서 가장 인기 있는 여행지이기 때문에 적어도 하룻밤 정도는 호텔에서 자고 가는 사람들이 많지만 우리는 당일 현지 투어를 신청했다. 카즈베기는 트빌리시에서 버스로 가는 데만 3시간 이상 걸리는 먼 거리에 있어서 투어에 걸리는 시간이 무려 12시간 정도 소요되지만, 코카서스 여행에서 가장 기대되는 여행이기도 했다.

우리 일행은 총 13명으로 독일·그리스·네덜란드·덴마크·호주·영국·미국·인도·홍콩 등 영어권에서 온 사람들이어서 투어가 영어로 진행되었다. 아제르바이잔 고부스탄 투어에서도 영어로만 진행되었지만, 대체로 영어로만 진행되는 경우는 드물고 우리가 참가한 다른 프로그램은 영어와 러시아어로 함께 진행되었다. 영국에서 온 여성은 다른 프로그램에서 가이드가 영어와 러시아어로 설명하기에 바빠 숨 가쁘게 진행해서 듣기에도 힘들었다며 이번 여행은 행운이라고 만족해했다. 게다가 우리의 가이드인 니노의 설명도 만점이었다. 그녀는 20대의 젊은 여성인데 어찌나 참하면서도 야무지고 똑똑한지 모두에게 호감을 샀는데, 영국 여성은 그녀에게 영국에서 공부를 더 해보라고 권할 정도였다. 누군가가 니노라는 이름이 성녀 니노와 같다고 말하자 가이드는 니노라는 이름이 조지아에서 워낙 흔한 이름이고 그녀가 근무하는 여행사에만 니노라는 이름을 가진 여성이 4명이나 있다고 한다. 니노라는 이름이 이렇게 많은 것을 모르고 시그나기의 보드베 성당에서 니노라는 수녀의 무덤을 성녀 니노의 무덤이라고 착각하는 경우를 봤는데 그것은 나중에 시그나기에서 설명하자.

카즈베기까지 가는 길에 니노가 조지아에 대하여 설명해 준 여러 이야기도 재미있었다. 조지아 사람들은 조지아의 카르틀리(Kartli)에 있는 지역 이름에서 유래하여 자신들을 '사카르트벨로(Sakartvelo)'라고 부른다. 조지아라는 이름은 수도 트빌리시의 자유 광장에 있는 동상 주인공인 St. George에서 왔다고 하는 이야기도 있고 농부를 뜻하는 그리스어의 Georgos에서 왔다는 이야기도 있다. 그 때문에 튀르키예 등 다른 나라 사람들은 조지아를 '농부의 땅'이라고 부른다고 하는데 나라 이름뿐만 아니라 유명한 지역이나 건물의 유래에 대해서도 여러 이야기가 전해지고 있어 각자 믿고 싶은 대로 믿는 수밖에 없다는 생각이다.

조지아의 인구는 370만여 명인데, 수도인 트빌리시에 120만여 명이 몰려 살고 있으며, 좋은 대학교도 트빌리시에 집중되어 있다. 시골은 눈이 온다거나 폭우가 오면 날씨 때문에 고립이 되어 학교에 갈 수 없어서 교육 때문에라도 인구가 트빌리시에 점점 집중해 왔다고 한다. 처음에는 그 말이 실감이 나지 않았는데 카즈베기로 가면서 첩첩산중으로 둘러싸인 마을들을 보니 눈이 오면 정말 학교에 가기 힘들겠다는 생각이 들었다. 카즈베기로 가기 위해서는 트빌리시와 러시아의 북오세티야 공화국 수도인 블라디카프카즈(Vladikavkaz)를 연결하는 왕복 2차선 군사 도로를 이용해야 하는데 이 길이 유일하다. 대부분 투어 프로그램은 카즈베기로 가면서 아나누리(Ananuri) 성채와 구다우리(Gudauri)전망대도 들른다. 우리 버스 역시 진발리 호수(Zhinvali Reservoi) 근처에 있는 아나누리 성채에 잠시 멈췄다. 성벽 옆의 길을 따라가 바라본 진발리 호수는 소련 시대에 아라그비강에 댐을 만들면서 만들어진 인공호수인데 사진으로 봤을 때는 예쁜 에메랄드 색이었지만 우리가 방문했을 때는 날씨가 흐려서 다소 탁하게 보여 사진만큼 예쁘지는 않았다.

아나누리 성채

아나누리 성채는 13세기 이 지역의 통치자였던 아라그리 백작의 성으로 그 이름에 대하여 여러 가지 전설이 있다. 그 하나는 성채가 포위되었을 때 적들이 물과 식량을 공급하는 비밀 통로의 위치를 알아내기 위해 '누리' 출신의 '아나'를 고문했지만, 그녀는 죽음을 택하면서까지 비밀을 알려주지 않았으며 성채는 그녀를 기리기 위해 '아나 누리'라는 이름이 붙여졌다고 한다. 또 다른 버전은 이 지역이 적에게 포위되었을 때 '아나'라는 여인이 적의 포위망을 뚫고 아라그비강에서 물을 구해다가 지역 사람들에게 가져다주면서 치명적인 상처를 입었는데 그녀의 희생에 감동한 지역 사람들이 분발하여 적을 퇴치했다는 내용이다.

성채의 정문으로 들어가면 17세기에 지어진 2개의 성당이 보인다. 안에 영주의 무덤이 있다는 옛 성모성당에는 파괴되어 들어갈 수 없고 큰 성모성당에만 안으로 들어갈 수 있었다. 큰 성모성당의 입구 벽에는 포도나무 장식으로 정교하게 조각된 십자가와 그 양옆으로 천국을 상징하는 동식물과 천사가 조각되어 있다. 왼쪽의 천사는 구두를 신은 모습이고 오른쪽의 천사는 맨발인데 이는 부와 가난을 각각 표현하는 것으로 기독교가 빈부 관계없이 다 포용한다는 의미라고 한다.

성당 내부에 들어가니 그동안 봤던 조지아 성당들처럼 상당히 많은 벽

▲ 아나누리 성채

화와 그림이 보였다. 천국과 지옥을 표현한 벽화가 있는데 천국을 가는 사람은 신발을 신고 있고 지옥을 가는 사람은 맨발인 점이 인상적이었다. 돔 천장에 작은 창이 16개나 있는 것과 제단의 그림이 제단 문을 중심으로 좌우 3개씩 있는 점도 흥미로웠다. 가이드에 의하면 제단 문의 좌우로 그림이 3개씩 있는 것은 러시아 스타일이고 2개씩 있는 것이 조지아 스타일이므로 이 성당의 제단 그림은 러시아 스타일이라고 한다. 그 후부터는 다른 성당에 가면 제단의 그림이 2개인지 3개인지를 살펴보는 습관이 생겼다. 성당 내부에 소련 시대의 종교 탄압으로 파괴된 흔적이 여기저기 보였다. 벽에 회칠이 되어 있었고 벽화 중에 유독 성직자들의 눈에만 덧칠이 되어 훼손된 벽화들이 있었다. 사람의 눈에는 영혼이 담겨있기 때문에 신앙의 힘을 없애기 위해서 소련군이 눈에 덧칠했다고 한다. 이 벽화들을 보니 조지아 역사의 굴욕과 비극이 생생하게 와 닿았다.

큰 성모 성당을 나와 성채 안을 좀 더 둘러본 후 다시 카즈베기로 향하

▲ 아나누리 성당 내부

▲ 아나누리 성당내 눈이 훼손된 벽화

면서 점심을 맞이했다. 우리는 러시아에서 먹고 그 맛에 반했던 이메룰리 하차푸리, 우리나라의 만두와 비슷한 힌칼리, 그리고 샐러드를 주문했다. 여행지의 음식이어선지 생각보다 맛이 나지는 않았다. 이메룰리 하차푸리는 미리 주문한 탓에 식어서 별로 맛이 없었고, 힌칼리는 만두보다 껍질이 두꺼워서 생각했던 맛은 아니었다. 그럼에도 같이 가는 사람끼리 음식을 주고받는 분위기여서 힌칼리·하차푸리 등 우리 음식을 옆자리에 앉은 일행에게 나누어 주었다. 우리의 호의가 고마웠는지 호주에서 온 엘라는 가지 속에 콩 종류와 마늘·고수·석류를 넣고 만든 음식(Nigvziani Badrijani)을 우리에게 나누어 주었고, 미국 청년도 시크메룰리(Shkmeruli)라는 토기에 담은 닭요리를 권해 왔다. 크림소스 때문에 느끼할 것 같았는데 먹어보니 마늘이 들어 있어서 의외로 괜찮았다. 가이드는 조지아에서 힌칼리 먹기 대회 때 1등 한 사람이 무려 90개를 먹고 응급실로 실려 갔다는 재미있는 에피소드를 들려주기도 했다. 9개도 먹기 힘든데 90개라니 상상만 해도 배가 아플 것 같았다.

점심을 먹으면서 자연스럽게 일행과 대화를 나누게 되었는데 홀로 오랫동안 여행하는 젊은이들이 여럿 있어 젊음이 부럽기도 했다. 이들은 구체적인 계획을 짜기보다 그때그때 상황 봐서 일정을 정한다고 한다. 미국 청년은 아제르바이잔 비자를 못 받아서 아르메니아로 계획을 변경해야겠다고 하는데 여행 3주 전부터 미리 아제르바이잔 비자를 받아놓은 우리에게는 그런 느긋한 태도가 신기하기만 했다. 호주 여성 엘라는 우리와 같은 시기에 쿠웨이트에 살았다고 하여 서로 동질감을 느끼면서 여러 이야기를 나누었다. 한국의 BTS가 군대를 가게 되어 아쉽다고 하는 등 한류에 대해서는 우리보다 더 잘 알고 있어 아쉬움으로 헤어졌는데 며칠 후 아르메니아의 가르니 신전에서 우연히 마주쳐 반가웠다. 네덜란드의 중년 부부는 한국을 너무 좋아해서 두 번이나 방문했다고 하면서 한국에서 찍은 사진들을 우리에게 보여주기도 했다.

구다우리 전망대

점심을 마치고 미니버스는 다시 군사 도로를 달리며 다음 목적지인 구다우리 전망대로 향했다. 구다우리로 가는 길은 코카서스산맥으로 접어들기 시작해서 10월인데도 설산이 끊임없이 나타나기 시작하며 아름다운 경치를 뽐냈지만 길은 1차선으로 꼬불꼬불하고 도로 사정도 울퉁불퉁했다. 이 도로는 러시아로 향하는 길이어서 예전 러시아군이 조지아를 점령할 때 이곳을 사용하였고 현재는 러시아와의 무역 통로로 항상 수많은 트럭으로 붐빈다는데 우리의 여행길에도 차량 정체가 극심했다.

최대 무역 대상국인 러시아로 향하는 주요 도로가 이 정도인데 다른 곳으로 향하는 도로는 어떠할까 하는 생각이 들었다. 트빌리시에서 버스를 타면서 느꼈던 교통체증도 생각난다. 정부는 공공교통을 중요시하여 버스 전용도로의 경우 정부가 운영하는 공공버스만 다니도록 하고 있다. 이에 따라 일반 차량은 거의 1차선으로 움직이고 있어 교통체증이 일상적이었다. 예전 조지아 교수들을 만나는 계기에 개인 의견임을 전제로 버스 전용차선을 관광버스에도 개방하여 더 많은 관광객이 오도록 하고 이로써 거두어들인 돈으로 시내 또는 주요 기간도로를 확장 또는 개선하는 것이 어떨지 물어보니 다 같이 반대하였다. 공공교통을 이용하는 내국인에게 피해가 돌아가고 관광 목적의 외국인을 위해 내국인을 차별하는 것은 바람직하지 않다는 견해다.

차량 정체와 낡고 울퉁불퉁한 군사 도로의 불편함을 느끼다가도 창밖에 나타나는 코카서스산맥의 아름다운 경관에 감탄하다 보니 어느덧 버스는 구다우리 파노라마 전망대에 도착했다. 1,800여 미터의 깎아지른 절벽 위에 자리 잡은 반원형의 전망대는 조지아·러시아 간의 우호 기념비(Georgian-Russian Friendship Monument)로, 1783년 조지아의 전신 카르틀리 카헤티와 러시아 사이에 체결된 게오르기예프스키 조약(Treaty of Georgievsk)의 200주년을 기념하기 위해 소련 시대인 1983년에 세워졌다. 이 조약은 카르틀리 카헤티가 오스만 제국과 페르시아로부터 러시아의 군사적 보호를 받는 대신 러시아에 정치적 충성을 맹세하는 내용이었다. 초기에는 카르틀리 카헤티의 자치와 왕권이 보장되었으나 결국 1801년 러시아에 합병되었다. 러시아의 보호를 통해 침략은 면했지만 결국 주권을 상실하여 이 조약은 조지아의 역사에서 논란이 되고 있다.

▲ 구다우리 파노라마 전망대

　기념비의 내부 벽면은 화려한 모자이크로 중앙 부분에 1783년과 1983년의 숫자가 쓰여 있고 왼쪽은 조지아, 오른쪽은 러시아의 이야기가 담겨 있었다. 조지아 쪽은 1783년 숫자 밑에 조지아 정교회와 말을 타고 있는 병사들로 시작해서 아이를 보호하는 어머니, 조지아 병사들의 전투 장면, 조지아 사람들이 춤을 추는 모습들이 새겨져 있었다. 러시아 쪽은 1983년 숫자 밑에 러시아 교회가 보이고 그 옆으로 말을 탄 병사들, 바실리카 성당처럼 예쁘게 생긴 성당, 영웅처럼 보이는 인물이 말을 타고 있는 모습도 보인다. 한 손에는 총을, 다른 손에는 꽃을 든 채 두 손을 높이 들고 있는 군인의 모습도 보이고 그 옆으로 평화를 상징하는 비둘기에 우주인의 모습까지 활기차게 움직이는 모습이다. 모자이크 색상도 화려하고 전체적인 분위기가 역동적이어서 관광객들은 마구 사진을 찍어대지만, 일부 조지아 사람들은 이 기념비가 소련 시대의 정치적 선전물이라고 생각한다고 한다.

이곳에서 아래로 보이는 아찔한 협곡은 교통사고가 자주 일어난다고 해서 악마의 계곡으로 불린다는데 이름에 걸맞지 않게 너무나 아름다웠다. 아직 목적지인 게르게티 성당에 도착하지도 않았는데 벌써 이렇게 멋진 경관이 나타난다면 게르게티 성당이 있는 곳의 경관은 대체 어떨지 감이 잡히지 않았다. 넋을 잃고 경치를 보다가 사진을 찍는데 갑자기 패러글라이딩하는 사람들이 그림처럼 눈앞에 나타나 카메라에 담겼다.

구다우리 전망대에서 카즈베기 마을로 가는 길도 설산이 계속 나타나는 멋진 경관이 이어져 독일에서 온 남성이 눌러대는 카메라의 셔터 소리가 끊임없이 들렸다. 가는 길에 창밖으로 보이는 터널은 평소에는 사용하지 않고 눈이 올 때만 사용하는데 터널의 폭이 좁아 한 방향밖에 차량이 다닐 수 없기에 경찰이 교통정리 해야 한다니 눈이 오면 차량 정체가 어떨지 가늠이 되지 않는다. 경치는 이토록 아름답지만, 겨울에는 주민들이 무척 불편하겠다는 생각과 함께 시골은 눈이 오면 고립이 되어 학교 가기 힘들기 때문에 사람들이 트빌리시로 몰린다고 했던 가이드의 말이 실감이 났다. 석탄을 캐내고 또한 산을 관통하는 터널을 공사 중인 중국 기업의 모습도 보였다. 자체적으로 도로 건설이나 광물자원 개발이 어려워 중국 기업에 편승하여 국가를 개발하는 조지아의 모습이 안쓰럽기만 했다.

카즈베기 산과 게르게티 츠민다 사메바 교회

　스테판 츠민다 마을 주차장에 도착했다. 원래 카즈베기 마을이라고 불리던 이곳은 2006년부터 스테판 츠민다로 공식적으로 이름이 바뀌었지만, 관광객들은 이곳을 카즈베기 마을이라고 부른다. 이곳에서 게르게티 성당으로 가는 오르막길은 워낙 길이 험악하고 급커브가 많아서 4륜구동 차로만 갈 수 있다. 우리 일행은 세 그룹으로 나누어 4륜구동 차로 갈아 탔는데 급커브를 돌 때마다 몸이 좌우로 심하게 쏠렸다. 버스에서 카메라 셔터를 연신 눌러댔던 독일 남성도 여기서는 카메라의 셔터는 포기하고 몸이 좌우로 심하게 쏠릴 때마다 "와우~~" "재미있네요."하고 과장된 반응으로 우리를 미소 짓게 했다.

　드디어 도착한 게르게티 교회의 주차장..... 코카서스 여행의 하이라이트인 코카서스산맥이 웅장하고 멋진 모습으로 눈앞에 펼쳐졌다. 코카서스산맥은 어찌나 높은지 산들의 봉우리는 안개에 가려져 있고 구름은 산 중턱에 걸려 있는데 구름의 모습이 바뀔 때마다 시시각각 풍경이 달라져 그저 바라만 보아도 힐링이 되었다. 해발 2,170미터의 언덕 위에 그림처럼 서 있는 게르게티 교회는 주변의 경관과 어우러져 동화처럼 아름다웠다. 게르게티 교회의 정식 이름은 게르게티 츠민다 사메바 교회(Gergeti Tsminda Sameba Church)인데 게르게티는 마을 이름이고 츠민다는 성스러움을, 사메바는 삼위일체를 의미하니 게르게티 마을에 있는 성 삼위일체라는 뜻이다.

　언덕을 올라가 게르게티 교회 안으로 들어갔다. 14세기에 건립된 게르게티 교회는 돔과 십자가 형태의 평면 구조로 되어있는데 외부와 내부의

▲ 카즈베기산과 게르게티 츠민다 사메바 교회

156 불의 나라 **아제르바이잔** • 와인의 나라 **조지아** • 돌의 나라 **아르메니아**

모습은 생각보다 단순하고 소박했다. 돔 천장이나 내부의 벽에 벽화는 그려져 있지 않았고 대신 예수님과 성모 마리아, 사도들의 성화가 벽면을 여기저기 채우고 있었다. 딱히 시선을 끌 만한 장식은 없었지만, 외부로부터 완전히 고립된 데서 풍겨오는 신성한 느낌이 들었다. 교회를 이렇게 높은 곳에 지은 이유는 높이 지어질수록 신에게 가까이 다가가기 때문이라고 한다. 적군이 쉽게 침입하지 못하는 높은 곳에 있기 때문에 유사시에는 성녀 니노의 십자가 등 중요한 성물을 이곳으로 옮겨 보관했다. 그래서 조지아 사람들은 게르게티 교회를 신앙과 민족 정체성의 상징으로 여긴다.

교회 밖의 마당에서 바라본 카즈베기산의 경관이 너무나 아름다웠다. 그리스 신화에 등장하는 해발 5,000미터의 카즈베기산은 프로메테우스가 묶여있었다고 알려진 험한 바위산이다. 신들만이 사용하여야 할 불을 인간에게 준 프로메테우스에게 제우스가 벌을 내려 카즈베기산에 강한 쇠사슬로 묶고 매일 독수리가 간을 쪼아 먹도록 벌을 내렸기에 프로메테우스는 헤라클레스에 의해 풀려날 때까지 고통 속에서 지내야 했다. 교회 마당에서 내려다보이는 스테판 츠민다 마을은 장난감처럼 앙증맞다. 스테판 츠민다 마을은 2006년 정도까지는 고작 100명 정도의 사람들만 거주하던 마을이었다가 지금은 관광 사업으로 인구가 유입되어 2,000명 정도가 거주하고 있다고 한다. 마을에는 다양한 숙박시설과 레스토랑, 카페가 있는데 성수기 때는 관광객들이 어찌나 몰리는지 이곳 주민들보다 관광객의 숫자가 더 많다는 말이 나올 정도다.

투어만 아니었다면 하루 종일이라도 멍때리고 주변 경관을 바라볼 텐데 주어진 시간이 다 되어 카즈베기산의 경관이 잘 보이기로 유명한 룸스 호텔

(Rooms Hotel) 카페로 자리를 옮겼다. 룸스 호텔의 1층에 자리 잡은 카페의 커다란 통창이나 야외 테라스를 통해 카즈베기산의 멋진 경관을 조망할 수 있어서 많은 사람들로 붐볐다. 테라스에서는 각종 포즈를 잡으며 사진을 찍는 외국인들이 많았는데 우리도 원 없이 사진을 찍었고 우리 일행 중 홀로 여행하는 사람들이 보이면 사진을 찍어주기도 했다. 그리고는 아무것도 하지 않고 그냥 차를 마시면서 창밖의 경치만 보면서 힐링하는 시간을 가졌다.

▲ 게르게티 교회

▲ 게르게티 교회 내부

▲ 게르게티 교회 신부

▲ 카즈베기산

 트빌리시로 떠날 시간이 되자 일행 중 호주에서 온 엘라는 트빌리시로 돌아가지 않고 룸스 호텔에 며칠 머물다가 아르메니아로 간다고 하여 작별 인사를 했고, 룸스 호텔부터 트빌리시까지 우리와 함께 가는 새로운 일행도 생겼다. 우리는 돌아가는 버스 속에서는 피곤해서 간간이 잠을 청하기도 했으나 홀로 여행하는 일행들은 다음 일정이나 호텔 등에 대한 정보를 주고받느라 바빴다. 특히 영국 여성은 중년이 훌쩍 지난 나이임에도 젊은이들이 묵는 숙소라든가 트레킹에도 관심을 표하며 20대의 젊은 여행객들과 끊임없이 이야기를 이어 나가는 모습이 인상적이었다. 트빌리시에 도착했을 때 우리는 친구와 헤어지듯이 아쉬운 작별 인사를 하며 헤어졌다. 카즈베기는 당일치기로 다녀오기에는 아쉬움이 남을 만큼 더 머무르고 싶은 곳이었고, 멋진 자연경관과 완벽한 가이드, 그리고 서글서글한 성격의 일행들까지 오랫동안 기억에 남아 있다.

스탈린의 고향: 고리

 스탈린의 고향 고리는 트빌리시 북서쪽으로 1시간 30여 분 걸리는 곳으로 조지아 중부에 위치한 조그만 소도시이다. 방문한 때는 한줄기의 비가 뿌린 이후여서 무척 화창했다. 그러나 북한의 남침을 지원한 스탈린이 태어나고 자란 곳을 찾는 기분은 그다지 유쾌하지만은 않았다. 1917년 러시아 혁명을 거쳐 1922~1991년까지 불과 70여 년 존재했던 소련, 그 가운데 1924~1953년까지 30여 년을 통치했던 스탈린이었으니 스탈린을 알지 않고는 소련을 알기 어렵다.

 스탈린 박물관 앞에는 그가 태어난 허름한 집이 예전 모습 그대로 보존되어 있다. 주변에 있던 다른 집들은 전부 소개疏開되어 이 집만 덩그러니 있는 가운데 생가 전체가 거대한 덮개로 덮여 있다. 스탈린 가족은 이 허름한 집을 다 소유한 것도 아니고 너무 가난하여 이 집의 한 칸을 빌려 거주하였다. 그의 아버지는 집 지하에서 구두나 다른 물품을 수선하여 생계를 유지하였는데, 마르크스가 규정한 노동력 이외의 생산수단이 없는 소위 '프롤레타리아'이었다. 박물관 앞에는 군 제복을 입고 주머니에 손을 넣은 그의 입상이 서 있다. 그와 함께 서 있던 레닌의 입상은 1991년 소련이 와해되면서 끌어내려졌으며 스탈린의 입상도 같이 끌어내리려 했는데 주민들의 강력한 반대로 그대로 유지되었다고 한다. 그러나 모스크바에서의 운명은 달랐다. 1953년 스탈린의 사후 그에 대한 격하 운동이 강하게 일어났는데 그 당시 모스크바 붉은 광장에 레닌과 같이 방부 처리되어 있던 스탈린은 끄집어내어 화장 처리되었다.

 박물관에 들어서면 2층으로 올라가는 계단에 흰 대리석으로 만든 그의 입상이 방문객을 맞이한다. 스테인드글라스로 장식된 여러 방은 그의 일생에 대한 기록을 담고 있다. 어릴 때의 사진과 젊은 시절 반정부 운동을 하다가 체포되어 찍힌 사진도 전시되어 있는데 아주 잘생긴 젊은이로 멋있는 대학생 모습이다. 신학교에서 공부하다가 자퇴한 그는 러시아 사회의 혁명을 도모하다가 20대 초반에 7차례나 잡히고 탈출하였다. 20대 후반에는 트빌리시 시내의 은행을 강탈하여 혁명 자금을 확보한 후 아제르바이잔 바쿠로 도망하였다.

그는 러시아 혁명의 성공 이후 레닌에 이어 소련의 권력을 장악하였다. 1인 독재체제를 구축한 다음 레닌의 신경제정책을 폐기하고 중공업 및 군수산업 위주의 공업화 국가를 만들기 위해 국가 주도의 집단주의 체제 하에 5개년 계획을 추진하였다. 이를 지원하기 위하여 2,500만여 명의

▲ 스탈린 박물관

▲ 스탈린 생가

민간 농가를 폐기하고 20만여 규모의 대규모 집단 농장 체제를 구축하였으며 과학 및 군사기술에 국가 역량을 총집결하였다. 이 과정에서 여러 계층의 사람들을 무자비하게 숙청하고, 불만 세력을 굴라크(Gulag, 강제노동수용소)에 집단 수용하여 철저히 감시하면서 대규모 강제노동을 시행하였으며, 반대 인사에 대한 암살과 테러를 자행하였다. 공업화 과정에서 농업생산의 실패로 1,000만여 명이 죽었으며 대규모 곡창지대인 우크라이나에서 390만여 명이 아사하는 비극이 발생하였다.

러시아 제국은 19세기 이후 남진 정책을 통하여 발칸반도·코카서스·중앙아시아 지역으로 진출하고 한반도에도 기웃거렸다. 당시 러시아는 유럽의 산업 국가와는 달리 농업국가라고 할 정도로 산업화가 충분히 이루어지지 않았으며 러시아 혁명 이전 빈부격차가 커 경제적으로 유럽 국가를 능가할 수준이 아니었다. 그러나 소련의 출범 이후 스탈린이 국가 주도의 산업화를 추진하면서 20세기 중반부터 1991년 무너질 때까지는 미국과 여러 면에서 겨루는 군사 대국으로 우뚝 섰다. 이러한 국가 개조 정책을 추진한 것이 스탈린이기에 러시아에서는 그를 긍정적으로 평가하기도 하지만 그 과정에서 많은 사람들이 희생되었던 점은 등한시되었다.

 박물관에 비극적 사실에 관한 자료는 전혀 전시되어 있지 않는 가운데 제2차 세계대전을 승리로 이끌고 유럽 어느 국가와도 견줄 정도로 국가 경제를 이끌어 올린 영웅의 모습만 보인다. 그의 오류에 대한 기록은 아예 없고 그를 신격화한 자료만이 전시되어 있어 1940년대 이곳을 방문한 존 스타인벡 작가도 스탈린에 대해 부정적인 언급을 할 수 없는 상황임을 적고 있었다. 전시관 마지막에는 여러 국가로부터 받은 선물들이 쭉 나열되어 있는데 유난히 마오 쩌 뚱이 보내온 것이 많아 당시 중국이 소련에

▲ 스탈린 동상

▲ 젊은 시절의 스탈린

얼마나 많은 심혈을 기울였는지를 알 수 있었다.

스탈린에 대한 전시물에 한국과 관련된 무엇이 있는가를 세밀히 보았지만 찾지 못하였다. 김일성은 1950년 침략전쟁을 일으키기 수개월 전 모스크바를 방문하여 스탈린으로부터 전쟁 승인과 물자·군사 지원을 확보하였다. 의사결정과정에서 누구도 스탈린의 의견에 다른 입장을 밝힐 수 없었던 상황이었고, 1953년 3월 그가 죽은 이후에야 한국전 휴전 협상이 마무리되었는데 협상을 지연하라고 지시했던 스탈린이 죽지 않았으면 한국전은 더 장기화되었을 것이다.

푸틴은 스탈린의 리더십에 대하여 여러 차례 높이 평가하는 발언을 해왔기에 러시아에서 스탈린은 다시 영웅으로 귀환하고 있다. 1939년 몰로토프-리벤트롭 협약(Molotov-Ribbentrop Pact)을 통해 히틀러와 스탈린은 폴란드를 분할 점령하였는데 이에 대하여 고르바초프는 이 협약이 잘못되었음을 인정하였다. 그러나 푸틴은 이 협약을 소련 외교의 승리라고 주장하면서 번복하였고 3년 이상 진행되고 있는 러시아·우크라이나 전쟁도 스탈린을 통하여 정당화하려 하고 있다. 그는 2008년 크림반도와 2022년 우크라이나를 침략한 이유가 우크라이나 인민들의 요청에 따른 것이라고 주장하였는데 이는 스탈린이 1939년 핀란드를 공격하면서 소련의 지원을 요청하는 핀란드 인민들의 뜻에 따른 것이라는 명분을 내세운 것과도 유사하다. 스탈린은 1924년 레닌 사후 1953년까지 29년간이나 권력의 최정점에 있었다. 그런데 푸틴은 2024년 대선에서 승리하여 2030년까지 30년을 통치할 수 있게 되어 스탈린을 능가하는 최장기 집권자가 될 것이다. 스탈린과 푸틴은 국가 주도의 체제, 최고 지도자 1인의 의사결정, 전쟁을 통한 영토 확장 및 전쟁의 개시 이유 등 유사점이 많아 푸틴의 속내를 파악하기 위하여 스탈린을 소환할 필요성이 있다.

스탈린의 여러 공과에 대한 이견이 많은데 조지아 현지 사람들의 시각은 어떠할까 하는 호기심에서 고리 방문 중 현지 가이드에게 물어보니 나이 든 사람들은 여전히 스탈린을 높이 평가하고 있다고 하면서 더 이상 말하기를 꺼린다. 그러나 지금 조지아 북부의 압하지야와 남오세티야 등 20% 이상을 러시아가 장악하고 있어 조지아 국민들의 러시아와 스탈린에 대한 시각이 좋을 리 없다. 조지아 국민들과는 달리 러시아인들의 스탈린에 대한 지지는 상당히 높은 수준이다. 러시아 여론 조사 기구(Levada Center)는 러시아인들이 스탈린을 위대한 지도자로 인식하는 정도가 최근 28%에서 무려 56%로 상승하였고, 우크라이나 침공 이후 푸틴에 대한 지지도가 80% 전후한 정도로 이어지고 있다는 조사 결과를 발표하였다. 푸틴과 스탈린에 대하여 러시아인들이 높은 지지를 보인다는 점은 정치체제가 자유롭지 못한 국가의 국민들 시각이 얼마나 왜곡되었는지를 나타내주고 있다.

박물관을 나서 한 편을 바라보니 녹색의 기차 한 대가 전시되어 있는데 스탈린의 전용 열차다. 그는 비행기 여행을 꺼려 카이로·얄타·포츠담 회담 참석 시 이 열차로 장기간 이동하였다. 다른 열차와 달리 폭탄 테러 등에 대비하기 위해 열차 두께가 두껍고 창문도 3중 보호막으로 하여 무게가 훨씬 더 나간다고 한다. 조지아를 방문하다 보면 역사가 오래된 유적지가 많고 사람들이 따뜻하며 과일도 풍성하여 매력이 가는 나라임을 느낀다. 그러나 스탈린의 고향에 서서 그의 기록을 보는 입장은 달랐다. 그는 대규모 강제수용소를 만들고 테러와 암살, 반대자에 대해 숙청했던 장본인이다. 그를 우상시하는 박물관 앞에서, 더욱이 한국전의 장본인에 대한 기록을 바라보는 한국 방문객으로서의 입장은 마음이 편하지 않았다.

▲ 스탈린 전용기차

스탈린의 도시 고리에서 북서쪽으로 조금 더 이동하면 기원전 10세기 이후 고대 인류가 거주했던 동굴 도시인 우플리스치헤(주님의 요새)가 있다. 바위산 지역에 생활 터전을 마련하기 위하여 바위 내를 뚫어 사는 곳을 만들었기에 주변 위협으로부터 방어하기에 유리한 곳이다. 바위산으로 둘러싸인 이곳은 거주지, 극장, 와인 저장소, 심지어 감옥까지 만든 고대인들의 생활 터전이다. 그뿐만 아니라 교회와 함께 종교적 상징물도 있어 이름이 의미하는 바와 같이 종교 중심지로서 역할도 한 곳이다.

고대인들이 거주했던 다른 곳도 방문한 적이 있는데 그락클리아니(Grakliani) 유적지로 트빌리시와 가까운 곳에 있다. 고고학 학술 행사를 같이했던 트빌리시 국립대학의 리첼리 교수가 발굴하고 있는 장소인데 이곳에서 문자 모양 흔적이 여러 도기와 함께 발굴되었다. 그는 발굴된 문자 형태로 보아 기원전 1,000여 년의 문자로 파악되며 그 모양이 아람문자와 비슷한데 문제는 아람문자가 기원전 800여 년에부터 사용되었다고 추정되어 200여 년의 시차를 어떻게 볼 것인가, 혹은 완전히 다른 문자인가 하는 점이 연구자의 과제라고 한다. 발굴단지의 문자 모양 흔적이 신기하고 무언가 색다른 면이 있다는 생각이 들면서도, 수천 년 전 인류의 흔적을 찾아 헤매고 또한 발굴한 것을 분석하기 위하여 일생을 바치는 고고학자들이 대단하다는 생각이 들었다.

▲ 우플리스치헤 동굴도시

조지아와 러시아

스탈린의 고향 고리를 방문하면서 조지아와 러시아 관계를 곱씹어 보았다. 조지아는 러시아와 떼려야 뗄 수 없는 나라지만 그렇다고 가까이 다가가기에는 심정적으로 먼 나라이다. 주변 강대국에 둘러싸인 조지아의 운명은 역사적으로 가혹하였으며 현재도 러시아와의 관계가 녹록지 않다. 조지아는 지난 수천 년간 그리스의 알렉산더 대왕, 로마 제국, 사산조 페르시아, 셀주크 터키, 몽골, 티무르, 오스만제국, 페르시아 사파비 왕조, 러시아 등 강대국에 치받혀왔다. 지금의 상황에 관하여 물어보니 러시아에 세 번째 침략을 받고 있다고 하여 의아해했더니 1801~1918년까지 1차, 1921~1991년까지 2차, 2014년 이후 지금까지 3차 침략을 받았다고 설명한다. 1차와 2차의 경우 러시아 제국과 소련 치하에 있어 이해하지만, 현재도 침략을 받고 있다는 데 대하여 재차 확인하니 러시아와의 경계 지역인 압하지야, 남오세아티야 등 국토의 20%가 사실상 러시아 관할에 있어 이를 침략으로 본다고 설명한다.

이러한 이유로 국민들의 러시아에 대한 감정은 좋지 않지만 370만여 명 인구로 러시아에 대항할 처지가 아니다. 2008년 사카슈빌리 대통령이 러시아의 영향력 아래에 있었던 압하지야와 남오세아티야를 회복한다는 명목으로 전쟁을 일으켰다가 불과 수일 만에 러시아의 강한 공격에 굴복하였던 사례가 이를 증명한다. 당시 친서방 입장을 취하면서 조지아의 위상을 높이고자 하는 사카슈빌리의 움직임에 대하여 오히려 유럽은 조지아에 자중할 것을 권고하였다. 그러나 미국이 조지아의 민주주의를 적극 지원하는 양상을 보이자, 사카슈빌리는 이를 믿고 무리하게 군사작전을 취하다가 푸틴의 강경한 대응에 항복하였다.

사카슈빌리 대통령의 실정과 전쟁 패배에 실망한 국민들은 2012년 창당한 친러시아 성향의 조지아 희망당(Georgian Dream)을 지지하여 정권이 교체되었다. 이 정당은 러시아의 혼란 시기에 상당한 부를 축적한 기업인 이바니쉬빌리(Bidzina Ivanishvilli)가 창당하였는데 2024년 10월 총선과 12월 대선에서 승리하여 현재까지 집권하고 있다. 일부 국민들은 조지아 희망당의 친러시아 노선을 비판하고 있지만 정부는 2008년 러시아의 조지아 침공, 2014년 러시아의 크림반도 점령 시 서구 국가들이 조지아와 우크라이나를 도와주지 않았던 사실을 분명히 인식할 수밖에 없었다. 서구 국가들이 러시아를 제어하지 못하는 상황과 함께 조지아 경제가 러시아와 깊게 연관된 현실을 직시해야 하기에 러시아에 우호적인 정책을 취할 수밖에 없는 한계도 이해할 만하다.

2023년 방문했을 당시 시내 건물 곳곳에 조지아 국기와 우크라이나 국기가 동시에 휘날리고 있었고 시내 벽면에는 두 국기가 나란히 그려져 있었으며, 2024년 10월 방문했을 때는 총선 후 여러 반정부 시위대를 보았다. 러시아의 침공을 받은 우크라이나에 대한 연민이나 역사적 관계 또는 영토적 문제로 인하여 러시아에 대한 국민적 반감이 조지아인들에게 퍼져 있음을 암묵적으로 느낄 수 있었다. 그러나 이러한 감정을 넘어 러시아·우크라이나 전쟁 이후 러시아로 인한 경제적 압력이 밀려오고 있다. 2020년 이후 3여 년간 코로나 영향으로 경제가 위축되었던 데 더하여 2022년 러시아·우크라이나 전쟁 이후 국경을 넘어온 많은 러시아인으로 인하여 트빌리시 주택이 갑자기 부족하게 되자 임대료가 200% 이상 급등하게 되어 시민들이 생활하기는 더욱 어려워지고 있었다. 이러한 엇갈린 현실 아래 조지아 희망당이 유럽연합 가입 추진을 연기하겠다는 정책을 발표하였는데 이에 반러시아 성향의 국민들은 강하게 반대했다.

또한 2024년 10월 총선과 12월 대선에서 집권당이 다시 승리하였는데 이에 대하여 야당, 반정부 시민단체 등은 부정선거라고 주장하면서 재선거를 요구하는 데모를 하기도 했다. 이러한 과정을 지켜본 서구 국가들은 조지아를 코카서스의 민주 국가라고 높이 평가하고 있지만, 조지아 내부적으로는 러시아에 대한 국민들의 입장이 양분되어 있어 서로의 간극을 메꾸기가 쉽지 않아 보였다. 러시아와의 무역이나 러시아인들의 관광 비중이 높은 현실을 무시할 수도 없는 정치·경제적 현황과 국민적 감정 간의 괴리가 너무나 커 어느 위정자가 오더라도 당분간 이를 해결하기는 버거워 보인다.

소련의 변방이었던 조지아는 경제적으로는 러시아와 긴밀하지만, 정서적으로는 러시아에 대한 비우호적 감정이 저변에 강하게 흐르고 있다. 그런 가운데도 구소련과 현재 러시아에서 조지아 출신 여러 인물이 두각을 나타낸 것도 아이러니하다. 소련 시절 스탈린 총서기장이 대표적이며, 소련 비밀정보기관 총수이었던 베리야, 고르바초프 서기장 시절 외무장관으로 조지아 독립 후 대통령을 지냈던 셰바르드나제, 푸틴 대통령 초기 외무장관이었던 이고르 이바노프의 부인이 조지아 출신이다. 이들은 언론에 자주 오르내렸지만 정작 이들이 조지아의 발전에 기여한 점은 미미하다. 그래서인지 스탈린의 생가인 트빌리시 북부 고리시 주민들을 제외하고는 조지아 시민들은 대체로 이들 지도자에 대하여 높게 평가하고 있지는 않다는 느낌이었다.

시그나기와 와인

조지아의 동쪽에 위치한 시그나기(Sighnaghi)는 조지아에서 가장 작은 도시 중 하나이며 인구는 2,000여 명에 불과하지만 그림처럼 예쁜 도시로 알려져 관광객들에게 인기가 많은 곳이다. 이곳의 볼거리는 성 니노가 묻힌 보드베 수도원 (Bodbe Monastery), 조지아의 국민화가인 니코 피로스마니(Niko Pirosmani)의 작품이 전시된 시그나기 박물관, 시그나기 마을과 코카서스산맥까지 멋진 경관을 감상할 수 있는 시그나기 성벽 등이다. 자유여행으로 시그나기에 온 관광객들은 이곳에서 며칠씩 머물기도 하는데 딱히 무엇을 하지 않아도 힐링이 된다고 한다. 중세 시대풍의 마을도 그림처럼 예쁘고 시그나기가 속한 카헤티(Kakheti)지역이 와인으로 유명한 곳이어서 와인을 여러 잔 시음試飲할 수 있는 레스토랑도 많은 데다가 시그나기 사람들이 때 묻지 않고 순박하며 친절하여 편안한 느낌이 든다. 트빌리시에 근거지로 두고 움직이는 우리는 아쉬운 가운데 당일 현지 투어로 만족해야 했다.

시그나기 투어는 조지아에서의 마지막 날로 잡아 므츠헤타 투어를 했던 여행사에 다시 신청했다. 약속된 시간에 여행사로 가보니 이번에도 대다수 사람이 러시아인들이었다. 다만, 지난번과는 달리 이번에 만난 러시아인들은 연령대가 젊은 편이어서 그런지 훨씬 사교적이고 영어를 잘하는 사람들이 많았다. 모델처럼 키가 크고 늘씬한 40대 부부가 인상적이었는데 그 부인은 우리가 한국인이라고 하자 한국 화장품을 너무 좋아한다고 만색했다. 친구끼리 여행을 하는 3명의 젊은 여성들은 처음에는 다소 낯을 가렸지만, 나중에는 눈이 마주치면 미소 짓기도 하고 예전에 모스크바에 살았던 관계로 우리가 기억하는 몇 마디 러시아어를 듣고 놀라기도 했다. 가이드도 성격이 좋고 직업의식이 투철하여 조금이라도 더 정보를 주려고 애를 썼다. 영어로 투어를 하는 사람은 우리 부부와 파라과이에서 온 남성 이렇게 3명밖에 없었지만, 가이드는 영어와 러시아어를 적절하게 배분해 가며 설명했다.

문제는 트빌리시를 벗어나기도 전에 우리를 태운 미니버스(마르슈르트카)가 길에 멈춰버리는 것이 아닌가! 처음에는 기사가 그냥 차량을 점검하는 줄 알았는데 조금 있더니 가이드가 엔진에 문제가 생겨 다른 버스로 가야 한다며 모두 버스에서 내리라고 했다. 버스에서 내려 둘러보니 주변에는 카페도 없고 안에 들어가 기다릴만한 곳이 없었다. 하는 수 없이 우리와 몇몇 일행은 대형 슈퍼로 피신했고 대다수 일행들은 길에 서서 언제 올지 모르는 버스를 무작정 기다렸다. 거의 1시간쯤 기다린 것 같은데 가끔 길에 나가서 상황을 확인해 보면 러시아인들은 너무나 평온한 표정으로 아무 독촉도 불평도 없이 서 있었다. 모스크바에 거주할 때 주변에 폭탄 테러가 났을 때도 러시아인들은 표정이 무덤덤하고 감정을 표현하지 않아서 놀랐는데 이번에도 아무도 가이드를 독촉하는 사람이 없는 점이 인상적이었다.

1시간 조금 넘게 기다린 끝에 새로운 버스가 도착하여 투어를 진행할 수 있었다. 우리는 다음날 아르메니아로 떠나기 때문에 이번 투어가 취소되면 시그나기를 보지 못하고 가야 해서 마음을 졸이던 차에 버스를 보고 너무 반가웠다. 가이드는 그동안 기다려준 일행에게 미안했는지 이런저런 이야기를 계속 들려주었다. 조지아를 방문하는 외국인들은 러시아인이 가장 많고 폴란드·이스라엘·카자흐스탄 등에서도 꽤 오며 독일 관광객도 있으나 프랑스 관광객은 거의 없다고 한다. 반면 프랑스인들은 아르메니아로 많이 여행한다고 하는데 조지아를 여행한 이후 아르메니아에 갔을 때 아르메니아 디아스포라들이 프랑스에도 많이 거주하고 있다는 것을 알게 되었다. 그 때문에 프랑스인들이 아르메니아에 대해서 많은 관심을 가지고 방문하는 것은 아닐까하는 생각이 들었다. 가이드는 그 밖에도 시그나기에 대한 여러 가지 정보를 들려주고는 퀴즈를 냈는데 러시아인들은 가이드가 하는 말을 대충 흘려듣고 대답을 제대로 하지 못한 반면 우리와 파라과이 남성은 열심히 정답을 맞혔더니 러시아인들이 박수를 쳐주기도 했다.

화기애애한 분위기 속에 버스를 타고 가다가 시그나기에서 가장 먼저 방문한 곳은 화덕에서 쇼티(Shoti)라는 조지아 전통 빵을 굽는 빵 가게였다. 밀가루 반죽을 화덕 안의 벽에 붙여 굽는 과정을 보여준 후 원하는 사람은 반죽을 체험해 보라고 했고 빵을 구입할 수도 있었다. 우리는 이미 호텔 근처 화덕 구이 빵집에서 빵 만드는 것을 지켜보았기에 큰 감흥은 없었지만 따뜻하게 구워낸 쇼티의 맛은 워낙 일품이기에 기꺼이 구입했다. 쇼티는 길게 생긴 빵으로 바게트처럼 겉은 바삭하고 속은 촉촉하지만, 바게트보다는 좀 더 바삭한 식감으로 느껴졌고 그렇다고 딱딱하지도 않아 한번 먹기 시작하면 끝을 보게 되는 매력이 있었다. 조지아에 머무는 동안 쇼티를 엄청나게 먹었던 기억이 난다.

보드베 수도원

다음 목적지는 시그나기 마을에서 2킬로 정도 떨어진 곳에 있는 보드베 수도원(Bodbe Monastery)이었다. 보드베 수도원은 4세기 조지아에 기독교를 전파했던 성녀 니노의 유해가 묻혀 있는 곳으로 관광객뿐만 아니라 조지아 인들의 성지 순례 코스로 꼽혀 늘 붐비는 곳이다. 이 수도원은 9세기에 건축되었다가 17세기에 새로 단장되었으나 파괴되었고 19세기에 다시 복구되었으며, 20세기 소련 시대에는 수도원의 기능은 폐지되고 병원으로 사용되기도 했다.

이곳은 수녀들이 거주하는 수도원으로 정원이 매우 아름다웠다. 옛 수도 므츠헤타의 삼타브로 수도원도 정원이 아기자기하고 정갈하게 꾸며져 있었지만, 보드베 수도원의 정원은 그 규모가 훨씬 컸으며 정원에서 멋진 코카서스 설산과 알라자이 평원까지 조망할 수 있었다. 기독교에 관심이 없더라도 시그나기에 간다면 이곳에 들러 아기자기하고 예쁜 정원과 멋진 경관을 감상해 볼 것을 권하고 싶다. 정원 근처의 계단으로 내려가면 니노의 샘물이 나오는데 이 물은 치유 효과가 있다고 알려져 있다. 물통을 들고 내려가는 사람들도 보였는데 계단이 가파르고 샘물까지는 거리도 꽤 된다고 하여 아쉽게도 내려가 보지 못했다.

정원을 쭉 둘러본 후 니노의 유해가 있는 본당으로 발걸음을 옮겼다. 본당의 입구 바깥쪽에 니노의 십자가가 새겨진 관이 놓여 있었다. 일부에서는 이곳이 성녀 니노의 무덤이라고 알고 있지만, 실제로는 니노라는 이름을 가진 다른 수녀의 무덤이다. 바깥쪽 무덤의 주인인 니노 수녀 역시 신앙적으로 훌륭한 삶을 살았기 때문에 관에 가로 부분이 비스듬한 니노의 십자가를 새겨 주었다. 니노라는 이름과 함께 니노의 십자가가 새겨져 있어 성녀 니노의 무덤으로 착각할 수도 있었을 것이다. 조지아 사람들은 성녀 니노를 존경한 나머지 딸을 얻게 되면 니노라는 이름을 종종 붙이는데 이러한 이유로 니노가 흔한 이름이 되어버렸다.

성녀 니노의 관은 본당을 들어가서 오른쪽의 좁고 작은 내실에 안치되어 있었다. 보드베 성당은 명색이 니노의 수도원인데 내실을 좀 더 크게 만들면 어땠을까 하는 생각도 들었지만, 니노가 평생을 검소하게 살았기에 소박하고 아담한 내실에 안치했는지도 모르겠다. 좁은 공간으로 들어가 보니 무릎을 꿇고 기도하는 순례자들의 모습이 보였다. 보드베 성당은 사진 촬영이 엄격하게 금지되어 있다고 하여 더 이상 사진은 찍지 못하고 대신 오랫동안 기억하기 위해 최대한 눈에 많이 담아보려고 꼼꼼하게 둘러봤다. 관이 놓인 곳의 위쪽 벽에는 니노의 생애에 대한 벽화가, 반대쪽 벽에는 니노의 성화들이 있었다. 이곳에 서 있기만 해도 신성한 분위기가 가득 느껴져서 오래 머무르고 싶었지만, 공간이 좁은 데다가 밖에서 대기하는 사람들이 있어서 자리를 비켜주었다.

▲ 보드베 수도원

▲ 보드베 수도원 전경

내실에서 나와 본당을 둘러보니 성화들이 제법 많이 걸려 있었고 제단의 장식도 화려했다. 가이드가 꼭 봐야 하는 성화가 있다면서 우리를 이끌었다. '문을 지키는 성모'(Panagia Portaitissa)라는 제목의 성모자를 그린 성화인데 그리스 이비론 수도원(Iviron Monastery)에 있는 그림을 본떠서 그린 것이라고 한다. 그런데 성모 마리아의 오른쪽 얼굴에 핏자국이 보이는 것이 아닌가! 이 핏자국은 이비론 수도원의 그림에서 유래되었는데 니케아 군인이 비잔틴 종교의 흔적을 없애던 시절 군인이 성모마리아의 얼굴을 찔렀더니 피가 흘러나온 것이라고 한다. 조지아 외에도 러시아 등 여러 나라에 이 성화를 본떠서 그려진 그림들이 있다.

보드베 수도원을 나와 시그나기 마을에 도착했다. 광장에는 시그나기의 상징인 시청 건물이 자리 잡고 있었는데 시청 건물은 결혼식장으로도 사용된다. 시그나기는 '사랑의 도시'라고 불리는 데 여러 이유가 있다. 첫째는 시청 인근의 결혼등록소가 일 년 내내 24시간 동안 열려있어서 아무 때나 혼인 신고를 할 수 있기 때문이다. 두 번째는 이곳 출신의 조지아 국민 화가 니코 피로스마니(Niko Pirosmani)의 사랑과 관련이 있다. 피로스마니의 사랑 이야기에 대해서는 앞에서 이미 설명했기에 간단히 말하면 피로스마니가 마르가리타라는 여배우를 사랑하여 자신이 갖고 있는 모든 것을 팔아 백만 송이 장미를 사서 그녀에게 바쳤지만 이루어지지 않았다는 애틋한 사랑 이야기를 담고 있다. 세 번째는 시그나기의 지형이 마치 하트 모양 비슷하다는 것 때문이다.

여행 프로그램에 피로스마니의 그림을 감상할 수 있는 시그나기 박물관 관람이 포함되었는데 오전에 버스 고장으로 시간이 지연되는 바람에 프로그램에서 빠져 아쉬웠다. 전날 므츠헤타 여행을 마친 후 트빌리시 내셔널 갤러리에서 피로스마니의 작품을 보기는 했지만 그래도 시그나기 인근에서 태어난 피로스마니의 작품을 이곳에서 꼭 보고 싶었는데....비록 피로스마니의 그림은 보지 못했지만, 야외 공원에서 찌푸린 표정의 피로스마니 두상을 본 것에 만족할 수밖에 없었다. 마을 곳곳에는 그의 그림을 본 떠서 만든 조형물들이 있는데 특히 '당나귀를 타고 왕진 가는 의사'라는 동상이 인상적이었다. 오른손은 우산을 들어 어깨에 걸치고 왼손은 왕진 가방을 든 채 왕진을 가는 의사의 모습을 표현한 조형물은 피로스마니의 대표적인 작품을 그대로 재현하고 있었다.

▲ 시그나기 거리의 악사

▲ 시그나기 거리의 피로스마니 두상

▲ 시그나기 전경

　시그나기 마을을 걷다 보면 시그나기 출신의 철학자 겸 문학가 겸 역사학자인 솔로몬 도다쉬빌리(Solomon Dodashvili)의 동상을 만날 수 있다. 도다쉬빌리는 피로스마니와 더불어 시그나기 사람들이 가장 자랑스러워하는 인물인데, 그는 19세기 초 러시아로부터 조지아의 독립을 시도하다가 실패하여 감옥에서 순국하였기 때문이다. 도다쉬빌리 동상 근처에 2차 세계대전 때 강제로 징집당해 전사한 조지아 군인들을 추모하기 위해 만들어진 '전사의 벽'이 보였다. 이 벽에는 당시 전사한 군인들의 이름과 전쟁에 참전하러 나가는 젊은이들을 묘사한 그림이 새겨져 있었다. '전사의 벽' 근처의 4월 9일을 추모하는 돌은 1989년 4월 9일 트빌리시에서 소련에 대항하는 시위를 하다가 희생당한 사망자들을 추모하기 위해 만들어졌다. 아름다운 풍경과 '사랑의 도시'로 알려진 시그나기에도 이처럼 조지아의 아픈 역사의 흔적이 남아 있었다.

　추모 공원을 둘러본 후 시그나기 성벽으로 향했다. 시그나기 성벽은 18세기 페르시아와 오스만 제국의 침략을 방어하기 위해 만들어졌다. 시그나기라는 이름 자체가 조지아어로 피난처를 뜻한다고 한다. 성벽은 4.5 킬로미터의 길이에 6개의 문과 23개의 타워를 갖고 있는 거대한 규모지만 관광객들에게 개방된 구간은 그다지 길지 않았다. 그나마도 한 사람이 지나갈 정도로 폭이 좁아서 반대편에서 오는 사람과 마주치면 한쪽은 최대한 몸을 벽에 기대며 비켜줘야 할 정도였다. 하지만 이곳에서 보드베 수도원 정원에서 보았던 그림처럼 예쁜 중세 시대 마을과 끝없이 펼쳐진 알라자니 평원, 그리고 눈 덮인 코카서스산맥을 다시 볼 수 있었다. 성벽을 따라서 좀 더 걷고 싶었지만 개방된 구간이 짧아서 걷다 만 느낌이어서 아쉬움이 남았다.

성벽 투어 후 와인 시음과 저녁 식사를 하기 위해 레스토랑으로 이동했다. 시그나기가 속한 카헤티 지역은 와인의 나라인 조지아에서도 와인의 맛이 뛰어나기로 유명한 곳이어서 대부분의 시그나기 투어에는 와인을 시음해 보는 것이 빠지지 않는다. 카헤티 지역의 다른 도시인 텔라비 역시 와인 생산지로 유명하지만 아쉽게도 이번 여행 일정에 그곳까지 갈 시간은 없었다. 시그나기 레스토랑에 들어서자 입구에 와인병을 크리스마스트리처럼 쌓아 놓은 모습이 시선을 끌었다. 다른 레스토랑에서는 보통 와인 시음을 한다고 해야 3~4잔 정도인데 이곳에서는 무려 9잔의 와인을 제공했다. 먼저 드라이 앰버(호박색) 와인인 르카치텔리(Rkatsiteli)와 키시-므츠바니(Kisi-Mtsvane)를 마시고, 약간 달짝지근한 화이트 와인인 트비시(Tvishi)도 시음했다. 레드 와인으로는 생산 연도가 다른 여러 잔의 사페라비(Saperavi)를 마셨다.

와인을 무려 9잔이나 마셨는데 서비스로 조지아의 보드카라는, 알코올 도수가 40도가 넘는 차차(Chacha)까지 권하기에 맛보았더니 취기가 올라왔다. 차차는 한 입만 마셔도 독한 기운이 올라오는데 조지아 사람들은 꼭 마셔봐야 한다며 자랑스럽게 권했다. 그리고 보니 모스크바에 거주했을 때 보드카를 즐겨 마시는 러시아 친구들은 우리가 감기에 걸렸을 때 보드카에 레몬을 넣어 마시면 낫는다고 희한한 처방을 내렸던 기억이 났다. 우리와 함께 동행한 파라과이 남성은 그동안 거의 말이 없다가 와인을 마시면서부터 눈을 빛내며 질문도 많이 하고 와인에 대한 해박한 지식을 쏟아냈다. 그는 와인을 너무 사랑하는 나머지 와인 때문에 조지아에 왔다고 말할 정도였다.

와인 시음이 끝나고 이른 저녁 식사로 우리는 콩으로 만든 수프인 로비오(Lobio), 조지아식 바비큐 꼬치구이인 므츠바디(Mtsvadi), 그리고 샐러드를 주문했다. 이날은 점심시간도 없이 관광해서 배가 고팠던 탓인지 음식이 모두 맛있었고 파라과이 남성과의 대화도 흥미로웠다. 그는 IT 계열 회사에 근무하는데 한국 친구들이 꽤 있다며 몇 마디의 한국어 실력을 보여주기도 했다. 전에는 친구들과 같이 여행했지만, 온전히 자신이 원하는 방식대로 여행하고 싶어서 언젠가부터는 혼자만의 여행을 즐기게 되었다고 했다. 조지아 여행을 마치면 아제르바이잔으로 갈 계획이라고 하기에 아제르바이잔 여행 경험담을 들려주었다. 아제르바이잔을 방문하는 대부분의 사람들은 암각화나 진흙 화산에 관심을 보이는데, 그는 한국의 동대문 디자인 플라자(DDP)를 디자인했던 이라크 출신의 세계적인 여성 건축가 자하 하디드가 설계한 헤이다르 알리예프 센터에 가장 큰 관심을 보여 뜻밖이었다.

투어를 마치고 트빌리시로 돌아오는 길에 카즈베기에 이어 시그나기에서도 하루라도 더 머물면서 천천히 둘러보는 것도 좋았을 것이라는 생각이 들었다. 그냥 마을을 산책만 해도 힐링이 되는 느낌이었으니까....성벽에서 바라본 중세마을의 붉은 지붕과 드넓은 알라자니 평야, 그리고 눈 덮인 웅장한 코카서스산맥의 풍경은 오랫동안 기억에 머물러 있다.

조지아 와인을 좀 더 알기 위하여...

조지아 음식 문화를 말할 때 와인을 빼놓을 수 없다. 코카서스 지역은 여름에 고온 건조하고 충분한 일조량을 제공하기에 포도가 자라고 숙성되는 적합한 기후이다. 와인은 8,000여 년 전 조지아에서 처음 재배된 것으로 알

▲ 시음한 조지아 와인

▲ 조지아 와인을 쌓아 크리스마스 트리처럼 만든 장식

려져 있다. 프랑스 사람들이 와인에 대하여 자부심을 가지고 있는 것 못지않게 조지아 사람들도 인류 최초로 와인을 생산하여 와인 문명을 창출하였다는 자부심을 가지고 있다. 조지아에서 와인은 일상생활의 한 부분이 되어 점심, 저녁 식사 시에 항상 와인이 곁들어지며 대표적인 수출품이기도 하다.

조지아 전역이 와인 생산지로 지역마다 나름대로 특성이 있는 브랜드가 있다. 최대 와인 산지는 수도 동쪽의 카헤티(Kakheti)지역으로 관광객들이 즐겨 찾는 곳이기도 하다. 카헤티 지역의 시그나기에는 조지아의 전통적인 크베브리(Kvevri) 방식의 와인 양조법으로 와인을 만드는 곳들이 많은데 이 와인 양조법은 유네스코 무형문화유산 목록에 등재되어 있다. 크베브리라고 부르는 항아리를 땅속에 묻어 일정한 온도를 유지하며 와인을 발효, 숙성시키는데 포도 껍질이 자연적인 이스트가 되어 발효를 촉진시키며 인공 첨가물은 넣지 않는다. 조지아의 모든 와인이 크베브리 전통 방식으로 만드는 것은 아니며 현대식 유럽 양조법인 오크 배럴(참나무통)로 만들기도 한다. 크베브리로 만든 레드 와인은 오크 배럴로 만든 와인보다 진한 붉은 색이 난다. 화이트와인을 크베브리로 만들면 발효되면서 앰버(호박색, Amber)색으로 변하기 때문에 화이트 와인이라고 하지 않고 앰버 와인으로 부른다. 크베브리로 만든 와인이 좀 더 산미가 높고 타닌이 강하게 느껴져 포도 그대로의 자연스러운 맛과 포도의 깊은 과일 맛이 나는 반면 오크 배럴에서 숙성된 와인은 더 부드럽고 산도는 덜 한 편이다.

조지아에서 레드 와인에 사용되는 품종은 사페라비(Saperavi)가 대표적이며 화이트 와인에 사용되는 포도 품종은 르카치텔리(Rkatsitelia), 므츠바니(Mtsvane), 초리코우리(Tsolikouri) 등으로 다양하다. 사페라비 품종으로 만들어진 레드 와인은 포도 품종 그대로의 이름으로 널리 알려진 사페라비가 대표적이며 그밖에 무크자니(Mukuzani)와 킨즈마라울리(Kindsmarauli) 등이 있다. 사페라비는 탄닌이 강하게 느껴지며 체리나 블랙베리의 과일 향이 탄닌과 조화를 이루면서 드라이 하다. 무크자니도 드라이하며 디저트 와인인 킨즈마라울리는 약간 달짝지근하다. 화이트 와인 품종인 르카치텔리로 만드는 와인은 르카치텔리와 치난달리(Tsinandali)가 대표적인데 치난달리는 르카치텔리 품종을 주로 사용하지만 므츠바니 품종도 약간 섞기도 하는데 르카치텔리가 좀 더 산미가 느껴진다. 초리코우리 품종으로 만드는 트비시(Tvishi)는 약간 달짝지근하다.

 조지아 와인이 워낙 다양하여 외우기 어렵지만 여행에 앞서 포도 품종으로 레드 와인은 사페라비, 화이트 와인은 르카치텔리 정도를 알고 가면 좋을 듯하다. 조지아 와인은 우리에게는 아직 충분히 알려지지 않았지만, 유럽 지역에서는 이미 상당히 평가를 받고 있으며, 한국의 와인 애호가들도 점차 즐기는 수가 늘어나고 있다. 어느 심장 전문의사는 적포도의 껍질과 씨앗 등에 항암, 항산화 효과가 있는 레스베라트롤(Resveratrol) 성분이 포함되어 있어 일정량의 레드와인은 심장 등 건강에 좋다는 설명을 해 주었다. 와인에 대하여 일가견이 있는 그는 한국과 조지아가 공동 주관하는 학술 행사에서 특별연설을 하기도 하였는데 트빌리시 국립대학 총장 등 참석한 고위직 사람들이 그의 발표를 경청하면서 각별한 관심을 표명하였다. 그가 선정한 조지아 산 와인을 같이 마시다 보니 왠지 심장이 건강해지는 것 같고 목으로도 부드럽게 넘어가는 느낌이었다. 와인은 분위기도 중요한데 트빌리시 시내 중심에 있는 V8000 와인 전문 매장은 바닥에서 천장까지 각종 와인이 즐비하여 포도주 한 잔을 두고 나누는 이야기 역시 낭만적이었다.

▲ 바닥에서 천장까지 조지아 와인으로 가득 찬 V8000 와인바

　시간적 여유가 있으면 한적한 조지아 카페에서 사페라비(Saperavi) 포도 품종의 레드 와인과 함께 카티 멜루아(Katie Melua)의 노래를 신청하여 들으면 어떨까도 생각해 본다. 멜루아는 조지아 태생의 영국 가수 겸 작곡가인데 그녀가 작곡한 노래는 빠르게 전개되기보다 마디마디가 길게 이어져 무언가 여운이 남긴다. 누구에게 자신의 내면을 호소하는 듯하여 서양 팝송과는 달리 조지아의 정서를 담은 노래라는 느낌이 든다.

　조지아 카페에 가면 이들도 우리와 마찬가지로 축구에 열광인 것을 알 수 있다. 젊은이들이 조지아 와인 잔이나 맥주잔을 앞에 두고 유선 TV를 통해 유럽 축구를 즐겨 보고 있는 모습을 종종 보았다. 우리가 손흥민, 김민재, 이강인 선수에 환호하듯이 조지아 인들이 환호하는 축구선수가 있다. '흐비차 크바라츠헬리아'라는 공격수인데 예전 김민재 선수와 함께 이탈리아 나폴리팀을 우승으로 이끈 주역이다. 당시 나폴리에서는 마라도나가 우승을 이끈 것과 같이 흐비차가 재림하여 우승을 다시 일구었다고 하여 두 사람의 이름을 조립하여 '크바라도나'라고 불리기도 했다. 조지아 인들에게 흐비차 선수 이야기를 꺼내니 금방 목소리가 올라가고 그들도 김민재와 흐비차가 나폴리의 승리를 이끌었다고 좋아하면서, 흐비차에 대하여 몇 시간이라도 이야기할 태세였다. 여행하면서 여러 조지아 인들에게 흐비차를 종종 물어보았는데 그때마다 금방 반응할 정도로 국민적 선수라는 것을 느낄 정도이었다. 흐비차는 2025년부터 파리 생제르맹으로 이적하여 이강인과 같이 공격수로 뛰고 있다.

문호들이 사랑한 조지아, 조지아 문화

19세기 러시아 작가들은 조지아를 방문하여 영감을 얻었다고 할 정도이었으며 여러 작품의 요람이었다고도 전해진다. 레오 톨스토이(Leo Tolstoy)는 코카서스를 여행하거나 체류하면서 많은 작품의 소재를 얻었다. 트빌리시에 머무는 동안 '습격(the Raid)', '어린 시절(Childhood)'이라는 소설을 썼으며, 코카서스 여행 경험을 바탕으로 '코사크인(the Cossacks)', '하지 무라드(Hadji Murat)'라는 작품을 썼다. 레르몬토프(Lermontov)도 코카서스 인들의 기마 정신에 매료되어 후일 '우리 시대의 영웅(A Hero of Our Time)'이라는 작품을 썼다. 막심 고르키(Maxim Gorky)는 코카서스산맥의 정기와 이곳 사람들의 낭만적인 정서를 받아 자신이 부랑아에서 문필가로 거듭났다고 하였으며, 보리스 파스테르나크(Boris Pasternak)는 조지아가 자신의 제2 고향이라고 할 정도이었다.

러시아인들이 가장 좋아하는 작가 알렉산더 푸시킨은 '모든 조지아의 음식은 시詩다(Every Georgian dish is poem)'라고 하였는데 실제로 조지아 인들은 자신의 음식과 음식문화에 대한 자부심이 강하다. 조지아 음식문화인 수프라(Supra)를 경험한 것은 트빌리시 대학의 고고학자인 바흐탕 리첼리 교수를 통해서였다. 우리가 손님을 초대할 때 한 상 차리는 것과 같이 그는 조지아 전통의 하차푸리(조지아식 피자), 힌칼리(만두), 야채 등 풍성한 음식과 함께 조지아가 자랑하는 각종 와인과 보드카(차차, Chacha)를 준비하였다. 조지아 사람들의 술 문화는 우리가 친한 친구끼리 술을 권하면서 거나하게 마시는 분위기와도 비슷하다. 수프라에서는 이에 더하여 중간마다 한 사람씩 일어나 건배하고 또한 춤을 추기에 시간이 더 걸리고 더 많은 술을 마시게 된다. 리첼리 교수가 수프라의 타마다가 되어 자신이 먼저 잔을 보드카로 다 채운 후 내려놓지 않고 다 마신 후(bottoms-up), 술을 연신 권하여 따라 하기가 쉽지 않았다.

조지아에서 사람을 초청한 저녁 식사는 하나의 축제와 같은데 이를 주관하는 사람의 역할이 중요하다. 이 사람을 앞서 설명한 타마다(Tamada, Toastmaster)라고 하는데 이 축제의 성공 여부는 타마다의 역량에 따라 결정된다. 타마다는 축제에 초대되는 사람들의 성향을 잘 알아 그들을 적절한 순서에 소개하고 소개받은 사람은 분위기에 맞게 몇 마디 이야기한 다음 건배를 제의하는 절차를 따른다. 독일에서 근무할 때 Toastmaster라는 프로그램에 한 번 초청받아 갔었는데 어느 주제를 설정하여 한 사람이 행사를 주관하면서 참석한 사람 모두 지정하여 각자의 의견을 물어본 이후 최종 정리하는 토론 방식이었다. 지정된 연사가 발표한 다음 3~4명의 토론자가 의견을 제시하고 참석자 몇 명의 질문을 받는 미국 등의 방식과는 달라 인상적이었던 기억이 난다. 참석자 모두가 의견이나 건배사를 하는 타마다라는 조지아의 풍습이 연설 능력을 배양하는 데 잘 활용되었으리라는 생각이 들기도 했다.

여행한 기간이 짧아 조지아의 음식문화와 함께 사람들의 따스함을 느끼기에는 한계가 있지만, 오랜 기간 여행하였던 러시아와 유럽 출신의 작가들이 조지아를 어떻게 평가하였는지를 통하여 조지아에 간접적으로 더 다가갈 수 있었다. 19세기 중반에 조지아 전역을 여행했던 프랑스 작가 알렉산더 뒤마는 조지아 일반 평민들도 귀족과 같이 품격이 있었고 대체로 사람들이 정직하고 용감하며 넉넉한 품성을 지녔다고 적고 있다. 그는 사람들이 수프라에서 엄청난 규모의 와인을 즐기며, 오페라 극장은 아랍 양식으로 장식되었는데 무대는 궁전과 같았으며 이 장식이 화려하다기보다 섬세하고 세련되었다고 그 감상을 적고 있다. 이러한 이유에서인지 조지아 사람들과 식사하는 가운데 존 스타인벡이 조지아를 방문하고 남긴 기록을 이야기하면서 옛 조지아의 모습에 대하여 이야기하니 그들은 이구동성으로 프랑스의 작가인 뒤마의 방문기를 읽어보면 조지아를 더 잘 이해할 수 있다고 이야기한다.

존 스타인벡은 소련 시절 조지아를 비롯하여 모스크바·우크라이나 등 여러 곳을 방문한 이후 '러시아 저널'이라는 책을 1947년 발간하였는데 그 가운데 조지아에 대한 기록에서 아름다움과 함께 사람들의 따스함을 적고 있다. 그는 조지아 사람들이 슈퍼맨이며, 대단한 음주가, 뛰어난 무용가, 위대한 음악가, 위대한 노동자이고 사랑꾼이라는 사람들의 이야기를 전하고 있다. 또한 소련 시절 국가에 큰 공훈을 세운 사람들에게 보상하는 방식이 조지아에 여행하는 기회를 주는 것이라고 적었다. 예전 소련인들에게 조지아는 두 번째 천국이었으며 조지아 속담에서와 같이 행복한 별이 머무는 곳이었다.

▲ 존 스타인벡의 러시아 저널

III
돌의 나라
아르메니아

일곱달 째 달 곧 그달 열이렛날에 방주가 아라라트산에 머물렀으며...

(성경 창세기 8:4)

And the ark rested in the seventh month, on the seventeenth day of the month, upon the mountains of Ararat."

▲ 아라라트산과 십자가

돌십자가 하치카르 ▶

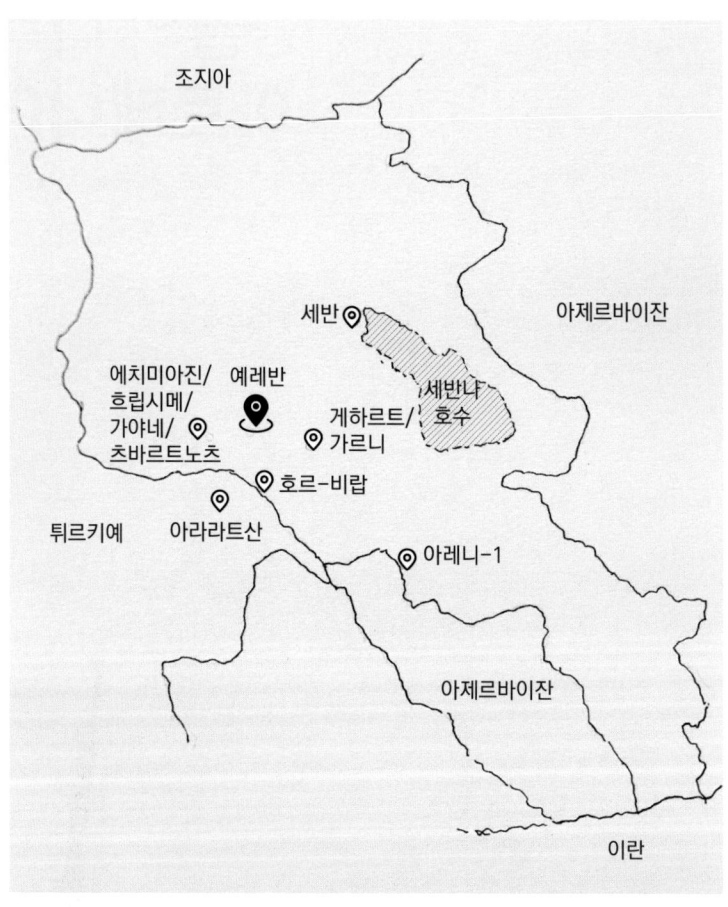

▲ 아르메니아 지도

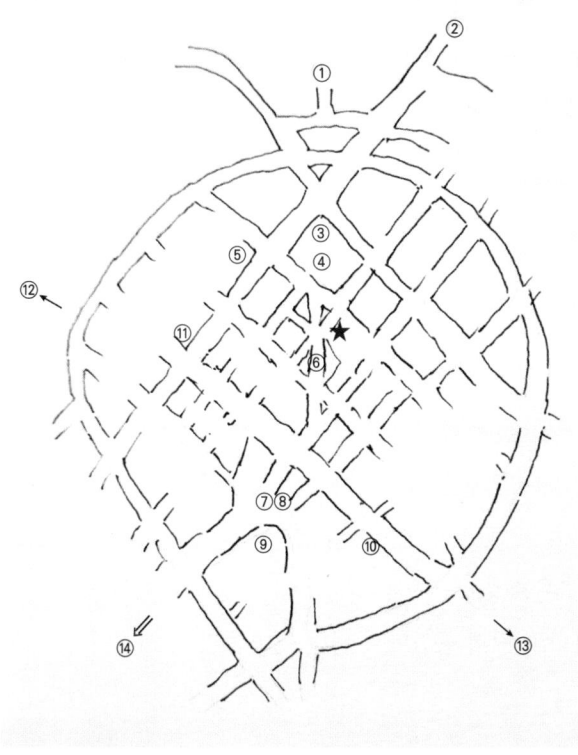

▲ 수도 예레반 지도

아르메니아 예레반 방문장소

① 캐스케이드
② 마테나다란 고문서 박물관
③ 오페라 극장
④ 자유 광장
⑤ 하차투리안 박물관
⑥ Northern Avenue
⑦ 국립역사박물관
⑧ 내셔널 갤러리
⑨ 공화국 광장
⑩ 베르니사지 시장
⑪ 샤리안 미술관
⑫ (외곽)제노사이드 추모공원
⑬ (외곽)예레부니
⑭ (근교) 츠바르트노츠 국제공항
★ 투숙장소

국경을 넘으며

조지아 수도 트빌리시에서 아르메니아의 수도 예레반까지는 직항 노선이 많지 않기 때문에 통상 육로를 이용한다. 버스나 미니버스(마르슈루트카)를 타고 갈 경우 국경을 통과하거나 중간에 짧은 휴식을 위하여 잠시 내리긴 하지만 예레반까지 비좁은 자리에 앉아 6시간 정도 내리 달려야 한다. 차선은 1개뿐인데 종종 과적한 화물 차량이 한 개 노선을 차지하고 천천히 운행하면 추월할 수밖에 없고 그렇지 않은 곳에서도 버스 기사들이 거칠게 과속 운전을 하는 편이라 조바심이 나기도 하고 가는 길 내내 멀미가 난다는 사람도 있다. 이렇게 가기보다 이왕이면 가는 중간에 위치한 지역도 돌아보기 위하여 투어사이트를 찾아보았다. 아르메니아 국경을 넘어 한두 곳 관광을 한 후 예레반으로 가는 코스가 있어 신청했다. 파르츠 호수-세반 호수-세반나 수도원을 거쳐 예레반에 도착하는 코스인데 지나고 보니 이렇게 중간에 관광한 것이 훨씬 효과적이었고 피로함이 덜 했다.

아르메니아로 가기 위하여 차량을 예약한 날 오전 9시 무렵 호텔 앞에 운전기사가 기아 카니발을 몰고 대기하고 있어 동행하는 인원이 몇 명이냐고 물었더니 우리밖에 신청한 사람이 없어서 프라이빗 투어가 되었다고 한다. 운전기사는 점잖은 인상에 영어 소통도 가능했고 대책 없이 느리게 가는 차를 추월할 때를 빼놓고는 과속운전도 거의 하지 않았다. 호텔을 출발한 카니발은 1시간 남짓 걸려 조지아 쪽 국경에 도착했는데 조지아 국경에서 아르메니아 국경으로 넘어갈 때 운전자 외의 사람들은 모두 차에서 내려 무거운 수화물 캐리어를 끌고 아르메니아 입국 심사대까지 걸어가는 진풍경이 연출되었다. 코카서스 여행을 하고 온 많은 사람들이 입을 모아서 캐리어를 끌고 국경을 넘은 것이 가장 인상적이었다고 하는데 두 나라 국경 사이의 보도 위로 지나가는 무거운 캐리어들이 내는 소음들은 가뜩이나 처음 겪어보는 생경한 풍경이었다.

 아르메니아는 비자가 따로 필요 없어 입국 심사가 간단히 이루어질 것으로 생각했으나 예상외로 엄격하여 약간의 긴장감도 생겼다. 이곳에 오기 전 여행한 아제르바이잔을 방문한 목적이 무엇인지, 며칠간 아제르바이잔에 체류했는지, 투숙할 아르메니아 호텔의 주소와 왓츠앱(WhatsApp) 번호는… 등등 질문이 계속해서 이어지는 게 아닌가! 아제르바이잔과 아르메니아는 최근까지 전쟁을 치를 만큼 관계가 좋지 않아 아르메니아를 먼저 여행하고 아제르바이잔으로 가면 입국에 까다로울 수 있다는 말은 들었다. 반면 아제르바이잔을 여행하고 아르메니아로 입국하는 것에 대해 그다지 문제 삼지 않는다고 들었기에 여유를 가졌는데 이것저것 물어보아 약간 당혹스러웠다. 무방비 상태에서 당했다고나 할까, 어쨌든 이런저런 질문이 끝나고 입국 심사를 마친 후 혹시나 해서 인터넷을 검색해 보니 간혹 무작위로 취조하듯 질문하고, 사소한 내용까지 물어보아 입국 심사에 한참 시간이 걸린 경우가 있었다고 한다. 아무튼 다른 나라로 이동하는 경우에는 심사관에 따라 입국 절차가 까다로울 수 있다는 것을 염두에 두는 것이 나을 것이다. 조지아에서 아르메니아로 이동하는 도로는 제한적이어서 대부분의 사람들이 우리가 이동했던 경로로 국경을 통과한다. 특히 시기에 따라 금요일과 토요일에 많은 사람들이 몰려 출입국 심사에 시간이 길어지기에 가능한 경우 평일에 이동하는 것으로 여행 일정을 조정하면 시간을 더욱 효율적으로 활용할 수 있다.

▲ 아르메니아 시골풍경

아르메니아의 역사

아르메니아의 흔적을 거슬러 가면 기원전 6,000년 전에 사람들이 거주하였던 유물이 발견된다. 그러나 아르메니아인들은 자신들의 조상이 성경에 나오는 노아(Noah)의 현손인 하이크(Hayk)에서 시작된다고 본다. 노아(Noah)의 혈통이 Khafet-Gamer-Tira-Torgom으로 쭉 이어져 하이크(Hayk)에 이르는데 하이크가 그들의 조상 시작인 것이다. 이 당시 바빌론 제국이 흥성하던 시기로 제국의 실력자는 벨(Bel)이었는데 하이크는 벨의 통치를 거부하고 일족을 거느리고 북쪽으로 이동하여 아라라트 지역에 하이크(Hayk)라는 나라를 만들었다고 한다. 이후 하이크와 그를 따르는 사람들은 바빌론의 벨과의 전쟁에서 그 무리를 무찌르고 나라를 세웠는데 이 시점이 기원전 2,292년이다. 이러한 아르메니아의 탄생 과정은 신화와 그럴싸한 이야기가 버무려져 내려오는데 탄생 시점이나 신화적 요인이 혼합된 점에서 고조선을 연상하게 한다.

이후 소아시아 동쪽과 코카서스 지역에 한 무리가 거주하면서 첫 번째로 통합된 나라의 형태를 띤 시기는 기원전 9세기였다. 당시 북쪽에서는 강성했던 히타이트 제국이 점차 세력을 잃고 미약한 가운데 남쪽의 아시리아가 치고 올라오자, 아르메니아계 사람들이 단결하여 나라를 형성한 것이 우라르투(Urartu) 왕국이다. 이 왕국은 기원전 9세기부터 6세기까지 300여 년간 존재하면서 한때는 아시리아 제국과도 견줄 정도로 강국이었다. 우라르투는 현재의 튀르키예 동부·이란 북부·코카서스 지역 상당 부분 등 40만 평방 킬로에 달할 정도로 넓은 지역을 장악한 가운데 수도를 반(Van, 현재 튀르키예 동부 지역 도시)으로 하고, 기원전 782년에는 현재 아르메니아 수도 예레반에 성곽도시인 예레부니(Erebuni)를 건설하기도 했다. 그러나 기원전 7세기부터 북방의 유목민족인 스키타이 민족과 키메르 민족의 공격을 계속 받아 약화되다가 마침내 기원전 585년 남쪽의 메디아 왕국(후에 페르시아에 멸망된 왕국)에 의해 멸망되었다. 이후 기원전 6~3세기 기간 중 아케메네스 왕조의 페르시아, 알렉산더 대왕의 그리스 및 그 후 셀레우코스 왕국의 영향권 하에 있었다.

기원전 190년에 로마가 그리스계 셀레우코스 왕국을 무너트리자, 힘의 공백을 틈타 아르메니아계 지도자 아르타세스 1세는 기원전 189년 아르타세시안(Artashesyan) 왕조를 세웠는데 로마와 파르티아의 틈새에서 견디면서 약 200년간 이어져 오다가 멸망했다. 이 왕조의 가장 유명한 왕은 티그란 대제(Tigran II)로 그는 로마제국과 페르시아계 파르티아의 세력 다툼을 적절히 활용하면서 인근 국가와 제휴 또는 공격을 통하여 아르타세시안 왕조의 영역을 크게 확장하였다. 그가 집권 당시 발행한 동전은 국립 역사박물관의 전시장 입구에 전시될 정도로 귀중한 유물이다.

로마와 파르티아는 아르메니아를 차지하기 위하여 오랫동안 전쟁을 하였지만 어느 일방도 차지하지 못하였다. 기원후 52년 파르티아 왕의 동생인 티리다테스 1세(Tiridates I)가 자신이 아르메니아 왕임을 선언하고 아르사시드(Arsacid) 왕조를 새롭게 건국하였다. 이 왕조의 티리다테스 3세(Tiridates III)는 301년 기독교를 국교로 받아들이면서 아르메니아가 세계 최초로 기독교를 공인한 나라가 되었다. 왕조를 둘러싼 주변 상황으로는 226년에 남쪽의 대국인 페르시아의 파르티아 왕조가 무너지고 사산조 왕조가 새로이 생겼으며, 서쪽의 강국이었던 로마에서 점차 분열이 일어나고 313년에 비잔틴 제국에서는 기독교가 인정되었다. 아르사시드 왕조는 4세기 이후 점차 쇠퇴하는 가운데 428년에 마침내 서쪽의 비잔틴 제국, 남쪽의 사산조 페르시아 영향 아래에 놓이게 되었다. 이후 아랍 세력(우마이야, 아바스 왕조)이 사산조 페르시아를 무너트리고 중동의 맹주가 되어 아르사시드 지역까지 차지하면서 아르메니아는 아랍의 영향권으로 편입되었다.

한동안 강력했던 아랍 세력이 9세기 들어 약화되면서 아르메니아 지역으로부터 철수하자 이 틈을 타 아쇼트 1세가 885년 바그라투니 왕조(Bagratuni Kingdom)을 창건하고 그 수도를 아니(Ani)로 정하였다. 아니는 현재 아라라트산 인근, 튀르키예 지역에 있으며 아르메니아 정통 교회 건물만이 덩그러니 남아 있다. 11세기 들어 바그라투니 왕조의 위세가 약화되어 가는 가운데 비잔틴 제국은 코카서스 지역을 장악하면서 이 왕조는 1045년 멸망하였다. 그러나 불과 몇 십 년이 지나지 않아 투르크계의 셀주크가 이 지역으로 진출해 왔다. 셀주크는 아랍계 중심도시인 바그다드를 장악한 데 이어 1071년 비잔틴 제국과 벌인 만지케르트 전투에서 승리하여 소아시아까지 진출하였으며 당시 비잔틴 제국이 장악하고 있던 아르메니아도 관할하였다. 이어 아르메니아는 시대별로 강국의 영향 아래에 놓였는데 13~14세기에는 몽골 제국, 15세기에는 오스만 제국, 16~17세기에는 페르시아의 사파비 제국과 오스만 제국의 통치를 받았다.

18세기 들어 오스만 제국과 페르시아 제국의 세력이 약화되자, 아르메니아에서는 독립을 위한 분위기가 고조되었고 18세기 후반에는 점차 강국으로 부상하는 러시아에 의존하였다. 아르메니아는 러시아의 보호를 받는 상황으로 편입되는 가운데, 심지어 예카테리나 여제가 아르메니아 왕을 지명하는 수준에 이르렀다. 아르메니아는 러시아가 자국을 다른 강대국으로부터 보호해 주기를 기대했으나 오히려 러시아가 1801년 아르메니아와 조지아 일부 지역을 합병하였다. 러시아가 이에 더하여 남 코카서스 지역까지 진출하게 되자 점차 아르메니아 지역은 러시아·오스만제국·페르시아 간의 대결 장소로 변모하였다.

이후 러시아가 페르시아 및 오스만 제국과 각각의 전쟁에서 승리하면서 아르메니아는 상당 부분이 러시아의 세력권으로 편입되었다. 다만, 영역 일부가 오스만 제국의 영향 아래 있었기에 아르메니아는 오스만 제국으로부터 독립을 위하여 제1차 세계대전에서 러시아를 지원하였다. 이에 러시아와 적대관계이었던 오스만 제국은 아르메니아의 독립을 저지하기 위하여 20세기 초에 상당수의 아르메니아 인들을 살해하거나 시리아로 이송하였는데 이송 과정에서도 많은 아르메니아인들이 중도에 죽었다.

제1차 세계대전의 혼란 가운데 1917년 러시아 혁명으로 소련이 건국되었다. 새로이 등장한 소련은 아르메니아에 대하여 자결권을 부여했는데, 아르메니아 독립운동가들은 1918년 7월 신정부를 구성하여 제1 공화국을 발족시켰다. 그러나 이러한 독립도 잠시 소련의 권력이 확장되면서 1920년 12월 소비에트 연방의 아르메니아 혁명위원회가 권력을 장악하였다. 형식적으로는 제2 공화국이 출범하였지만, 자체 독립은 이루지 못한 채 소련의 산하에 편입되었다. 한편, 새로이 출범한 소련은 제1차 대전에서 영국·프랑스와 함께 협상국으로 참전하였으나 전쟁 도중인 1917년 러시아 혁명이 발생한 이후 영국·프랑스를 제국주의 국가로 비판하면서 관계를 단절하였다. 나아가 전쟁 패전국인 튀르키예가 아타튀르크의 지휘하에 1922년 독립 전쟁을 전개하자 러시아는 튀르키예를 자국의 지원 세력으로 확보하기 위해 전쟁 물자 등을 제공하였을 뿐만 아니라 아르메니아의 영산靈山인 아라라트산을 포함하여 상당 지역을 튀르키예에 양도하였다. 이 결과 아르메니아인이 거주하는 지역은 대폭 줄어들어 현재의 3만 제곱 킬로 이하에 불과하게 되었다. 이후 아르메니아는 71년간 소련의 지배하에 있다가 1991년 소련이 와해되는 과정에 독립을 선포하고 1991년 9월 제3 공화국으로 독립하였다.

지금부터 거의 4,300여 년 전, 우리와 거의 같은 시점에 출발한 아르메니아의 역사를 개관하여 보면 우라루트 왕조 시대를 제외하고는 거의 모든 기간 주변 강국의 영향력 아래에 운신의 폭이 좁았다. 예전 튀르키예의 동쪽 끝, 이란과 가까운 '반'이라는 도시를 방문하였을 때 길게 이어진 성벽, 그리고 성벽에 새겨진 설형문자를 보고 이 유적들이 우라르투 제국의 문화라는 설명을 들었을 때 우리가 알지 못하는 뛰어난 문명이 있었다고 느꼈다. 이후 튀르키예 동북부 도시로 인근 아르메니아와 가까이 있는 '카르스'라는 도시를 방문하였을 때 우라르투의 후예들인 아르메니아 인들이 만든 성당을 보고 무언가 색다르다는 느낌을 진하게 느꼈다.

예레반의 국립 역사박물관에서 고대 아르메니아인들이 남긴 유물을 보면서 우라르투 등 고대 아르메니아 문명이 상상 이상으로 뛰어났음을 알고 감탄했다. 기원전 9세기에 건국된 우라르투 왕국(Urartu Kingdom 또는 반 왕국 Kingdom of Van)의 '우라르투'라는 명칭은 아시리아 언어로 고지대(High Place)라는 의미인데 실제로 상당히 높은 바위 지역에 기다란 성곽이 이어져 있다. 이곳 사람들은 말 사육, 목축과 정교한 금속물 제작에 뛰어났으며 이를 기반으로 페르시아의 수사에서부터 흑해의 트라브존까지 이어지는 무역의 중간 지역으로 우라루트를 발전시키기도 했다. 전성기에는 그 영토가 아르메니아, 튀르키예 동부, 조지아, 이란의 북부 등 무려 40만 평방 킬로에 달할 정도이었고, 아르메니아의 주요 관광지인 세반 호수(Sevan Lake) 뿐만 아니라 튀르키예의 반 호수(Van Lake), 이란의 우리미아 호수(Urimia Lake) 등 3개 호수 모두를 옛 우라르투가 장악하였던 사실에 그 위상을 알 수 있다.

우라르투는 아시리아와 긴밀한 교류와 경쟁을 하면서 문명을 발전시켰으며 남겨진 설형문자 기록과 유물·유적으로 왕국의 세력이 강대하였음을 가늠할 수 있다. 우리의 고대 기록이 부여·고구려·백제·신라 등 기원전 1세기에서야 나타난 데 비하여 우라르투 문명은 이보다 무려 800여 년 전에 형성되었다. 그러나 우라르투 왕국이 기원전 6세기에 멸망한 이후부터 최근까지 아르메니아는 강한 주변 세력의 영향력에서 벗어나지 못하였다. 아시리아-페르시아-그리스-로마-비잔티움-아랍-셀주크-몽골-오스만제국-러시아로 이어지는 각 시대별 강국의 절대적인 영향을 받았으며 지금도 마찬가지이다. 중간에 아르타세시안 왕조-아르사시드 왕조-바그라티드 왕조 등이 간헐적으로 독립하기도 하였으나 강대국의 지속적인 침탈로 점차 지배 영역이 축소되면서 지금과 같이 소국으로 변하였다. 1991년 독립하면서 오랜 기간의 피압박 상황을 벗어나기는 했으나 여전히 러시아와 이란의 영향을 받는 가운데 최근에는 유럽과의 관계를 새로이 모색하고 있다.

아르메니아가 아주 조그만 국가여서 노아의 방주와 관련된 아라라트산을 바라보겠다는 정도로 큰 기대 없이 방문하였으나 도착하면서부터 오랜 연륜과 깊숙한 향기가 우리에게 다가왔다. 오랜 전통과 유물 그리고 여러 시대에 걸친 중층적인 흔적이 남아 있어 생각 이상으로 뛰어난 문화와 화려한 예술을 지녔던 국가이었던 것을 금방 느꼈다. 그럼에도 강대국 사이에서 살아남고자 몸부림치는 소국의 애환 역시 느껴져 연민의 정도 일어났다.

수도 예레반를 거닐며

미지의 땅 예레반에 마침내 도착하였다. 제1차 세계대전 이후 1918년 아르메니아 제1 공화국으로 독립하면서 그 수도를 예레반으로 하였고, 1920년 소련연방의 아르메니아 공화국(제2 공화국)으로 격하되었을 당시 공화국 수도 역시 예레반이었다. 이후 1991년 독립한 제3 공화국의 수도로 현재에 이르고 있는데 아르메니아의 수천 년 역사 가운데 예레반이 수도 역할을 한 것은 이제 100년을 갓 웃돌 정도이다. 그렇지만 예레반이 기원전 782년에 예레부니라는 성 도시로 처음 시작했으니, 그 연혁은 로마보다도 일찍 터를 잡았을 정도로 오랜 곳이다.

예레반 지도를 우선 펴보니 두 광장이 도시의 중심점인데 오페라 극장 앞 자유 광장과 공화국 광장이다. 이 두 광장 주변으로 볼거리가 모여 있고 두 광장을 잇는 주요 도로가 Northern Avenue로 이곳을 중심으로 여행하면 무척 편리하다. 우선 자유의 광장 부근을 보니 오페라 극장(Opera House)이 있고 가까운 곳에 고문서를 소장하고 있는 마테나다란(Matenadaran), 시민들의 휴식 공간으로 5단계 층으로 구성되어 시내를 조망할 수 있는 캐스케이드(Cascade)가 있다. 오페라 극장에서는 수준 높은 오페라 또는 발레 공연이 수시로 이루어지고 있어서 가볼 만하다. 이 외에도 소련을 대표하였던 아르메니아계 작곡가인 하차투리안 박물관이 있고, 조금 떨어진 거리에 대표적인 미술화가 사리얀(Saryan) 박물관이 있다.

오페라 극장 바로 앞에서 시작되는 거리(Northern Avenue)는 아르메니아의 젊음과 문화의 거리인 로데오 거리로 늘 사람들이 북적이는데 이 거리를 오가면서 돌아보아도 여행의 재미를 느낄 수 있다. 이 거리 주변에는 아르메니아뿐만 아니라 각국 음식을 접할 수 있고, 거리 공연, 다양한 카페 분위기를 느낄 수 있다. 이 거리를 따라 쭉 걷다가 아보비얀(Abovyan) 거리와 만나 조금 걸으면 공화국 광장에 이르게 된다.

공화국 광장은 광화문 광장보다도 크며 러시아식 건물이 광장을 에워싸고 있다. 광장 가운데 곳곳에 의자들이 놓여 있는데 이곳에 앉아 피로감을 식히면서 오가는 사람들을 보는 것도 재미있다. 광장을 둘러싼 건물 가운데 가장 커다란 규모로 중앙에 있다고 느끼는 곳이 국립 역사박물관이다. 이 박물관에는 구석기 시대 이후 발굴된 주요 유물이 소장되어 있고 하나하나 유물이 수백 년~수천 년 전의 작품으로, 내용물로 본다면 세계 주요 박물관과 견주어도 손색이 없다. 국립 역사박물관과 뒤편으로 연이어 있는 건물이 내셔널 갤러리(National Art Gallery)로 아르메니아 대표 작가들의 작품들이 전시되어 있다. 국립 역사박물관에서 그다지 멀지 않은 곳에 베르니사지 시장(Vernissage Market)이 있는데 아르메니아 기념품을 사기에 좋고 특히 대중 화가들의 미술품들이 다른 나라의 벼룩시장보다 확연히 많다.

전체적으로 본다면 시내 자유 광장을 중심으로 마테나다란-케스케이드-오페라 극장-하차투리안 박물관, 공화국 광장을 중심으로 국립 역사박물관-내셔널 갤러리-베르니사지 시장이 관심을 끈다. 좀더 시간적 여유가 있다면 시내 중심에서 차로 20여 분 거리에 있는 장소로 북서쪽의 제노사이드 추모비, 남동쪽의 예레부니 박물관과 요새를 방문해 볼만하다.

핑크빛 도시 예레반과 캐스케이드

예레반의 대표 명소라고 불리는 캐스케이드(Cascade)를 방문한 날은 수도 근교에 위치한 게하르트 수도원-가르니 신전-가르니 주상절리 투어를 다녀온 날의 오후였다. 우리가 선택한 현지 투어는 오페라 극장 앞에서 출발하고 도착하는 일정이었기에 투어를 마치고 오페라 극장 앞에서 내려 캐스케이드(Cascade)까지 도보로 15분 정도 걸어갔다. 캐스케이드

▲ 캐스케이드 전경과 야경

중심에 아르메니아의 건축가 알렉산더 타마니안(Alexander Tamanyan)의 석상이 있다. 석상 아래로 타마니안이 설계한 도면이 새겨져 있는데, 그가 캐스케이드뿐만 아니라 예레반 중심가를 방사형으로 설계했다는 것을 알 수 있었다. 조각공원에 전시된 작품들은 하나같이 독특하고 개성이 있어 눈길을 끈다.

'계단식 폭포'를 의미하는 캐스케이드는 언덕을 활용해서 만든 거대한 계단 형태의 독특한 건축물로 계단과 평지가 반복되며 꼭대기까지 이어진다. 타마니안은 예레반 시내 중심과 주변 언덕을 자연스럽게 연결하도록 이 캐스케이드를 설계했다. 이 설계에 따라 소련 정부는 1980년 캐스케이드의 한 부분을 설치했으나 대지진과 소련의 붕괴로 계속 추진되지 못하고 중지되었다. 이후 2009년 아르메니아 출신의 미국인 기업가(제라드 카페스지안, Gerard Cafesjian) 후원으로 완성되었다. 아르메니아의

▲ 타마니안 석상

디아스포라들은 노아의 후손이라는 자부심과 선민의식으로 단결하여 고국에 큰 힘이 되어 주고 있다.

캐스케이드는 총 572개의 계단으로 되어있다. 계단이나 건물 내부에 있는 에스컬레이터를 통해 올라갈 수 있는데 간혹 에스컬레이터가 있는지 모르고 너무 계단이 많아 걸어 올라가는 것을 포기했다는 사람도 있다. 우리는 반나절 투어 끝에 약간 지친 상태여서 계단과 에스컬레이터를 번갈아 가며 올라갔다. 층마다 테라스가 있고 분수와 조각품이 놓여있으며 휴식 공간이 있어서 외국인 관광객뿐 아니라 아르메니아 연인들의 모습도 많이 보였다. 테라스에서 보이는 경치가 층마다 조금씩 달라서 하나하나 비교하며 올라가는 재미가 있는데 정상에 오르면 예레반 시내의 핑크색 건물들이 한눈에 보인다. 예레반을 흔히 '핑크빛 도시'라고 부르는데 도시의 건축물이 화산이 분출할 때 생긴 독특한 분홍색을 띠는 응회암凝灰岩으로 지어졌기 때문이다.

날씨가 좋은 날에는 캐스케이드에서 성경에 나오는 아라라트산을 볼 수 있다고 하는데 우리가 간 날은 아쉽게도 구름에 가려 산을 보지 못했다. 아라라트산의 멋진 모습을 제대로 보는 것은 쉽지가 않다고 하는데 다행히 시내에서 한 시간 반 정도 떨어진 호르비랍 언덕에서 그 멋진 자태를 볼 수 있었다. 호르비랍 언덕에서 아라라트산을 배경으로 한 인생샷을 건졌으니 만족하는 수밖에…

캐스케이드 건물 내부의 아트 갤러리(Cafesjian Center for the Arts)에서 현대 미술과 조각, 장식 예술품 등 다양한 작품들이 전시되고 있어 눈이 호강을 누렸고, 스와로브스키(Swarovski) 보석 회사에서 주관하는 수정(크리스털) 전시회는 무척 화려했다. 하지만 내부의 아트 갤러리나 전시관보다는 예술과 자연이 도시와 조화를 이루는 외부가 훨씬 인상적이었다.

마테나다란 고문서 박물관

오전에 에치미아진 지역을 방문한 후 오후에 하차투리안 박물관을 관람하였기에 마슈토트 마테나다란 고문서 박물관(Mashtots Matenadaran Ancient Manuscript Collection)까지 가는 것은 무리가 있었지만 여행 일정상 불가피하였다. 하차투리안 박물관에서 마테나다란 고문서 박물관까지는 도보로 15분 정도라 평소라면 걸어갔을 거리지만 박물관이 문을 닫기 이전에 도착하기 위하여 택시를 타고 서둘러 갔다.

박물관에 도착해보니 건물 입구에 아르메니아의 문자를 발명한 메스로프 마슈토츠(Mesrop Mashtots)와 그의 제자인 코륜의 동상이 우뚝 서

▲ 마테나다란 고문서 박물관 입구

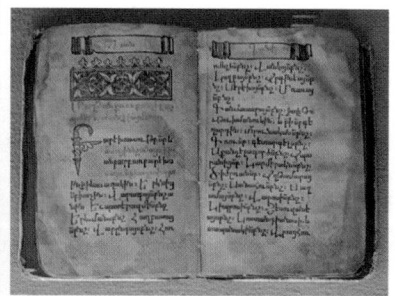
▲ 마테나다란 고문서 1513년

있다. 박물관 바로 앞에는 6개의 석상이 있는데 천문학자·역사학자·신학자·시인 등 각기 다른 분야를 대표하는 현인들이라고 한다. 1층 로비를 지나 2층 전시실로 가보니 다양한 분야의 고문서들이 놓여있는데 그동안 방문했던 곳들과는 달리 외국인보다 아르메니아 인이 더 많았고 특히 학생이 많이 보였다. 박물관 종료 시각까지 얼마 안 남았는데 무엇부터 봐야 할지 막막해서 직원으로 보이는 여성에게 도움을 청했더니 흔쾌히 안내해 주었다. 그녀는 우리가 한국에서 왔다는 것을 알고 K드라마의 열렬한 팬이라며 우리도 모르는 한국 드라마의 이름을 줄줄이 대는 것이었다. 그녀 덕분에 충분하지 않은 시간 동안이지만 중요한 소장품에 대한 설명을 들으며 훑어볼 수 있었다.

이곳에는 23,000여 점의 필사본과 고문서들이 보관되어 있으며 성경·신학·철학·역사·지리·의학·수학 등 다양한 분야에 걸친 필사본이 보관되어 있다. 언어도 아르메니아어뿐만 아니라 그리스어·라틴어·페르시아어·아랍어 등 여러 언어의 필사본을 보관하고 있고 심지어 중국어와 일본어로 된 필사본도 보관되어 있었다. 종이뿐만 아니라 돌에 새겨진 필사본, 금박으로 화려하게 장식된 필사본, 두루마리로 만들어진 히브리어 구약성서 사본, 좁고 긴 두루마리로 사도교회 성인들에 대하여 기록된 책등 어찌나 종류가 다양한지 보는 재미가 있었다.

세계에서 가장 큰 필사본과 가장 작은 필사본도 있었는데 가장 큰 필사본은 무슈라는 마을의 귀족 아스트와챠툴이 만든 '무슈의 토나칸'이라는 책이다. 오스만 제국에 의한 대규모 살상이 일어나던 시기에 시민들은 이 책을 반으로 나누어 한 권은 엘즈룸의 교회 마당에 묻고 나머지 한 권은 시민들이 목숨을 걸고 번갈아 가며 지키다가 에치미아진 대성당에 맡겼다. 책의 무게가 무려 27.5kg이어서 반으로 나눈 무게만도 거의 14kg에 달했다고 하는데, 대성당에 이 책을 맡긴 사람은 2명의 여성이었다. 이들은 오스만 제국 군대로부터 도망치는 중이었다고 하니 아르메니아 인이 안타까운 역사 속에서도 고문서와 자국어를 지켜낸 것에 대해 자부심을 가질 만하다. 고문서 박물관을 방문하기 전에는 아르메니아 문자에 대해 큰 관심은 없었는데 박물관을 방문한 후 그들이 목숨을 걸고 지키려고 했던 문자에 대해서도 호기심이 생겼다.

마슈토츠가 5세기에 고안한 아르메니아 문자는 원래 36문자였지만 중세 시대에 두 문자, 20세기에 한 문자 등 세 문자가 추가되어 현재 39문자이다. 그리스 문자와 시리아 문자를 참조하여 아르메니아만의 독립적인 문자를 창제하였다. 가장 큰 특징은 음소문자라는 것인데 하나의 글자가 하나의 소리를 나타내므로 언어의 소리를 비교적 정확하게 표현할 수 있게 설계되었다. 마슈토츠는 제자인 코륜(마슈토츠 동상 옆에 있던 동상의 주인공)과 함께 성경 및 여러 분야의 자료들을 아르메니아 문자로 남김으로써 주변 강대국의 침입 속에서도 아르메니아 인들이 자신들의 문자를 지키면서 정체성을 유지할 수 있는 원동력이 되어 주었다.

오페라 극장, 하차투리안 박물관

예레반 중심 거리를 걷다 보면 예술적인 도시라는 느낌을 금방 받게 된다. 유명한 작가·음악가·미술가의 이름으로 거리 이름을 짓고 저녁이면 여러 재즈 바에 사람들이 즐겨 찾는다. 음악 공연은 늘 만석이라 할 정도로 붐비고 음악당 앞의 광장에서는 젊은이들의 노랫소리가 여기저기서 들려온다. 이 나라가 20세기 초 튀르키예에 의하여 상당한 사람들이 학살되고 불과 5년 전에 아제르바이잔과 전쟁에서 패했던 나라가 맞는지 또는 소득 수준이 코카서스 국가 중에서도 가장 낮은 나라인가 하고 의심이 들 정도로 도시가 활력이 있고 유럽풍의 문화적인 분위기를 느낄 수 있었다.

우리는 외국을 여행할 때는 저녁에 발레나 콘서트를 찾아가곤 한다. 러시아에 근무할 때도 자주 볼쇼이 공연에 가곤 하였는데 음악을 좋아하기도 했지만, 당시 티켓값이 무척 저렴하였다. 새로운 천년인 2,000년을 전후한 시점에 러시아 사회는 매우 불안하여 루블화의 가치가 폭락하던 때이었다. 달러를 기준하여 보면 무대 앞좌석 표도 매우 저렴하여 소위 가성비가 높았기 때문에 부담 없이 여러 공연을 즐겼다. 러시아 예술가들의 수준은 매우 뛰어난데 소련 영향권에 있었던 조지아·아르메니아 역시 그

▲ 오페라 극장 공연과 프로그램

음악 수준이 상당히 높다. 사람들도 음악을 좋아해 매 공연마다 표가 거의 매진될 정도인데 일정이 유동적이어서 표를 미리 구입하지 못했지만, 공연 당일 몇 자리 남지 않은 표를 다행히 구입할 수 있었다.

이번 여행에서 아람 하차투리안(Khachaturian)의 발레 '가면무도회'와 차이코프스키의 발레 '백조의 호수'를 관람하였는데 오페라 공연장은 거의 만석이었다. 작곡가 하차투리안은 조지아 트빌리시의 아르메니아계 집안에서 태어나 음악교육은 모스크바에서 받았다. 쇼스타코비치와 함께 소련을 대표하는 세계적인 작곡가로서 특히 아르메니아와 조지아에서 그의 작품이 수시로 공연된다. 예레반 콘서트홀의 명칭이 'Aram Khachaturian Big Concert Hall'이고 이 홀의 앞에는 그의 커다란 좌

▲ 오페라 하우스 하차투리안 동상

상이 우뚝 놓여 있다. 그를 기리는 박물관도 따로 있을 정도로 아르메니아 인들이 자랑하는 음악가이다.

어디 공연장에 가더라도 통상 어느 정도 격식을 갖추어 갔으나 이번에는 여행 중이라 복장에 그다지 신경을 쓸 수 없었다. '가면무도회'를 관람한 날은 그나마 관광 후에 호텔에 들러 옷을 갈아입고 반半 정장 정도의 차림으로 갈 수 있었지만 '백조의 호수'를 관람한 날은 여행의 마지막 날이라 체크아웃 후 짐을 모두 호텔 물품보관소에 보관했기 때문에 영락없는 관광객 복장으로 관람할 수밖에 없었다. 아르메니아인은 정장 차림이 대부분이었고 심지어 이브닝드레스 차림으로 공연을 보러 온 사람도 있었으며 러시아어를 구사하는 사람도 대부분 저녁 파티에라도 참석하는 듯한 정장 차림이었다. 하지만 일부 관광객은 우리처럼 격식 없는 복장이었고 심지어 후드에 청바지를 입고 온 사람도 있어서 관람객들의 차림은 극과 극이었다.

하차투리안의 '가면무도회'는 우리 귀에 익숙한 '왈츠'를 포함하여 다른 곡들도 5개의 모음곡으로 묶어서 자주 연주되지만, 발레로 접해본 것은 처음이었는데 기대 이상으로 훌륭했다. 하차투리안은 '가면무도회'의 음악을 러시아의 유명한 시이이며 극작가인 미하일 레르몬토프(Mikhali Lermontov)가 쓴 희곡의 부수음악으로 작곡했다. 19세기 러시아 상류사회의 부패와 위선을 주제로 한 줄거리로서, 불륜으로 의심받은 주인공 니나가 남편에게 죽임을 당하는 비극적인 작품이다. 공연장에 입장하여 5분 정도 줄거리를 훑어본 것이 전부인데도 하차투리안의 음악을 따라가면서 인물들의 사랑, 질투, 오해 등의 감정을 그대로 느낄 수 있었다.

강렬하고 인상에 남는 멜로디로 피겨 스케이팅 대회 및 드라마나 광고에도 자주 등장하는 '왈츠', 서정적이며 신비로운 멜로디의 '야상곡', 가면무도회의 흥을 돋우는 경쾌한 리듬의 춤곡 '마주르카', 비극을 암시하는 듯한 슬프고도 아름다운 멜로디의 '로망스', 무도회의 흥을 최고로 돋우는 경쾌한 춤곡인 '갤롭' 등 다채로운 음악들과 같이 어우러지는 무대 장치 및 발레리나들의 뛰어난 발레 솜씨를 보고 있자니 시간이 순식간에 지나가 버렸다. 게다가 '가면무도회'의 공연 시간은 중간 휴식 시간(인터미션)을 포함하여 1시간 20분 정도로 짧아 투어에 지친 우리도 부담 없이 즐길 수 있었다. 인터미션 때는 많은 관람객들이 간단한 간식이나 음료수, 와인 등을 파는 곳으로 이동해서 지인들과 담소를 즐기는데 마치 파티의 한 장면처럼 보이기도 했다. 러시아 볼쇼이 공연에서도 와인이나 보드카를 즐기던 사람들의 모습이 연상되면서 비교해 보기도 했다.

오페라 극장은 콘서트와 오페라를 공연하는 두 홀로 나뉘어져 있다. 우리가 공연을 본 오페라 홀은 1,200여 석의 규모로 2,200여 석인 예술의 전당 오페라극장에 비하면 규모는 아담한 편이었다. 우리는 35,000원 정도의 중간 가격대 티켓을 구입하여 관람했는데 수준 높은 공연에 비할 때 가격은 무척 싸다고 생각되었다. 다만 관람 예의가 바르지 않은 면이 있었는데 우리 앞에 앉은 한껏 잘 차리고 온 젊은 여성들이 공연 도중 인스타그램에 올릴 사진을 찍느라 공연 모습을 수시로 가렸다. 잠시 짜증스럽기도 했으나 오케스트라 발레의 수준이 상당히 높아 몰입할 수 있어 다행이었다. 예레반을 방문하는 사람들에게 오페라나 발레 공연을 보라고 추천하고 싶다.

하차투리안의 '가면무도회'를 관람한 다음 날 하차투리안 박물관을 방문했다. 작곡가의 생가를 박물관으로 활용한 것인데 입구로 들어서면 그가 생전에 연주하던 피아노가 놓여 있고 작곡가의 일생이 담긴 사진들과 연주 모습, 루빈스타인·카라얀·로스트로포비치 등 유명한 음악인들과 찍은 사진들이 빼곡하게 벽면을 장식하고 있었다. 대표 작품 원고, 악보, 음악회 프로그램 등 그의 흔적이 잘 보관되어 있었으며 그가 쓰던 책상과 편지, 차를 마시던 테이블, 그랜드 피아노가 놓인 작업실도 볼 수 있었다. 피아노 옆에는 LP 턴테이블이 있었는데 하차투리안이 직접 연주한 피아노 곡과 그가 직접 부른 노래를 박물관 직원이 틀어주어 작곡가를 만나는 듯한 기분이 들었다. 전날 '가면무도회'를 본 감흥이 남아있는 상태에서 하차투리안 박물관을 돌아본 탓인지 머릿속에 계속 '가면무도회'의 왈츠 멜로디가 떠나지 않았다.

▲ 하차투리안 박물관

예레반의 밤은 음악으로 뜨겁다. 예레반은 소련 시절부터 재즈로 유명하고 여러 유명한 해외 가수가 방문하여 재즈를 공연하곤 한다. 콘서트홀에서 영국의 재즈 가수인 Marvin Muoneke가 루이 암스트롱과 레이 찰스의 수십 년 전 재즈를 부르기도 했으며 유명한 말하즈 재즈클럽(Malkhas Jazz Club)에서는 매일 밤 감미로운 재즈가 연주되고 있었다. 발레 공연을 보고 난 이후 북적이는 거리를 걷다가 예레반의 유명한 식당인 '라바쉬'를 찾았다. 출출한 가운데 아르메니아 전통 수프와 양고기 샤슬릭을 주문하고 아르메니아 브랜디인 아라라트를 시켰다. 아르메니아의 브랜드는 처칠 영국 수상이 얄타회담에서 시음한 이후 그 맛에 반하여 스탈린에게 부탁하여 매년 400병 정도를 받았다는 이야기로 인해 유명해졌다. 처칠은 쿠바 산 시가와 아르메니아 산 브랜디를 즐겼다고 하는데 그 대표적인 브랜드는 아라라트(Ararat) 또는 아라라트-드빈(Ararat-Dvin)이다. 라바쉬 식당에서 마신 아라라트 브랜디는 오랫동안 입에 맴돌면서 은은한 맛을 남겼다. 오페라 극장에서 연주되는 공연을 보거나, 재즈 바에서 음악을 들으면서 아르메니아 브랜디를 음미하면 아르메니아 문화를 즐기는 호사를 누리게 될 것이다.

자유 광장에서 공화국 광장으로

Northern Avenue는 자유 광장과 공화국 광장을 이어주는, 예레반에서 가장 붐비는 중심거리로 거리에 카페와 레스토랑, 명품 가게가 줄지어 있다. 악사들이 열심히 연주하기도 하고 화가들이 여기저기서 초상화를 그려주는 낭만적인 거리이다. 어느 날은 한 번도 들어 보지 못한 아름다운 악기 소리에 이끌려 가보니 어느 중년 남성이 크기가 다른 여러 개의 유리병을 쭉 세워놓고 스틱으로 치면서 내는 소리였다. 유리병에서 나온

소리가 어찌나 신비하던지 한참을 서서 듣기도 했다. 거리 중간마다 벤치가 많이 놓여있어 시민들의 쉼터이기도 하다.

아제르바이잔, 조지아에 이어 아르메니아에서도 호텔을 정할 때 위치를 우선순위로 고려하여 Northern Avenue 근처에 가성비 좋은 호텔을 정했다. 화려하지 않지만 깨끗하고 호텔에서 바로 나서면 Northern Avenue 여서 사통팔달인 곳이었다. 노천카페에 앉아 있으면 여기가 아르메니아인지 유럽인지 잠시 헷갈릴 정도로 멋진 거리여서 불과 며칠 머물렀지만, 거리와 정이 들어 버렸다. 음식도 맛있는 데다가 값도 우리나라에 비해 저렴하다 보니 부담을 가지지 않고 즐길 수 있었다. 밤에 카페에 앉아 거리를 둘러보니 식당은 붐비는데 거리 양쪽에 늘어선 아파트들은 꺼진 곳이 많아 썰렁해 보인다. 임대료가 비싸 비어 있다고 하는데 밤늦게까지 사람들로 붐비는 카페와 그 앞의 텅 빈 아파트들이 묘하게 대조를 이룬다.

마지막 날 밤 비행기로 예레반을 떠나야 하기에 오전에 택시로 근교에 있는 예레부니를 서둘러 다녀온 후 오후에는 Northern Avenue를 따라 공화국 광장으로 향했다. 아르메니아를 여행하는 관광객들의 필수 코스인 공화국 광장은 캐스케이드와 예레반 시내를 설계한 타마니안이 설계했고 1929년 완공되었다. 그러고 보니 오페라 극장을 설계한 건축가도 타마니안이라고 하는데 타마니안이 아니었다면 예레반이 어떤 모습이었을지 상상이 되지 않는다.

널찍한 공화국 광장은 시민들의 휴식처이기도 하여 간간이 놓여있는 긴 의자에 연인들이 이야기를 나누고 저녁에는 분수 쇼도 열리며 만남의 장소이기도 하다. 의자에 앉아 피곤함을 풀면서 광장 주변을 살펴보니 국립

▲ 공화국 광장

역사박물관, 내셔널 갤러리, 정부 청사, 외무부 및 재무부 건물 등이 둘러싸고 있고 모스크바에서 옮겨 왔다는 정부 청사 건물의 시계탑이 눈길을 끈다. 핑크색인 응회암을 사용하여 은은하고 따뜻한 느낌을 주어, 예레반이 '핑크빛 도시'라는 것을 일깨워 준다.

국립 역사박물관, 내셔널 갤러리

국립 역사박물관은 공화국 광장(Republic Square)에 바로 연하여 있으며 주변의 다른 건물보다 두드러져 아제르바이잔인들이 역사를 중요시하고 있다는 생각이 들었다. 지금은 허물어졌지만, 예전 광화문 뒤편에 있었던 중앙청 건물과 같이 그 규모가 대단하였다. 잠시 들러볼 생각으로 국립 역사박물관을 찾았는데 입장하면서부터 전시된 유물을 보고 움직이는 발걸음이 더디어졌다.

▲ 국립역사박물관

　박물관으로 들어서면 우선 석기실로부터 시작되는데 희귀한 아슐리안형 주먹 도끼가 즐비하다. 조지아 박물관의 전시물 이상으로 아르메니아 박물관에도 아슐리안 주먹도끼와 흑요석 돌날(obsidian blades)들이 수두룩 전시되어 있었다. 구석기 시대 돌도끼와 장식용 은장식 등 예상외로 오래되고 정교하게 조각된 유물들에 감탄했다. 고대 아르메니아가 상당한 문명 수순을 갖추었고 전시물이 풍부하다는 것을 느끼면서 전시물 하나하나에 관심을 기울이게 되었다.

　아레니 동굴에서 발견된 기원전 3,600~3,500여 년 전 가죽신은 허름하고 헤어지기는 했지만, 최근에 만든 신발이라고 해도 믿을 정도로 보존 상태가 좋았다. 거의 손상되지 않은 청동기시대에 만들어진 가죽신 한 짝인데 발견된 장소 부근에서 다른 한 짝을 발견하기 위한 발굴 작업이 계속되고 있다고 한다. 기원전 15~14세기의 4륜 형 마차가 발굴될 당시의 사진과 함께 진열되어 있다. 이 전차는 20세기 후반에 예레반 동북부 세반 호수 인근에서 각종 도기와 발견되었는데 청동기 시대의 대표적인 유물이다. 기원전 1274년, 히타이트와 이집트가 현재의 시리아 북부 카데쉬에서 벌인 전쟁에서 양측이 활용한 최신 무기가 마차였다. 박물관에 전시된 마차는 카데쉬 전투에서 쓰인 마차보다 이전 시기에 인류가 제작한 유물로 희귀한 문화유산이다.

다음 전시실에서 만난 기원전 12~11세기의 태양계 상징물(Model of the Solar System)은 고대 인류가 상당히 오래전부터 천체에 대하여 깊

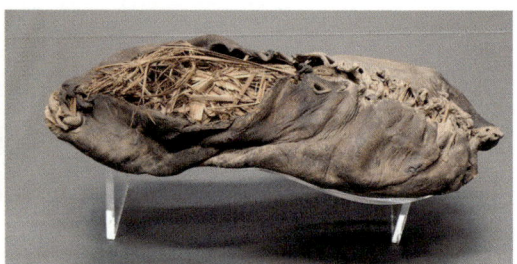
▲ 가죽신 기원전 3500년

▲ 구석기 시대 주먹도끼, 120만여년 전

▲ 은 잔, 기원전 23~22세기

▲ 금 목걸이, 기원전 23~22세기

▲ 2륜 마차 기원전 15~14세기   ▲ 4륜 마차, 기원전 15~14세기

▲ 태양계 상징물
　기원전 12~11세기
▲ 티그란 왕 동전 기원전 1세기
▲ 날개달린 십자가
　기원후 6~7세기

이 연구해 왔음을 알려준다. 청동으로 만든 제품으로 아랫부분은 지구를 나타내며 물과 공기 등 두 개의 원으로 둘러싸여 있는 모양이다. 윗부분은 태양이며 그 중간에 달과 수성·금성·화성·목성·토성을 나타내는 형상물로서 고대 사람들의 천체관을 나타내는 작품이다. 국립 역사박물관은 자체 제작한 도록의 표지에 이 태양계 상징물을 실을 정도로 매우 소중하게 여기는 유물이다.

우라르투 왕국 이후 기원전 2세기에 건국된 아르타세시안 왕조는 불과 200여 년 존재하였지만, 이 기간에 티그란 대제(Tigran II the Great)라는 걸출한 지도자가 나왔다. 그는 40년간(기원전 95~55년) 재위하는 동안 로마 및 파르티아 등 주변 강대국과 힘을 겨루면서 영토를 넓힌 왕이다. 아르메니아 인들은 그를 왕 중의 왕(King of the Kings)이라고 칭송하는데 그의 재위 당시 통용되었던 티그란 동전이 전시되어 있다.

아르메니아는 301년 처음으로 기독교를 국교로 하면서 종교적인 색채가 전국적으로 확산되고 지역마다 수도원이 세워졌는데 이 수도원들이 지금 관광자원이 되고 있다. 당시 종교적인 징표로 제작된 여러 전시물 가운데 6~7세기 제작된 날개 달린 십자가(Winged Cross)는 박물관이 자랑하는 유물이다. 이와 같은 대표적인 유물 이외에도 섬세한 금은 장식품, 사슴·새·말·소 등 모습의 청동기 제품과 단도, 각종 모양의 용기, 왕의 헬멧, 유리 용기, 동전, 십자가, 수도원의 성문, 고서적 등 다양한 유물이 2개 층을 가득 메우고 있다. 며칠을 두고 보아야 충분히 감상할 수 있을 정도로 많은 유물들인데 수백 년~수천 년 전의 인류문명의 작품을 보고 있노라면 예전 인류에 대한 경외심이 일어난다. 아르메니아를 방문하는 경우 국립역사박물관에 들러 아르메니아 문명의 화려함을 접하여 보기를 권한다.

여행 중에 음악회 외에도 미술관도 가능한 한 찾는 편인데 그렇다고 딱히 화풍을 알거나 어떤 미술적 차이를 알아서라기보다 그냥 그림을 보는 것이 좋아서이다. 서울에서도 광화문이나 시청에 일이 있을 때면 서울시립미술관을 자주 찾고 시간이 날 때마다 북촌의 갤러리나 국립중앙박물관의 전시회를 종종 방문하다 보니 해외 방문 중에도 미술관을 찾곤 하였다.

아르메니아에서도 내셔널 갤러리가 국립 역사박물관과 바로 연하여 있어 편리하게 감상할 수 있었다. '아이바조프스키'라는 19세기 작가의 특별전이 열리고 있었는데 유난히 바다에 대한 그림이 많아 인상적이었다. 이 작가에 대하여 조사해 보니 바다를 소재로 그림을 그린 것으로 유명했다. 나중에 예레반에서 만난 여러 아르메니아인들에게 대표적인 화가를 물어보니 아이바조프스키(Hovhannes Ayvazovski)와 사리안(Martiros

▲ 아이바조프스키의 콘스탄티노플 저녁

▲ 사리안의 토속적 작품

Saryan)을 거론하면서 국립미술관에서 아이바조프스키를, 그리고 별도의 미술관에서 사리안의 작품을 감상하기를 권하여 주었다.

아이바조프스키는 우크라이나 크림반도 출신의 아르메니아계 화가이지만, 박물관 소개 책자에는 아르메니아 화가로 소개되어 있다. 그는 사망한 후 자신이 태어나고 자란 크림반도의 아르메니아 정교회에 묻혔는데 그럼에도 아르메니아 사람들은 그를 아르메니아 화가로 생각하면서 사랑하고 있다. 아이바조프스키가 바다를 소재로 하고 있다면 사리안의 그림에서는 아르메니아의 독특한 지방 색채를 담고 있다. 대부분의 그림이 토속적인 화풍이어서 이중섭과 맥을 같이 하고 있다는 느낌이다. 사리안 미술관은 시내 다른 편에 별도로 있는데 그의 그림 대상은 주로 산이나 시골 거리 등의 풍경으로 노란색을 가장 많이 쓰고 붉은색, 황토색, 파란색도 즐겨 써서 아르메니아 국기의 색과 유사하다는 느낌이 들었다. 아르메니아의 평범한 사람들의 살아가는 모습을 주로 그리면서 아르메니아인이 좋아하는 색감을 표현하고자 한 작가라는 생각이다.

베르니사지 시장

국립 역사박물관과 내셔널 갤러리를 관람하고 도보로 10분 정도 걸리는 베르니사지 시장 (Vernissage Market)으로 향했다. 이 시장은 예레반에서 가장 유명한 야외 벼룩시장으로 주말은 물론이고 평일에도 사고팔고 하는 사람들로 북적인다. 다양한 물건들이 이곳에서 거래되고 있으며 각종 기념품을 다른 곳보다 저렴한 가격에 구입할 수 있어 우리도 아르메니아 상징이 들어있는 컵 받침대를 여러 개 구입하였다.

시장 안으로 들어가니 책 가게가 쭉 늘어서 있는 가운데 어느 가게에 아르메니아 역사에 관한 영문 책이 진열되어 있었다. 아르메니아에 대한 영문 책자를 쉽게 구할 수 있는 것이 아니어서 기쁜 마음에 가격을 물었더니 7,000 드람(약 25,000원)이라고 한다. 아르메니아 물가치고는 꽤 비싼 편이라 잠시 망설여졌다. 혹시 외국인이라 바가지를 씌우는 것은 아닌가 싶어 옆 가게에 가서 물어보니 그곳에서도 7,000 드람을 부른다. 이어서 마주친 다른 가게들 모두 한결같이 7,000 드람을 부르는데 상인끼리 가격에 대해 담합이라도 한 것인지 흥정을 해도 잘 깎아주지 않았다. 이곳 시장에서는 흥정은 필수라고 들었는데 항상 해당이 되는 것은 아닌가 보다! 결국 제일 먼저 갔던 가게에 다시 가서 흥정을 해보니 6,500 드람으로 깎아준다고 생색을 내어 이왕 사고자 한 마음이었기에 책을 구입했다.

책 가게를 지나 안쪽으로 들어가니 도로 양편에 그림이 쭉 진열되어 있다. 그림을 보고 있노라니 어느 순간에 사람이 나타나는데 자신이 직접 그

▲ 베르니사지 그림 시장

린 그림이라고 한다. 많은 화가들이 자신의 그림을 들고나와 이곳에서 팔고 있었는데 그림의 소재는 주로 아르메니아의 성당·수도원 등 유명 관광지이었다. 개도국을 방문하면 갤러리나 야외 그림 시장을 가서 그림을 감상하면서 작은 그림을 한두 점 사곤 하였다. 우선 값이 비싸지 않고 휴대하기에 커다란 부담이 없는 조그만 크기의 그림을 사서 추억으로 남기곤 하였다. 여러 화가의 작품을 쭉 감상하면서 내친김에 아르메니아의 대표적인 관광지인 호르비랍과 세반 호숫가 수도원을 담은 그림 2점을 구매하였다.

책이나 그림 외에도 예술품·수공예품·기념품부터 서적·음반·고문서·카펫·티셔츠·체스 등의 다양한 물건을 판매하고 있고 간이식당도 있는데 특히 체스를 파는 가게들이 무척 많다는 것이 인상적이었다. 아르메니아는 세계적인 체스 강국이며 세계 챔피언들을 다수 배출하기도 했다. 체스가 논리적 사고력을 키우는 데 도움이 된다고 믿어 어린 시절부터 체계적으로 체스를 가르친다. 심지어 초·중·고등학교 정규과정에 체스가 있을 정도다. 문득 넷플릭스에서 봤던 천재 체스 선수의 이야기를 그린 '퀸스 갬빗'의 베스를 떠올리며 시장을 빠져나왔다. 지역 주민뿐만 아니라 관광객들로도 붐비는 베르니사지 시장에서 아르메니아의 문화와 예술, 그리고 아르메니아인의 삶도 엿볼 수 있었기에 널리 추천되는 장소가 아닌가 한다.

제노사이드 추모 공원

제노사이드 추모 공원은 19세기 말에서 20세기 초 두 차례에 걸쳐 오스만 제국에 의해 아르메니아인들이 집단 살해된 아픈 역사를 추모하기 위해 1967년 개관되었다. 제노사이드라는 단어는 폴란드 출신의 법학자 라파엘 렘킨(Raphael Lemkin)이 만들었는데 민족을 뜻하는 'genos'와

살인을 뜻하는 'cide'를 합쳐 종족이나 집단을 죽이는 행위를 뜻한다. 이 추모 공원은 아르메니아인들의 순례지이며 매년 4월 24일 제노사이드 기념일에는 많은 아르메니아인들이 이곳을 방문하고 있다.

    추모 공원 내에는 제노사이드가 일어났을 당시 희생된 사람의 묘석 옆에 희생자 이름과 출신지가 새겨진 추모의 벽이 자리 잡고 있다. 멀리서부터 눈에 확 들어오는 뾰족한 탑은 아르메니아인들의 부흥과 부활을 상징하며 44미터에 이르는 기념비이다. 그 옆에 '통곡의 탑'이라고 불리는, 12개의 석벽이 원을 이루는 원형의 기념관이 있다. 이 석벽은 오스만제국에 빼앗긴 12개의 지방을 상징하며, 비탄과 애도의 감정을 표현하기 위하여 약간 안쪽으로 기울어져 있다. 기념관 안에는 365일 꺼지지 않는 영원의 불꽃이 타오르며 경건한 분위기를 자아내고 있었다. 불꽃 주위에는 추모객들이 두고 간 헌화가 쓸쓸하게 자리를 지키고 있었는데 우리가 방문했을 때도 아르메니아인으로 보이는 중년 부부가 헌화하고 있었다.

▲ 제노사이드 추모공원

공원 내 박물관에는 제노사이드를 증언하는 사진 자료가 전시되어 있었는데 오스만 제국의 군인이 아르메니아인의 목을 매달아 공개 처형하는 등의 처참한 사진이 많이 있어서 차마 사진을 찍을 수 없었다. 폴란드 아우슈비츠에서 느꼈던 먹먹한 감정이 떠올라 대충 둘러보고 박물관을 나왔다. 추모 공원 안에 제노사이드를 인정한 나라들의 정상들이 이곳을 방문하여 기념식수를 한 나무들이 쭉 심겨 있다. 2021년 바이든 대통령이 이를 제노사이드로 지칭했다가 튀르키예의 반발을 사기도 했는데 아르메니아 대학살을 제노사이드로 인정한 국가는 20여 개국밖에 되지 않는다. 튀르키예는 전쟁 당시 벌어진 불가피한 사건으로 양측이 상당한 인명피해가 있었지만, 대규모 학살은 아니라는 입장이며 제노사이드 용어 자체를 쓰는 것에 대하여 강하게 반대하고 있다.

소위 제노사이드 시기에 많은 아르메니아인이 해외로 빠져나가 아르메니아에 거주하는 아르메니아인은 300만여 명에 불과하고 해외에 거주하는 교민은 800만여 명으로 국내보다 해외에 더 많은 아르메니아계 사람이 거주하고 있다. 어느 민족이 기존에 살던 땅을 떠나 다른 지역으로 나가 사는 것을 디아스포라라고 부르는데 아르메니아 디아스포라가 가장 많은 나라는 러시아(약 250~280만 명), 미국(약 150~160만 명), 프랑스(약 69~70만 명)이다. 이들 중 성공한 기업가들이 아르메니아의 여러 사업을 재정적으로 지원하여 주는 데 에치미아진 대성당 입구에 있는 '그레고리의 문'이라고 불리는 정문도 2001년 아르메니아 디아스포라의 기부금으로 만들어졌다. 아르메니아 행정부에 아예 '디아스포라 부'라는 행정기관이 있을 정도로 그들의 영향력은 대단하다. 또 이들이 본국의 가족들에게 보내는 송금이 아르메니아 GDP의 상당한 부분을 차지하기도 한다.

아르메니아인들은 자신들이 노아의 후손이라고 믿고 있고 아르메니아가 기독교를 세계 최초로 공인한 나라라는 사실에 대해 큰 자부심을 품고 있다. 그 자부심으로 강대국들의 끊임없는 침입 속에서도 그들의 종교와 언어를 지켜냈다. 또한 그 자부심 덕분에 지금도 아르메니아 디아스포라는 그 결속력이 대단하며 종교와 문화 보존뿐 아니라 교육과 과학의 발전 등에도 기여하며 든든한 버팀목이 되어주고 있다.

아르메니아 정부는 어려운 국내 경제적 여건, 러시아에 의존적인 경제 구조 등을 탈피하기 위하여 유럽뿐만 아니라 튀르키예와의 관계 개선을 통하여 새로운 출구를 찾으려 하지만 해외 디아스포라는 상당한 경제적 지원을 하면서 경제사회 구조의 개혁보다 제노사이드 사업에 중점을 둘 것을 요청하여 애로점이 있다. 아르메니아는 외부로 통하는 길이 다른 나라에 막힌 내륙 국가로서 대외 교통망이 좋지 않다. 남쪽의 이란과는 관계가 좋지만, 이란은 오랜 기간 국제적 제재를 받는 국가이다. 동쪽의 아제르바이잔과는 그간 영토분쟁으로 전쟁을 한 국가여서 아직 국경이 열려 있지 않고 서쪽의 튀르키예와도 외교관계가 수립되어 있지 않다. 무역하려면 북쪽의 조지아와 하여야 하는 데 조지아의 교통망도 그다지 발전된 것은 아니기에 조지아를 통한 대외 무역 발전에 한계가 있다. 유럽과 협력을 증진시키고자 하지만 러시아·우크라이나 전쟁 이후 유럽이 러시아에 경제제재를 취하고 있어 아르메니아는 그동안 긴밀했던 러시아와 관계도 신경 쓰지 않을 수 없다. 과거의 사건에만 매달리기보다 무역을 다변화하기 위하여 유럽 및 심지어 튀르키예와의 관계를 확대해 나가면서 활력을 모색하고자 하나, 재정적 지원을 하면서 제노사이드 사업에 중점을 두도록 요청하는 해외 디아스포라도 무시할 수 없는 상황이다. 정부로서 정책의 선택지가 제한적이어서 발전에 더딜 수밖에 없다.

우라르투 왕국의 옛 성벽 예레부니

아르메니아의 수도 예레반은 원형 경기장과 비슷한 모양인데 도시의 북쪽에는 1,400미터 높이의 산, 남쪽에는 860미터의 산이 자리 잡고 있다. 예레반은 우라르투 왕국의 북서쪽 요새로서, 한창 세력을 떨친 아르기시티 1세(Argishito I)가 기원전 782년에 군사 거점 지역으로 건설하였다. 예레반은 기원전 753년 건설된 로마보다 29년이나 빨리 조성된 성벽 도시이었다.

그 유적이 남아있는 예레부니 요새(Urartian Erebuni Fortress) 입구에는 황토색의 박물관이 있다. 박물관 중앙 외벽에는 왕의 얼굴이, 좌우에는 이를 수호하는 남신과 사병들의 모습이 조각되어 있다. 박물관 안으로 들어서니 토요일 이른 아침 시간임에도 선생님이 어린 학생들을 인솔하여 설명하고 있었는데 아마 조상들의 위대함도 강조하였을 것이다. 우라르투 왕국의 전성기 시절에 통치하던 지역은 40만 평방킬로미터에 이르러 현재 튀르키예 동부, 이란 북부, 조지아·아제르바이잔 일부를 포함하고 있을 정도로 넓었다. 한반도 두 배에 가까운 지역을 통치하였으나 현재는 3만 평방 킬로에도 못 미치는 영토로 쪼그라들었으니, 아르메니아인이라면 누구라도 예전의 영광을 그리워할 것이다.

박물관 2층 입구로 들어서면 가장 먼저 우라르투 왕국 지도를 만나게 된다. 이 왕국은 소아시아·이란·코카서스에 걸쳐 있으면서 그 영역 내에 커다란 호수가 3개 있었으며, 이 지도만 보아도 우라르투 왕국이 얼마나 광활했는지를 알 수 있다. 하지만 현재는 그중 세반(Sevan) 호수만 아르메니아에 있고, 반(Van) 호수는 튀르키예에, 우르미아(Urmia)호수는 이

▲ 예레부니 박물관

▲ 예레부니 성

▲ 예레부니 성내 시설

Ⅲ. 돌의 나라 **아르메니아**　229

란에 있다. 이곳 박물관에는 발굴된 일부 유물만 전시되어 있을 뿐 중요한 유물은 국립 역사박물관에 주로 전시되어 있다. 이곳에 전시하고 있는 기원전 8세기 아르기쉬티 1세의 예레반 도시를 나타내는 설형문자판, 사르두리 II세의 창과 방패 등이 유물로서 커다란 의미가 있다. 이곳에 전시된 여러 유물 가운데 호기심이 생긴 것은 사람의 뇌, 젖소의 위 등 탄화된 것들인데 이는 우라르투의 경제력과도 관련이 있다.

박물관의 전시품을 보고 예레부니 요새로 올라가 보니 산언덕에 10미터 이상 높이의 성벽이 쭉 이어져 있다. 성벽 밖에서도 예레반 시내 전체를 조망할 수 있을 정도로 요충지임을 알 수 있다. 요새는 암벽 위에 지어졌는데 높은 암벽은 자연적인 방어막이 되고 다른 면에는 성벽을 여러 층에 걸쳐 쌓아 방어 시설을 구축한 모양새이다. 성벽 색이 거무스름하였는데 이는 주로 현무암 지질 때문이다. 성벽의 기초나 기둥은 현무암 돌을 사용하여 조성하였고, 그 위로 점토와 지푸라기 등을 버무려 만든 진흙 벽돌을 쌓여 올렸다. 사원의 지붕은 주변의 소나무·느릅나무·포플러·오크·너도밤나무 등 여러 나무를 이용하여 만들었는데 이러한 우라르투 시대의 성벽과 사원은 이후 아르메니아의 건축 양식으로 발전되었다.

요새는 궁성과 신을 모시는 신전 등으로 구성되었고 신·성스러운 나무·동물 등의 모양이 그려져 있는 신전의 벽은 오랜 세월의 탓인지 희미하다. 이 지역에 물을 공급하는 것이 중요하였을 터인데 고고학자들이 발굴하는 과정에서 파이프를 통하여 요새까지 조달하였음이 확인되었다. 인근 가르니 신전이 위치한 계곡에서 돌로 만든 파이프로 물을 끌어 올렸다고 하는데 이는 왕국의 엔지니어링 기술이 상당한 수준에 있었다는 증표가 된다.

우라르트 왕국의 경제력은 설형문자를 해독하면서 드러났는데 통치 전역에 걸쳐 운하와 저수고를 건설하여 경제기반을 구축하였다. 구 수도였던 반(Van, 현재 튀르키예에 소재)을 중심으로 대규모 관개시설을 구축하여 식수 및 농업용 물을 조달하면서 농업을 진작하고 가축을 사육하였다. 밀·보리·콩 등 다양한 농작물을 배양하였는데 당시의 작물이 탄화된 형태로 발굴되어 박물관에 전시되고 있다. 아시리아의 사르곤 2세 군대가 우라르투를 침략하여 장악하고 보니 보리가 상당히 쌓여 있었고 포도주가 강처럼 흐를 정도로 넘쳐나고 있다고 할 정도로 우라르투의 농업은 상당히 발전하였다. 우라르투 통치 영역의 각지에서 농식물과 포도주를 저장하던 대규모 크기의 용기들이 발굴되기도 했다. 관개시설의 발전과 병행하여 가축사육도 활발하였는데 소·말·양·염소를 대규모로 길렀다. 말의 경주 기록뿐만 아니라 기마병이나 기마 전차부대를 위하여 말 훈련이 활발하게 시행되었다는 사실이 설형문자판에서 나타나고 있다. 당시 강력했던 사르두리 2세는 우라루투 가축 사육 지대에서 214,000두의 양과 염소, 40,353두의 소, 3,500두의 말을 거두어들였다고 할 정도로 우라르투의 경제는 융성하였다.

우라르투 왕국이 2,800여 년 전 통치하던 여러 지역마다 높은 성벽을 쌓은 이유는 남쪽의 아시리아와 메데스, 북쪽의 스키타이 등 유목민족의 공격으로부터 방어하기 위한 것이었다. 이러한 노력에도 불구하고 우라르투는 이들의 계속된 침략을 받아 세력이 약화되어 가다가 기원전 6세기 초반에 북쪽의 스키타이와 남쪽의 메데스(이후 페르시아가 점령한 나라)의 침략을 받아 마침내 멸망하였다.

예레반에서 만난 한국과 러시아

아르메니아에는 우리 대사관이 없고 아직 우리나라와 인적 교류가 그다지 많지 않다. 그렇기에 예레반에서 한국의 모습을 본 것은 의외였다. 시내 가장 중심거리로 연중 많은 사람이 오가는 Northern Avenue의 지하상가에는 세련된 실내장식으로 단장한 매장이 쭉 들어서 있는데, 진열한 상품의 가격이 이곳 물가로 볼 때 비싼 수준이었다. 이곳을 쭉 둘러보다 보니 한쪽 가게에 한국의 화장품만을 취급하는 매장이 있었다. 가게 앞에는 소녀시대 윤아의 광고 사진이 걸려있고 Korean Beauty라고 쓰여 있는 큼지막한 글자가 시선을 끌었다. 우리 화장품이 이곳까지 진출하고 있다는 사실에 반갑기 그지없었다.

한국의 다른 모습을 본 곳은 현지인과 관광객이 몰리는 캐스케이드(Cascade)였다. 젊은 연인들이 서로 사진을 찍고 이야기를 나누기 좋은 장소일 뿐만 아니라 여행자라면 반드시 들르는 곳이기도 하다. 이 캐스케이드로 진입하는 입구에 여러 조각품이 전시되어 있는데 어느 한 작품에 사람들이 몰려 사진을 찍고 있어 우리도 가 보았다. 버려진 타이어로 만든 '사자 2'라는 이름이 붙여진 사자상으로 지나가던 사람들이 이 작품 앞에서 발걸음을 멈추고 사진을 찍고 있었다. 어느 나라 예술가의 작품인가 하고 보니 우리나라 지용호 작가가 만든 것이어서 자랑스러웠다. 전혀 예상치 못한 곳에서 역동적이면서 독특한 한국인의 조각품을 접하게 되니 고향 사람을 만난 듯하였다.

예레반 도시 안내 지도에서 한국 음식을 하는 식당을 발견한 것도 의외이었다. 이 지도에서 Hummus Kimchi라는 식당을 추천하면서 메뉴는

▲ 예레반의 한국화장품 가게

▲ 캐스케이드의 지용호 작가 사자상

▲ 예레반의 한국/이스라엘 음식 식당

이스라엘 음식과 한국 음식이며 전쟁에서 탈출한 러시아인이 새롭게 개업한 곳으로 가격은 비교적 저렴하다고 소개되어 있다. 한국인들의 방문이 거의 없음에도 왜 한국식당을 열었을까 하는 호기심이 생겨 시내 중심이지만 한적한 언덕 가에 있는 이곳을 찾아보았다. 식당 주인이 없어 이야기를 나누지 못하였는데 종업원이 현지 신문에 실린 기사를 보여준다. 러시아 출신 40세의 심장과 의사가 고향인 러시아 톰스크에서 모든 자산을 버리고 부인 및 두 아들과 함께 예레반으로 탈출하여 이 식당을 열었다는 내용이었다. 고향에서는 차마 용기가 없어 러시아·우크라이나 전쟁 반대 데모에 참석하지 못하고 나라를 떠난 지식인이 새롭게 연 식당이었다.

아르메니아를 여행하다 보면 이곳저곳에서 러시아어를 듣는 것은 어렵지 않다. 냉전 종식 이후 1991년 독립한 아르메니아는 1992~1994년 아제르바이잔과 치른 전쟁에서 러시아의 군사 지원을 받아 승리하였다. 이 결과 아제르바이잔의 일부 영토를 확보하였으나 이후 이 영토를 둘러싸고 분쟁이 계속되어 왔다. 이후 아르메니아에서는 내부 정쟁이 계속되었고 경제가 어려워지자 새롭게 정부가 교체되는 혼란이 있었다. 신정부가 기존의 협력관계이었던 러시아뿐만 아니라 유럽과도 협력을 모색하자 러시아는 아르메니아에 대한 군사 지원을 더 이상 제공하지 않게 되었다. 반면 아제르바이잔은 영토를 되찾기 위하여 면밀하게 준비해 오다가 2020년 아르메니아와 전쟁에서 승리하여 잃었던 영토를 회복하였다. 아르메니아는 러시아의 지원을 받지 못해 전쟁에서 커다란 손실을 겪고 패배하였지만 그렇다고 러시아와 관계를 무시할 수 있는 여건도 아니다. 러시아에서 일하는 아르메니아 인력으로부터 송금, 러시아 관광객들로부터 얻는 수입 등 경제는 여전히 러시아와 깊숙이 연관되어 있어 러시아 영향권에서 쉽사리 벗어나지 못하고 있기 때문이다.

러시아인들은 아르메니아 입국 비자가 따로 필요하지 않아 러시아·우크라이나 전쟁 이후 많은 사람들이 관광 또는 체류 목적으로, 아르메니아로 들어왔다. 우리가 합류한 일일 관광프로그램에도 젊은 러시아 청년들이 포함되어 있어 관광 안내원은 영어와 러시아어로 설명하였다. 발레 관람 중 휴식 시간에 일단의 무리가 좌우에서 러시아어로 떠드는 소리가 들려 어디서 왔는지 물어보니 모스크바에서 휴가차 왔다고 한다. 푸틴 대통령은 전쟁 물자를 확보하기 위하여 2024년 6월 북한을 방문한 바 있고, 10월 이후 북한 병사들이 대규모로 우크라이나 전쟁터에 파견되어 참전하고 있는 시점에 러시아 청년과 여러 가족은 인근 국가에서 관광과 휴가를 즐기고 있다. 또 다른 지식인은 푸틴이 수행하는 전쟁의 정당성에 동조할 수 없어 모든 것을 버리고 국가를 탈출하여 난민의 신분으로 조그만 식당을 차려 생활을 영위하고자 발버둥 치고 있다. 예레반에서 본 러시아인들의 모습은 무언가 아귀가 맞지 않는다.

예레반 밖으로…

성경에 나오는 노아의 방주가 수천 년 전 아라라트산에 닻을 내렸으며, 아르메니아인들이 노아의 후손이라고 하니 아르메니아 역사는 기독교와 밀접하게 연관되어 있다. 일부 성경 연구가들은 아르메니아가 에덴동산일 가능성도 있다고 주장할 정도로 아르메니아에서 기독교는 일상 및 신앙 생활에 깊이 스며있다. 아르메니아인들은 조지아의 정교회와는 달리 사도가 기독교를 전파하였다는 점에 커다란 자부심을 가지고 있다. 예수의 두 사도인 타대오(Thaddaeus)와 바르톨로메오(Bartholomaeus)가 직접 아르메니아로 와 기독교를 전파하고 순교하였고 게다가 아르메니아는 비잔틴 제국보다도 앞선 301년에 최초로 기독교를 국교로 받아들였다. 이러하다 보니 오랜 역사적 사건과 전설을 담고 있는 수도원 및 교회 등 종교적인 유적이 나라 전역에 널리 펴져 있다. 수도원에서 성화에 무릎을 꿇고 성심껏 기도를 드리는 풍경뿐만 아니라 거리 곳곳에서도 사람들이 성호를 긋는 모습을 종종 볼 수 있다.

이러한 역사적 배경을 감안하면서 수도 예레반을 벗어나 아르메니아의 교외 관광지를 돌아보기 위하여 지도에서 동서남북의 기독교 성지를 찾아보았다. 우선 예레반의 북동쪽으로 1시간 30여 분 가면 조지아 트빌리시에서 예레반으로 오는 길에 보았던 세반나 수도원이 있는데 이는 세반 호수에 연하여 있는 기독교 성지이다. 예레반에서 30~40여 분 걸리는 동쪽에는 가르니 신전, 가르니 주상절리, 게하르트 수도원이 위치하고, 30~40여 분 걸리는 서쪽에는 성 흐립시메 교회, 성 가야네 교회, 에치미아진 대성당, 츠바르트노츠 수도원이 있다. 남쪽으로는 1시간 30여 분 걸리는 곳에 아라라트산이 지척에서 보이는 호르비랍 수도원이 있으며, 그 아래 남동쪽으로 1시간 정도 가면 아레니-1 동굴이 있다.

예레반 북동쪽: 세반호수와 세반나 수도원

조지아에서 아르메니아로 월경越境하여 첫 번째로 방문한 곳은 딜리잔 국립공원 내 높은 산에 위치한 파르츠(Parz)호수였다. 파르츠는 아르메니아어로 맑고 투명하다는 뜻인데 호수의 물이 맑고 투명하여 붙여진 이름이라고 한다. 이 지역이 "아르메니아의 작은 스위스"라고 하여 잔뜩 기대하고 갔는데 생각보다 호수의 규모가 작아 첫인상은 다소 실망스러웠다. 하지만 찬찬히 둘러보니 파르츠라는 이름에 걸맞게 물이 깨끗한 데다가 호수를 에워싼, 노릇노릇한 단풍으로 물든 산림이 고즈넉한 분위기를 주어 힐링이 되었다. 게다가 보트나 카약(kayak)을 타거나 호수 주변 산책로를 걷고, 피크닉을 할 수도 있으며 낚시까지 가능하다고 하니 아름다운 풍경을 바라보며 여유롭게 시간을 보낼 수 있는 곳이다. 우리는 시간적 여유가 없어 호숫가의 한편을 쭉 한번 걸어보고 사진만 몇 장 찍는 것으로 만족하고 다시 차에 올라 다음 코스인 세반 호수와 호숫가에 있는 세반나 수도원을 향해 출발했다.

세반 호수는 해발고도 1,900미터에 자리 잡고 있는데 세반은 '검다'는 의미로 맑은 날씨에도 호수의 물색이 짙어 검게 보이는 데서 유래했다는 설과 세반나 수도원이 검은 현무암으로 지어졌기 때문에 유래했다는 설이 있다. 세반나 수도원(Sevanavank Monastery)은 9세기에 호수 안에

▲ 파르츠 호수

있는 섬 위에 지어졌지만, 스탈린 시대에 호수의 물을 빼서 관개시설에 이용하는 바람에 수면이 20미터나 낮아지면서 현재는 육지와 연결된 반도 위에 자리 잡고 있다. 중세 시대에는 고립된 섬 위에 있었기 때문에 죄수들의 감옥으로 사용되기도 했다는데 지금은 계단을 이용해 수도원까지 올라간다. 우리를 태운 운전기사는 수도원으로 가려면 계단을 500개쯤 올라가야 한다고 과장하였는데, 오르다 보니 그 정도는 아니고 200개 조금 넘게 올라갔던 느낌이어서 후에 검색을 해보니 228개라고 한다.

 몇 번씩 쉬어가며 계단을 오르는 도중 아르메니아 전통 문양으로 새긴 하치카르(Khachkars, 석재로 만들어진 아르메니아의 전통적인 십자가 기념비로 주로 교회나 수도원의 입구에 있는 석비石碑)가 곳곳에 보였다. 십자를 의미하는 '하치'와 돌을 의미하는 '카르'가 합해진 하치카르는 아르메니아 곳곳에서 보이는 십자가 돌인데 수작업으로 만드는 것이라 세상에 같은 모

▲ 세반 호수와 세반나 수도원

양으로 된 것이 하나도 없다고 하며 유네스코 무형 문화유산으로 등록되어 있다. 아르메니아에만 8만여 개, 전 세계에 30만여 개가 있다고 한다.

 계단 위로 올라가면 갈수록 호수가 점점 거대한 모습을 드러냈는데 코카서스에서 가장 넓은 호수답게 끝도 없이 넓어서 대체 호수인지 바다인지 분간이 가지 않을 정도였다. 계단을 끝까지 올라 바다처럼 드넓은 세반 호수가 한눈에 내려다보이는 언덕 위에 서니 다소 투박해 보이면서도 고풍스럽게 멋스러운 2개의 교회가 그림처럼 나타났다. 하나는 '거룩한 신의 어머니(Surp Astvatsatsin)' 교회, 또 하나는 '거룩한 사도(Surp Arakelots)' 교회. 원래 더 많은 건물이 모여 있는 복합적인 수도원이었지만 지금은 이 두 개만 남아있다. 여기서 바라보는 호수와 산의 절경은 아르메니아에서 가장 아름다운 풍경 중의 하나라고 하는데 공들여 찍지 않아도 인생 샷이 나올 정도였다.

▲ 세반 호수와 세반나 수도원

▲ 세반나 수도원 내 몽골식 성화

비슷한 모양으로 되어있는 두 교회 중 '거룩한 신의 어머니' 교회로 먼저 발걸음을 옮겼다. 마당에 가득 넘쳐나는 하치카르를 지나 안으로 들어갔는데 한 무리의 관광객들이 사진을 찍고 있는 곳으로 가보니 하치카르의 십자가 가운데 몽골풍의 변발을 한 인물이 바로 예수님이라고 하는 것이 아닌가! 하치카르뿐만 아니라 벽에 걸려있는 성화에 그려진 예수님 역시 몽골인 스타일로 머리를 땋아 길게 기른 모습이라니...교회가 몽골의 침략으로 파괴되는 것을 막기 위해 예수님의 머리를 몽골식으로 묘사했다고 하는데 너무도 생소한 모습에 어떻게 반응해야 할지 순간 당황스러웠다.

이 교회를 나와 오른쪽 건물인 '거룩한 사도' 교회로 들어가 보니 옆 건물과는 달리 교회 내부에 성화 몇 개만 있을 뿐 썰렁한 느낌이었다. 다시 밖으로 나와 교회 주변을 거닐다 보니 호수의 아름다운 풍경에 도취되고 높은 곳에 있어 조용한 가운데 속세와 분리된 듯한 신비스러운 분위기에 이끌려 좀 더 머물고 싶었다. 하지만 교회로 올라오기 전에 식당에 점심 메뉴를 주문해 놓고 1시간 후 내려가기로 약속했기에 아쉬운 마음을 뒤로 하고 식당으로 향했다.

세반호수에 가면 반드시 아르메니아인들이 '물고기의 왕자'라고 부르는 송어구이를 먹어야 한다는 말을 듣고 송어 화덕 구이를 미리 주문해 놓았다. 이와 함께 코카서스 사람들이 즐겨 먹는 돌마(다진 고기와 향신료를 포도 잎에 싸서 먹는 음식), 아르메니아의 전통 빵인 라바쉬, 그리고 시저샐러드를 주문했었는데 하나같이 맛이 있어서 싹싹 긁어먹었다.

예레반 서쪽: 성 흐립시메 교회, 성 가야네 교회, 에치미아진 대성당, 츠바르트노츠 성당 유적지

아르메니아를 여행하는 5일 중에서 이틀은 현지 투어를 신청했는데 첫날은 에치미아진 지역의 성 흐립시메 교회-성 가야네 교회-에치미아진 대성당-츠바르트노츠 성당 유적지를 방문하는 일정이다. 아침에 출발하여 점심 식사 없이 5시간 정도 걸리는 코스로, 만남의 장소는 호텔에서 도보로 10분 남짓 걸리는 오페라 극장 근처였다. 그런데 약속 장소에 가보니 우리를 제외하고는 모두 아르메니아나 러시아 사람들이 아닌가! 아르메니아는 오랫동안 러시아에 속했기에 중장년층 이상은 러시아어를 구사할 줄 알아 러시아어로 투어를 하는 것이었다. 순간 조지아의 므츠헤타 투어에서 가이드가 영어와 러시아어 양쪽 언어로 설명하는 것을 힘겨워하며 대충대충 넘어가던 생각이 떠올라 당황스러웠다. 하지만 다행스럽게도 인상 좋은 30대 남성인 가이드는 투어 내내 우리에게 신경을 많이 써주었고 우리의 여러 질문에 귀찮은 내색 없이 친절하게 대답해 주었다.

성 흐립시메 교회

618년에 지어진 성 흐립시메 교회(Saint Hripsime Church)부터 투어를 시작하였다. 에치미아진 대성당이 가장 오래된 기독교 시설이기는 하지만 그동안 여러 차례 개축과 보수를 거쳐 원래의 모습에서 많이 변형된 반면 성 흐립시메 교회는 오래된 교회의 원형을 그대로 유지하고 있다.

성 흐립시메 교회, 성 가야네 교회, 에치미아진 대성당은 종교도시인 에치미아진에 있으며 모두 유네스코 세계문화유산에 등재되어 있다. 성 흐립시메는 로마 출신의 신앙심 깊은 수녀로 미모가 탁월하여 로마 황제 디오클레티아누스(Diocletianus)의 구애를 받았으나 이를 거부하고 동료 수녀들과 함께 아르메니아로 피신하였다. 디오클레티아누스는 아르메니아의 티리다테스 3세(Tiridates 3) 왕에게 성 흐립시메를 잡아서 로마로 압송해달라고 부탁했으나 체포한 후 왕도 성 흐립시메의 미모에 반해 청혼했다. 그러나 성 흐립시메가 이를 거부하자 왕은 그녀와 동료 수녀 등 36명을 처형했는데 이후 왕은 기이한 증상을 보이는 병에 걸렸다. 이를 치유하지 못하다가 오랜 기간 지하 감옥에 갇혀 있던 성 그레고리가 왕의 병을 고치자, 왕은 기독교로 개종하고 비잔틴 제국보다도 앞서 세계 최초로 기독교를 공인하였다.

성 흐립시메 교회는 그녀가 순교한 장소에 세워졌는데 아르메니아 초기 교회의 특징인 십자형 돔 구조로 되어있다. 교회 내부의 평면 구조를 보면 십자가 모양을 한 교차점 위에 돔이 있고 돔의 천장에 있는 작은 창문을 통해 자연광이 들어와 경건한 분위기를 조성하고 있다. 교회에는 성 흐립시메의 초상화, 성 그레고리의 초상화, 티리다테스 3세가 성 그레고리에게 치유받아 기독교로 개종하는 그림 등이 걸려 있다.

계단을 내려가면 세로로 길게 생긴 좁은 방의 한가운데에 흐립시메의

▲ 성 흐립시메 교회

▲ 성 흐립시메의 관

▲ 성 흐립시메를 죽음에 이르게 한 돌

관이 안치되어 있는데 방이 워낙 좁아서 관이 공간을 다 차지하고 있는 듯한 느낌이었다. 관 뚜껑에 성 흐립시메의 그림이 그려져 있고 그 옆의 유리 벽면에는 티리다테스 3세의 명을 받아 병사들이 성 흐립시메에게 던졌다는 4개의 돌 가운데 3개가 전시되어 있다. 나머지 돌 1개는 다른 쪽 벽

Ⅲ. 돌의 나라 **아르메니아** 243

면에 마련된 작은 성소에 놓여있다. 성소에는 성 흐립시메가 돌팔매질을 당하는 그림이 있고 성소 옆에는 추모객들이 헌화한 꽃들이 놓여 있었다. 낡고 색이 바랜, 원형 그대로 보존된 벽면과 좁은 공간, 그리고 지하의 어두운 분위기가 묘하게 어우러지며 비극적인 분위기를 고조시킨다.

성 가야네 교회

630년경 설립된 성 가야네 교회(Saint Gayane Church)는 성 흐립시메 교회와 1.5 킬로미터 정도 떨어진 가까운 거리에 있어서 성 흐립시메 교회에서 받은 여운이 채 가시기도 전에 성 가야네 교회에 도착했다. 성 가야네는 로마에서 성 흐립시메를 포함하여 아르메니아로 망명 온 수녀들을 이끄는 리더였으며 그녀 역시 티리다테스 3세의 구애를 거절하여 처형되었다. 성 가야네 교회는 성 흐립시메 교회보다는 긴 직사각형 바실리카 형태와 돔 구조로 되어 있으며 이 교회 역시 원형이 그대로 보존되어 있다.

성 가야네 교회 돔의 높이는 성 흐립시메 교회에 비해 낮지만, 내부 공간은 넓으며 개방된 느낌을 준다. 교회 바깥문 입구 위에는 동방박사의 그림이 있어 충분히 관심을 끌 만하지만 미리 이러한 정보를 갖지 못하면 지나치기 쉽다. 교회 내부로 들어가니 한 벽면에는 예수님이 십자가에서 돌아가신 모습과 부활하시는 모습을 그린 그림이 걸려 있고 다른 벽면에 누군지 알 수 없는 귀족처럼 보이는 여성의 초상화가 걸려있었다. 가이드에게 누구의 초상화인지 물어보니 기독교인이라는 이유로 아버지 산아트루크(Sanatrouk) 왕에게 직접 처형당한 아르메니아 최초의 여성 순교자 산둑트(Sandukt) 공주라고 한다.

▲ 성 가야네 교회

　성 가야네의 관이 안치된 지하로 내려가는 계단 옆의 공간에는 성 그레고리 성화와 함께 아라라트산을 배경으로 한 성 가야네의 모습을 그린 성화가 걸려 있는데 이 성화 내 한 곳에는 돌팔매질을 당하는 성 흐립시메의 모습이 작게 묘사되어 있다. 지하로 내려가니 성 가야네의 관이 내부 벽면에 정돈되어 안치되어 있었다. 성 흐립시메 교회 지하에 흐립시메의 관이 좁은 방의 한가운데 덩그러니 놓여 있던 것과는 대비되었다. 성 가야네의 관이 놓인 벽면과 맞닿은 반원형의 벽면에는 티리다테스 3세에 의해 함께 처형된 36명 수녀를 그린 그림이 벽면을 가득 채우고 있었다. 가이드에 의하면 성 흐립시메 및 성 가야네와 함께 했던 수녀들 72명 중 36명이 처형당했다고 한다. 십자가를 손에 든 채 3줄로 서 있는 수녀들의 표정이 비극을 암시하듯 처연한 모습으로 다가와 아르메니아 여행을 마치고 돌아와서도 문득문득 떠오르곤 했다. 이처럼 비극적인 역사가 있지만 성 가야네 교회는 아르메니아 사람들에게 결혼식 장소로 인기가 있는데 신성한 장소에서 신앙의 가르침에 의해 결혼 생활을 시작하는 의미를

▲ 성 가야네/성 흐립시메와 함께 처형된 수녀들

갖기 때문이라고 한다.

에치미아진 대성당

세계에서 가장 오래된 대성당으로 알려진 에치미아진 대성당(Cathedral of Etchmiadzin)은 성 그레고리에 의해 301~313년에 걸쳐 완성되었다. 아르메니아가 최초로 기독교를 공인한 국가로 되는 데 결정적인 역할을 한 성 그레고리는 60일간 기도를 계속하는 가운데 예수님이 황금의 망치(Golden Hammer)를 하늘에서 내려보내 교회를 짓는 장소를 알려주시는 꿈을 꾼 이후 그곳에 아르메니아 최초의 기독교 교회를 지었다. 그 이름은 에치미아진으로 '유일하게 내려진 곳'이라는 것을 의미한다.

대성당 구역으로 들어가는 정문에는 십자가를 중심으로 양쪽에 티리다테스 3세와 성 그레고리가 손을 내밀고 있는 조각물이 있는데 이것은 성 그레고리가 티리다테스 3세에게 세례를 주는 모습을 묘사한 것이라고 한다. 정문 뒷면으로는 사도 타대오와 바르톨로메오의 조각물이 있다. 정문을 지나 들어서니 웅장하고 드넓은 정원이 우리를 먼저 맞이한다. 정원의 규모는 한눈에 봐도 그동안 방문했던 어느 성당보다도 규모가 커 보였다. 에치미아진 대성당은 복합건물로 정원과 본당 외에도 박물관, 사도교회 수장의 관저, 신학교 및 기숙사, 도서관 등의 여러 건물이 있고 길가에 하치카르 십자가들이 많이 놓여 있었다.

정원을 지나 본당으로 들어가기 전에 먼저 티리다테스의 문을 찾았다. 이 문을 통과하면 죄를 용서받는다는 말이 있기에 긴가민가하면서도 통과해 보려고 지나가는 아르메니아 사람에게 티리다테스의 문이 어디 있는지 물어보니 친절하게 가르쳐주었다. 대체로 아르메니아 사람들에게 길을 물어보면 열심히 따라가며 안내해 주는 경우가 많았다. 생각보다는 규모가 작은 티리다테스의 문을 통과한 후 본당으로 발걸음을 옮겼다.

▲ 에치미아진 대성당

본당으로 들어가는 문의 입구에는 사도 베드로와 바울의 그림이 양옆을 지키고 있다. 성 흐립시메 교회나 성 가야네 교회의 소박함과는 달리 본당 내부는 화려한 벽화와 대형 샹들리에, 대규모 행사에 적합한 넓은 공간이 시선을 압도한다. 본당 내부에 있는 그림 중 가장 눈길을 끈 것은 아르메니아 버전의 '최후의 만찬'이었는데 레오나르도 다빈치의 '최후의 만찬'과 달리 세로로 길게 되어 있으며 예수님 옆에 막달레나 마리아로 추정되는 여인이 앉아 있는 점이 특이했다. 다빈치의 그림에 익숙해진 우리의 눈에는 매우 생소했는데 가이드 역시 이 그림을 가장 주목하라고 설명했다. 에치미아진 성당은 처음 설립되었을 때는 바실리카 양식이었으나 페르시아의 침공으로 완전히 파괴된 후 483년 십자가형으로 재건되기 시작하였으며 그 후에도 계속 개축과 보수를 거치다 보니 원래의 모습은 거의 남아있지 않다고 한다.

본당 내부를 더 둘러보고 싶었지만, 여러 성물을 보관하고 있는 박물관으로 서둘러 갔다. 그곳에는 일정 인원만 들어갈 수 있기 때문에 운이 나쁘면 대기 시간이 너무 길어져서 관람을 못 할 수도 있다고 하여서였다. 우리는 사전에 가이드에게 박물관을 꼭 보고 싶다고 요청했기에 관람을 무사히 할 수 있었고 박물관 큐레이터가 우리를 직접 안내해 주기도 했다.

박물관의 많은 성물 들 중에 가장 보고 싶었던 것은 노아의 방주에서 떼어온 나무 판이었다. 한눈에도 나무판은 오래된 것으로 보였고 그 위에 십자가가 붙여져 있었으며 나무판의 왼쪽 밑 부분은 떨어져 나가 있었다. 큐레이터에게 물어보니 훼손된 것이 아니라 그 부분을 떼어다가 러시아 예카테리나 2세에게 선물로 주었다고 하며 그 조각이 지금도 모스크바에 보관되어 있다고 한다.

▲ 에치미아진 대성당의 본당 내부

　롱기누스의 창도 전시되어 있었는데 예수님의 숨이 끊어졌는지 확인하기 위해 롱기누스라는 이름을 가진 로마 병사가 예수님의 옆구리를 찌른 그 창이라고 한다. 그 즉시 병사는 눈이 멀었고 예수님의 흐르는 피를 눈에 바르자 다시 눈이 나았는데 이러한 기적을 겪은 롱기누스는 기독교인이 되어 선교활동을 하다가 순교하여 성 롱기누스가 되었다. 또한 3개의 십자가가 전시되어 있었는데 자세히 보니 가운데 거뭇거뭇한 것이 보여 물어보니 이것이 십자가 파편이라고 한다. 예수님의 십자가에서 나온 나무 파편을 3개의 십자가 한 가운데 있는 둥근 원안에 넣었다고 하니 매우 의미있는 종교적 유물이다.

　에치미아진 대성당은 타지에 살고 있는 아르메니아인들에게 종교적 구심점으로 중요한 순례 장소이며 외국 관광객들에게는 아르메니아 종교를 이해하는데 더없이 좋은 장소이다. 부속 박물관에는 노아의 방주에서 떼

▲ 노아의 방주 파편 위에 놓인 십자가

▲ 예수님 십자가 파편이 있는 성물

▲ 예수님 십자가 파편

▲ 롱기누스의 창

어 온 나무판과 예수님의 옆구리를 찌른 롱기누스의 창이 보존되어 있기 때문에 아르메니아인들에게는 필수 성지순례 코스이며 관광객들에게도 빼놓을 수 없는 관광코스이다.

츠바르트노츠 성당 유적지

이날 투어의 마지막 코스인 츠바르트노츠(Zvartnots) 성당 유적지는 에치미아진 대성당에서 차로 10분 정도 걸리는 거리에 있으며, 츠바르트노츠는 아르메니아어로 '천사들의 성전'또는 '천상의 존재들'이라는 뜻이다. 츠바르트노츠 성당은 네르세르 3세가 성 그레고리를 기리기 위해 7세기에 지었는데 지금은 대부분 무너지고 일부만 남아 있어 성당 대신 고고학 유적지라고 불리고 있다. 츠바르트노츠 성당 유적지와 그 뒤쪽의 아라라트산이 어우러진 경관은 어디 내놓아도 손색이 없을 정도로 일품이라고 한다. 하지만 우리가 방문한 날은 날씨가 흐려서 아라라트산이 거의 보이지 않아 아쉬웠다.

성 흐립시메 교회, 성 가야네 교회, 에치미아진 대성당에 대해서는 어느 정도 사전 정보를 가지고 방문했던 반면 츠바르트노츠 성당 유적지는 10세기에 지진으로 폐허가 되었다는 파편의 지식만 가지고 가 보았다. 도착해서 보니 석조기둥이 쭉 늘어서 있는 유적지의 모습은 성당이라기보다는 신전에 가까운 모습이었다. 석조기둥만 봐도 그리스의 영향을 받은 흔적이 느껴졌는데 원래 이 성당은 그리스·비잔틴 제국·아르메니아의 양식이 결합하여 문화적으로도 큰 가치를 갖고 있다고 한다. 하지만 지금은 성당의 일부분만 복원되었을 뿐 그 부속 시설들은 터만 남아있고 건물의 흔적을 찾아볼 수 없었다. 그나마 지진으로 완전히 묻혔던 이곳이 아르

▲ 츠바르트노츠 성당 유적지

메니아 고고학자인 토로스 토라마니안(Thoros Thoramanian)에 의해 1900~1907년에 발굴되기 시작하여 현재 극히 일부만 복원되었다. 대부분 건물들의 잔해와 기둥만 남아있는데 기둥에 섬세한 문양이 새겨져 있었으며 하다못해 땅에 널브러져 있는 잔해에도 기독교적 신앙의 상징인 포도나 포도덩굴 등이 정교하게 새겨져 있었다. 지진으로 무너지지 않았다면 멋지고 웅장했을 터인데 이대로 영영 파묻혔을 유적지가 그나마 20세기에라도 발굴되기 시작해서 다행이다.

유적지 내 작은 박물관의 건축전시실에는 성당이 파괴되기 전의 원래 모습을 담은 설계도와 전체 모형이 전시되어 있었다. 모형을 보니 성당은 웅장한 원형의 3층 건물로 내부는 십자가 구조이며 중앙 돔이 있는 대규모 석조건물이었다. 안쪽은 원통형이고 바깥쪽은 32면으로 되어있다. 박물관 앞의 야외 유적지와 전시실 내에 똑같은 해시계가 있어 물어보니 야외의 해시계는 복제품이고 전시실에 있는 것은 진품이라고 한다. 해시계의 상단에는 아르메니아어가 새겨져 있었고 하단에는 태양의 이동 경로를 나타내는 눈금이 새겨져 시간대에 따라 그림자의 위치를 읽을 수 있도록 만들어져 당시의 기술과 예술성을 동시에 엿볼 수 있는 소중한 유물이다. 해시계는 일상생활의 시간뿐 아니라 종교적 의식의 시간을 확인하는데 사용되었을 것이며 성당 내부나 근처에 놓여 있었을 것으로 추정된다고 한다.

그 밖에도 박물관 안에는 대성당에서 발굴된 유물들이 전시된 고고학 전시실과 아르메니아 성당의 역사를 보여주는 역사전시실이 있다. 비록 폐허가 되었지만 츠바르트노츠 성당 유적지는 역사적·문화적 명소이며 아르메니아 건축사에도 중요한 위치를 차지하고 있다. 성당 유적에는 그리스나 비잔틴 양식이 아르메니아 양식과 조화되어 새겨져 있어 당시 주변국들과의 문화적 교류를 알려 준다.

아르메니아 교회의 총본산이자 '성스러운 도시'라고 알려진 종교도시인 에치미아진에는 성 흐립시메 교회, 성 가야네 교회, 에치미아진 대성당, 츠바르츠노트 성당 유적지 외에도 성 쇼하카트 교회(St. Shoghakat Church)가 있다. 성 쇼하카트 교회는 이름이 알려지지 않은 여러 수녀들이 순교한 장소에 세워졌는데 투어 프로그램에는 빠져있어 아쉽게도 방문하지 못했다.

예레반 동쪽: 게하르트 수도원, 가르니 신전, 가르니 주상절리

아르메니아에서의 두 번째 현지 투어는 게하르트 수도원-가르니 신전-가르니 주상절리의 코스로 점심 포함 7시간 정도 소요되는 일정이었다.

이번 프로그램에는 네덜란드·프랑스·이란·러시아·한국 등 다양한 국적의 16명이 합류하였다. 러시아어를 사용하는 사람들이 8명이나 되었는데 알고 보니 전부 친척관계인 아르메니아 인들이었다. 투어가이드는 30대 초반의 당찬 여성으로 설명도 야무지게 하면서 질문하면 열심히 답을 해 주고 때로는 자신의 자료 사진을 보내주기도 했다.

게하르트 수도원

이날의 첫 번째 코스는 동굴수도원이라고도 불리는 게하르트 수도원(Geghard Monastery)이었는데 그 주변이 아자트 계곡(Azat Valley) 절벽으로 둘러싸여 있어 자연 경관이 매우 아름답다. 이 수도원에는 응회암의 바위를 파서 만든 동굴교회가 있으며 수도원 건물의 상당 부분이 절벽의 일부처럼 보이는 독특한 외관 때문에 그동안 방문한 종교시설 중에서 가장 독특했다. 사실 조지아나 아르메니아에서 여행하다 보면 교회나 수도원을 많이 접하게 되어 나중에 사진을 봤을 때 선뜻 어느 곳인지 헷갈릴 때도 있었는데 이 수도원의 사진들은 한눈에 알아볼 수 있었다. 게하르트 수도원으로 가는 입구의 길에는 기념품이나 전통 빵을 파는 가게들이 늘어서 있었고 우리 일행 중 아르메니아 인들은 가타(Gata)라고 불리는 전통 빵을 대량으로 구입했다. 이 빵은 아르메니아인들에게 인기 있는 디저트로 달콤한 맛을 갖고 있다고 한다.

게하르트 수도원은 4세기 초 '성스러운 샘물' 위에 성 그레고리가 동굴에 세운 교회를 기반으로 세워졌으나 9세기경 아랍인들의 침입으로 파괴되었다. 이후 1215년에 본 예배당인 카토히케 교회(Katoghike Church)가 만들어졌고 13세기 후반 프로샨 왕자의 후원에 따라 대대적으로 재건되고 확장되어 현재의 모습을 갖추게 되었다. 카토히케 교회는 전통적인 교회이며 통로를 통해 아바잔 동굴교회(Avazan Cave Church)와 또 다른 동굴교회인 프로샨 묘지교회 (Prosian Chapel-Sepulcher)로 연결되어 있다. 유네스코 세계문화유산에도 등재된 게하르트 수도원은 동굴교회와 전통적인 모습의 교회가 멋진 자연 경관과 어우러져 조화를 이루고 있었다.

게하르트 수도원이 명성을 얻게 된 것은 독특한 외관 때문만이 아니라 십자가에 못 박힌 예수님을 찌른 롱기누스의 창 등 중요한 성물들을 보관하였기 때문이다. 이러한 이유로 원래 동굴교회라는 뜻의 아이리반크 (Ayrivank)로 불리던 곳이 창을 뜻하는 게하르트로 변하여 부르게 되었다. 롱기누스의 창은 현재는 에치미아진 대성당의 박물관에 보관되어 있으며 우리는 게하르트 수도원을 방문하기 전날 에치미아진 대성당에서

▲ 게하르트 수도원 전경

▲ 게하르트 수도원 본 예배당

▲ 게하르트 수도원 프로샨 묘지 교회 내부

▲ 게하르트 수도원 2층 자마툰 입구

롱기누스의 창을 감상할 수 있었다.

　수도원으로 들어가니 운치 있는 카토히케 교회가 가까이 보이고 입구를 통해 가빗(Gavit)으로 들어갔다. 가빗은 교회의 입구와 본당 사이에 만들어진 대기 장소를 뜻하며, 신도들이 초를 꽂고 기도하는 기도 공간이기도 하다. 4개의 그고 굵은 서조기둥이 세워져 있고 돔으로 된 천정에는 채광과 환기를 위해 뚫어놓은 창으로 빛이 들어오는데 어두컴컴한 실내에 한 줄기 빛이 들어오는 모습은 경건함과 신비로움을 더해 주었다. 가이드는 이 창을 통해 햇빛이 없을 때도 신으로부터의 빛이 들어와 신과의 만남이 유지될 수 있다고 설명한다.

　가빗에는 의자들이 쭉 놓여있지만, 본 예배당에는 의자가 없는데 아르메니아 교회 역시 조지아 교회에서처럼 사람들이 서서 예배를 드린다. 본당의 분위기는 다른 아르메니아 교회들처럼 엄숙하고 경건했다. 제단 가운데에는 성모자가 천사들의 축복을 받는 성화가 걸려 있는데 성모자 좌우에 세례 요한과 성 그레고리가 그려져 있다. 제단의 오른쪽 벽면에는 십자가에 못 박힌 예수님, 왼쪽에는 십자가에서 승천하는 예수님의 성화가 걸려 있다. 본당 역시 돔형 천정의 구멍을 통해 빛이 들어오긴 하지만 분위기는 어두운 편이었다.

본당에서 나와 가빗과 연결된 아바잔 동굴교회(Avazan Cave Church)로 들어가 보았다. 이곳은 암벽에서 흘러나오는 '성스러운 샘물'을 마시러 온 사람들이 줄을 서 있었고 우리 일행인 아르메니아 사람들은 아예 생수병을 준비해 와서 샘물을 담고 있었다. 연이어, 또 다른 동굴교회인 프로샨 예배당과 묘지(Proshian Chapel-Sepulcher)로 들어가 봤는데 이곳은 수도원을 복구하도록 후원해 준 프로샨 왕자와 가족들의 묘가 안치된 동굴 교회이며 자마툰(Zhamatun)이라고 부르기도 한다. 이곳에는 프로샨 가문을 상징하는 독수리가 새겨져 있는데 두 마리의 사자 사이에 양을 잡고 있는 독수리의 모습이 보인다. 2층에도 동굴교회가 있는데 이를 2층 자마툰이라고 부른다.

카토히케 교회·아바잔 동굴교회·프로샨 묘지교회(자마툰)를 여기저기 돌아본 후 2층 자마툰으로 가기 위해 오르니 큰 바위 밑에 하치카르가 쭉 늘어서 있다. 하치카르는 '돌의 나라'라고 불리는 아르메니아 교회에서 흔히 볼 수 있는데 게하르트 수도원 안의 교회 곳곳과 주차장에서 수도원으로 가는 길목에서 보았고 2층 자마툰 입구의 벽에도 하치카르가 새겨져 있었다. 2층 자마툰에서 아카펠라 성가대의 노래를 들을 수 있었는데 동굴의 울림으로 인해 증폭되는 소리가 너무도 경건하고 성스러웠다. 이곳에는 바닥에 구멍이 뚫려 있어서 1층 프로샨 예배당(자마툰)을 볼 수가 있는데 구멍의 용도는 단순히 1층을 보는 목적보다는 성가대의 노래를 1층으로 전하기 위한 것이라고 한다. 예전에는 여성이 성가대원이 될 수 없었기에 2층에 성가대실을 두어 노래 잘하는 여성을 끼워놓아도 1층에서는 성가대에 여성이 포함되어 있는지 몰랐다고 한다.

조지아에 이어 아르메니아의 현지 투어도 거의 교회나 수도원 중심이기에 투어를 하기 전에는 혹시 지루하지는 않을까 걱정했었는데 전날 둘러본 에치미아진의 교회들(성 흐립시메 교회, 성 가야네 교회, 에치미아진 대성당)도 각각의 서사를 가지고 있고 게하르트 수도원은 워낙 독특하면서도 인상적이어서 지루하기는커녕 오히려 좀 더 시간을 갖고 머무르고 싶었다.

가르니 신전
게하르트 수도원을 출발할 시간이 다 되었는데 무슨 사정인지 프랑스와 이란인 부부가 약속 시간보다 15분 이상 늦게 나타났다. 우리 일행은 그다지 신경 쓰는 분위기가 아니었지만, 가이드가 조용하면서도 단호한 어조로 "한 번 더 약속 시간에 늦으신다면 그다음부터는 버스에서 내리실 수 없어요."라고 말하는 바람에 다들 놀라는 기색이었다. 그녀는 야무지고 자기 일에 열정이 있어 보였지만 목소리도 크지 않고 말투도 차분했기 때문에 뜻밖의 당찬 모습을 보았다고나 할까! 잠시 썰렁해진 분위기를 뒤로하고 미니버스(마르슈르트카)는 가르니 신전을 향해 출발했다. 가르니 신전은 게하르트 수도원에서 차로 15분 정도 걸리는 거리에 있다.

가르니 신전 (Garni Temple)은 코카서스 지역에서 유일하게 잘 보존된 헬레니즘 양식의 건축물이다. 가르니 신전이 있는 가르니 요새는 아자트 계곡(Azat Valley)이 내려다보이는 삼각형의 절벽 위에 자리 잡고 있으며 그 가장자리에 가르니 신전이 자리 잡고 있다. 신전으로 들어가는 입구에서 신전 건물까지는 평평하고 충분히 여유가 있어 아르메니아 가무단 수십 명이 공연을 할 수 있을 정도로 넓지만 신전 좌우와 뒷면은 절벽으로 차단되어 있었다.

▲ 가르니 신전

▲ 가르니 신전 앞 공연

가르니 신전은 아르메니아가 기독교 국가가 되기 전인 기원전 3세기에 아르메니아 왕조의 여름 별장으로 지어졌다가 1세기에 로마제국에 의해 파괴되었으며, 이후 티리다테스 1세(Tiridates 1)가 태양신 미트라(Mithra)에게 헌정하기 위해 이 신전을 재건하였다. 이 신전은 기독교 이전의 다신교를 숭배하던 신전이라 '이교도 신전'으로 불린다. 신전으로 들어가는 입구에 범상치 않게 보이는 석조물에는 그리스어로 비문이 새겨져 있는데 안내판에 '티리다테스 대왕이 통치 11년에 신전과 난공불락의 요새를 지었다'는 내용과 함께 신전이 로마 황제 네로의 후원을 받아 지어졌을 것이라는 내용도 함께 적혀있다.

멀리서 신전을 바라보았을 때 그리스 파르테논 신전과 너무나 닮았다고 느꼈다. 신전 앞쪽의 계단이라든지 프리즈(띠 모양으로 이루어지는 조각)의 식물 모티브, 아이오니아 식의 기둥 등은 헬레니즘 스타일이지만 건축자재는 대리석 대신 현무암을 사용하여 파르테논 신전보다 어두운 색이었다. 24개의 기둥이 떠받치고 있어 웅장한 모습을 보이는 데 24개의 숫자는 하루의 시간을 나타낸다고 한다. 내부의 기도실에는 채광과 환기를 위한 창을 천장에 뚫어 빛이 들어오는데 아르메니아 교회에서 많이 보던 모습이었다.

기독교가 국교로 공인된 이후 이 신전은 종교 중심시설로의 역할이 사라지고, 왕실의 여름 궁전으로 사용되면서 주변에 목욕탕과 교회도 건립되어 복합시설이 되었다. 1679년 가르니 협곡의 지진으로 신전도 붕괴되었는데, 수백 년이 지난 1969~1975년에서야 남아있는 여러 파편들을 모아 복원하였다. 멀리서 이 신전을 보았을 때 장엄하기도 하고 그리스 문명의 자락이 이 멀리에 남아 있어 반갑기도 했다. 우리는 가르니 신전이 유네스코 세계문화유산으로 등재되었을 것으로 생각했지만 원래의 건축물 대부분이 파괴되고 새롭게 복원되었기 때문에 잠정 리스트로도 올라가 있지 않다고 한다.

신전 밖으로 나가보니 신전을 둘러싼 경치가 일품이었고 특히 멀리 보이는 아자트 계곡의 주상절리 경관이 어찌나 뛰어난지 다음 코스인 가르니 협곡 주상절리에 대한 기대감이 올라갔다. 여러 포즈로 사진을 찍는 관광객 틈에 섞여서 사진을 찍고 있는데 영어로 "저를 기억하시겠어요?" 하는 소리가 들리기에 돌아보니 조지아에서 카즈베기 투어를 같이 했던 호주에서 온 엘라가 아닌가! 그녀는 혼자 택시로 조지아에서 아르메니아로 넘어왔고 이날도 현지 투어를 예약하지 못해서 혼자 택시를 대절하고 왔다고 했다. 아르메니아의 치안이 안전하다고 듣기는 했지만, 젊은 여성이 혼자 택시를 타고 국경을 넘다니 우리 딸이었으면 아마 말렸을 것 같다. 서로 다른 대륙의 사람들이 조지아의 카즈베기에서 그리고 아르메니아의 가르니에서 여행객으로서 만나 같이 사진을 찍기도 하고 여행의 기쁨을 같이 나누기도 했다.

신전 바로 옆의 성 시온교회(St. Sion Church) 터로 가보았는데 교회 건물은 완전히 파괴되고 원형의 벽과 파편들만 보여 교회가 어떤 모양이었을지 감이 오지 않았다. 그러자 우리의 열혈 가이드는 파괴되기 전의 모습으로 복원한 시온교회와 가르니 신전이 나란히 서 있는 그림을 보여주었다. 3층의 원통형으로 생긴 교회는 '이교도 신전'인 가르니 신전보다 훨씬 크고 웅장한 모습인데 이제는 흔적도 없이 사라졌다.

▲ 가르니 신전 앞 왕실 여름궁전 목욕탕 타일   ▲ 궁전 목욕탕 타일 복원품, 국립역사박물관 전시품

시온 교회 터와 마찬가지로 터만 남아있는 왕궁터를 지나 목욕탕 유적으로 가보았다. 1세기에 지어진 목욕탕의 바닥에는 모자이크 일부만 남아 있었다. 목욕탕은 전실, 열탕·온탕·냉탕 등 3개의 목욕탕, 휴게실 등 모두 5개의 방으로 이뤄져 있었을 것으로 추정한다. 휴게실로 추정되는 곳의 바닥 모자이크가 그리스 신화에 나오는 신, 반신반인(semi-gods), 다양한 물고기, 어부를 묘사하고 있다고 하지만, 워낙 낡고 훼손되어 잘 보이지 않았다. 가이드는 예레반 국립 역사박물관에 모자이크의 복원품이 있다고 알려주어 우리는 다음날 국립 역사박물관에서 그 복원품을 찾아냈다. 완진히 복원된 것은 아니고 상당 부분이 훼손되어 있었지만, 목욕탕 바닥에서 본 것보다는 선명해서 알아보기 쉬웠고 여러 모자이크 조각도 같이 전시되어 있었다. 이 복원품을 보니 가르니 신전의 투어에서 맞춰지지 않던 퍼즐 조각이 박물관에서 맞춰진 것 같은 느낌이 들었다. 가르니 신전 투어를 통하여 아르메니아기 그리스 및 로마와 교류한 흔적을 볼 수 있었고 아르메니아의 오래된 역사를 새삼스럽게 실감하였다.

가르니 신전을 나온 우리 일행들은 주상절리로 가기 전에 식당의 한편에서 아르메니아 전통 빵인 라바쉬를 만드는 모습을 구경할 기회가 있었다. 아르메니아의 전통 빵인 라바쉬(Lavash)는 2014년에 유네스코 무형문화재산 등록되었다. 반죽을 얇게 원형으로 편 후 전통 화덕에서 굽는 방식으로 라바쉬를 만드는데 조지아의 전통 빵인 쇼티(Shoti)와 모양만 다를 뿐 화덕에서 굽는 방법은 비슷해 보였다. 길쭉하고 입체적인 쇼티에 비해 라바쉬는 얇고 둥글다. 쇼티가 라바쉬보다 훨씬 두껍고 빵 같은 맛이지만, 라바쉬는 얇아서 그런지 좀 더 가벼운 느낌이고 인도의 난과 비슷한 식감이다. 라바쉬는 생명을 연결하는 상징이기도 해서 아르메니아의 전통 결혼식에서는 신랑 신부의 어깨에 라바쉬를 얹어 축하하는 관습이 있다.

식당의 한 편에서 연신 라바쉬를 만드는 두 명의 아주머니가 갓 구운 것을 그냥 가져가라며 끊임없이 나누어주었다. 점심을 앞두고 살짝 출출한 탓인지 우리 일행들은 앞을 다투어 받아먹었다. 라바쉬는 따로 먹는

▲ 라바쉬 만드는 여인들

게 아니라 음식에 싸서 먹는 것이라고 들었지만 그냥 먹어도 고소하고 맛있기에 식전임에도 많이 먹었는데 이때 안 먹었으면 낭패를 볼 뻔했다. 점심으로 나온 닭고기 바비큐가 너무 딱딱하게 구워져서 맛이 없었기 때문이다. 그나마 수프는 먹을 만해서 그날의 점심 식사는 수프와 라바쉬로 때운 셈이었다.

식사하기에 앞서 영어를 사용하는 그룹과 러시아어를 사용하는 그룹으로 자연스럽게 나뉘어 앉게 되었고 우리는 부부와 딸이 함께 여행 중인 네덜란드 가족 3명과 같은 테이블에 앉았다. 처음에는 서먹서먹하였지만 서로 이야기를 나누면서 금방 친해졌다. 우리가 한국에서 온 것을 알고는 엄마는 '강남 스타일', 딸은 BTS, 아빠는 히딩크 감독을 말하는데 한국에 대하여 아는 것도 많고 호의적이기도 했다. '하멜 표류기'를 쓴 하멜을 아느냐고 물어봤더니 잘 모른다며 쑥스러워하면서 열심히 인터넷을 검색하기도 했는데 덕분에 화기애애한 분위기가 계속 이어져 맛없는 닭고기 바비큐에 대한 불만을 제쳐둘 수 있었다.

가르니 주상절리

가르니 신전에서 내려다보이는 가르니 주상절리는 세계 최대의 주상절리라고 하여도 과언이 아니며 대충 찍어도 인생 샷을 건질 수 있는 또 하나의 명소이다. 개인적으로 아르메니아에서 '대충 찍어도 인생 샷이 나오는 장소'는 세반나 수도원, 호르비랍 언덕에서 바라보는 아라라트 산, 가르니 주상절리 등 세 군데라고 본다. 특히 가르니 주상 절리의 장관에 눈이 휘둥그레지는데 카메라가 다 담아내지 못하는 압도적인 장엄함과 신비로움을 담고 있었다.

주상절리는 화산으로 인해 생긴 용암이 식을 때 수축 작용으로 균열이 발생하여 형성되는데 이곳은 돌의 기둥들이 마치 오르간처럼 길게 늘어선 모습이고 바람 소리나 물소리, 새소리가 주상절리의 벽면을 따라 증폭되어 울리기도 하여 돌들의 심포니(Symphony of Stones)라고 불린다. 오르간을 닮은 길쭉한 기둥들은 하나같이 정교한 모습으로 허공에 정렬되어 있다. 한 곳을 보면 물결처럼 일렁이는 장면을 붓으로 그린 듯한 모습도 있고 다른 곳은 벌꿀 집과 같은 양상이며 동굴 형태를 이룬 곳도 있다. 걸을수록 계속 새로운 모양의 주상절리가 광범위하게 펼쳐져 입을 다물 수가 없었다. 제주, 철원, 경주에서 본 주상절리 또는 튀르키예 카파도키아와 타이완의 예류 지질공원에서 보았던 산풍이나 해풍이 만든 자연의 오묘함과 비교해도 이곳이 훨씬 뛰어나다.

가르니 신전에서 주상절리로 갈 때 신전 옆의 계곡 아래로 내려가는 길도 있다고 하지만 가파른 경사 때문에 많은 사람들은 차로 이동하거나 마을을 따라 도보로 이동하는데 간혹 투어 코스에 가르니 신전만 있고 주상절리가 포함되지 않아서 보지 못했다는 사람들을 보면 안타깝다. 투어를 마친 후 가이드가 우리 일행에게 오늘 방문 한 장소 중에서 어디가 가장 마음에 드는지 물었을 때 다들 만장일치로 가르니 주상절리를 꼽았는데, 이란 여성이 진지한 얼굴로 "인간이 만든 곳이 자연을 이길 수는 없는 것 같아요."라고 말하던 모습에 모두 동의했다. 가르니 주상절리는 카메라가 담을 수 없는 자연의 신비로움이 있기에 아르메니아에 갈 기회가 있다면 방문할 것을 권하고 싶다.

▲ 가르니 주상절리

Ⅲ. 돌의 나라 **아르메니아**

예레반 남쪽: 호르 비랍 수도원과 아라라트산, 아레니-1 동굴

호르비랍 수도원과 아라라트산

아르메니아에서 사도교회를 통하여 기독교가 퍼져나가기는 했으나 왕들은 기독교를 쉽사리 인정하지 않았으며, 성 그레고리(St. Gregory Illuminator)를 통하여 아르메니아에서 기독교가 공인되기까지 험난한 과정을 밟아야 했다. 성 그레고리의 아버지는 당시 아르메니아 왕을 죽이라는 페르시아 왕의 지시를 받아 2년간 암약한 끝에 왕과 왕비를 살해하였다. 왕족 가운데 살아남은 사람은 2살의 티리다테스 3세(Tiridates 3)뿐이었으며 그는 로마제국에서 훈육되었다. 성 그레고리의 아버지는 왕을 암살한 이후 페르시아로 탈출하려다가 잡혀 어린 그레고리를 제외한 모든 가족이 몰살당했다. 당시 로마제국과 사산조 페르시아가 각축하고 있었는데 로마제국은 사산조 페르시아를 아르메니아에서 몰아낸 다음 훈육해 오던 티리다테스 3세를 아르메니아 왕으로 돌려보냈다. 이에 티리다테스 3세는 기독교를 박해하던 디오클레디아누스 로마 황제와 긴밀하게 협력하면서 자신도 기독교를 심하게 박해하였다.

한편, 어린 그레고리는 가명을 사용하면서 기독교가 뿌리를 내리던 카파도키아에서 자랐다. 기독교 교육을 받아 성장한 그는 부친의 잘못을 만회하기 위하여 아르메니아로 귀국하여 궁정에서 활동하였다. 이러한 가운데 아르메니아의 티리다테스 왕은 치유와 다산의 여신(Anahit)을 진실하게 믿으면서 신하들도 이에 경의를 표하도록 하였는데 성 그레고리는 이를 따르지 않고 자신이 기독교인임을 밝혔다. 왕은 자신의 명령을 따르지 않는 그레고리를 용납할 수 없었을 뿐만 아니라 자기 부친을 살해한

▲ 호르비랍 수도원

사람의 아들임이 밝혀지자 깊숙한 지하 감옥(Khor Virap)에 감금하였는데 이때가 288년이었다.

그레고리는 이 감옥에서 빛을 보지 못한 가운데 13년간 유치되었으며, 어느 여성이 제공하는 음식으로 겨우 연명했다. 왕은 기독교 신자들을 박해하는 한편 페르시아와 로마제국 등 강국의 영향에서도 벗어나 아르메니아의 위상을 확장해 나가자, 사람들은 그를 티리다테스 대제(Tiridates the Great)라고 불렀다. 그러나 위세가 당당했던 왕이 갑자기 멧돼지와 같이 행동하는 병(lycnathropy)에 걸려 기이한 행동을 하고 정신을 헤매는 병에 걸려 아무리 노력해도 고치기 어려웠고 치유법을 찾을 수 없었다. 이런 가운데 왕의 여동생 호스로비둑트(Khosrovidukht)는 그레고리가 왕을 치유하는 꿈을 꾼 후 그를 감옥에서 데려 나와 왕을 치유하게 하였다. 신기하게도 그레고리의 기도로 왕의 병이 말끔히 치유되었으며 이후 티리다테스 왕은 기독교 신자가 되어 당시 지배적이던 이교와 조로아스터교를 배척하고 301년에 아르메니아를 기독교 국가로 선언하였다. 왕은 또한 그레고리를 성자의 반열로 선포하였다. 그레고리는 이후 성 그레고리 신부(St. Gregory the Illuminator)라고 불리며 아르메니아의 성자로 가장 존경받는 인물이 되었다.

아르메니아를 방문하는 사람들에게 가장 인기 있는 곳은 호르비랍 수도원에서 바라보는 아라라트산이다. 우리 역시 예레반 시내나 시외 다른 지역의 단체 여행에 앞서 호르비랍(Khor Virap) 수도원을 먼저 방문하기로 했다. 이에 예레반에 도착한 이후 바로 호르비랍 수도원을 왕복하는 개별 일정을 예약하여 다음 날 아침 떠났다. 예레반을 벗어나 호릅비랍 수도원으로 어느 정도 가니 하얀 눈이 쌓인 아라라트산이 저 멀리 보인다. 마침, 우리가 방문한 날은 날씨가 쾌청해서 수도원에 도착하기도 전부터 아라라트산이 보이기 시작하여 흔들리는 차 속에서부터 사진을 찍느라 바빴다. 이후에 예레반이나 시외를 방문하면서 아라라트산을 여러 차례 보려 했지만, 날씨가 흐리거나 구름이 끼어 제대로 볼 수 없었는데 호르비랍을 방문하는 기회에 선명하게 본 것은 행운이었다.

호르비랍 수도원에 도착하여 보니 아라라트산이 가까이서 선명하게 보였다. 아라라트산은 노아의 방주가 정박했던 곳으로 알려져서 아르메니아인들이 영산靈山으로 여기고 있다. 성 그레고리가 갇혀 있었던 수도원은 둘째 치고라도 호르비랍이 위치한 언덕에서 만년설로 덮인 아라라트산을 바라보는 것 그 자체로 가볼 만하다. 아라라트산에서 발견된 노아의 방주 파편이 에치미아진의 박물관에 성물로 보관되어 있을 만큼 아르메니아인들에게

▲ 아르메니아에서 보는 튀르키예 영내의 아라라트산

아라라트산은 특별하다. 또한 아르메니아 화폐에서부터 은행 이름, 코냑 이름에 이르기까지 아라라트라는 이름이 사방에 등장하지만 정작 아라라트산은 튀르키예 영토 내에 있다. 호르비랍 수도원이 위치한 뒤편 언덕에서 아라라트산을 보면 그 중간에 아르메니아와 튀르키예 간의 국경 철조망이 쭉 쳐져 있다. 튀르키예의 앙카라에서 근무하면서 아르메니아와 가까운 카르스

(Kars) 도시를 방문하기는 하였으나 그곳에서 아라라트산으로 가는 길은 한적하고 시간도 오래 걸려 가지 못했다. 정작 튀르키예에서는 아라라트산을 보지 못했다가 뜻밖에 아르메니아에서 보게 되어 감개무량했다.

나지막한 언덕에 위치한 호르비랍 수도원에는 종탑과 돔으로 이루어진 성모교회와 성 그레고리가 갇혀 있던 지하 감옥 위에 세운 성 그레고리 교회가 있다. 성모교회의 제단에는 성모자상이, 옆 벽면 한쪽은 사도 바르톨로메오와 사도 타대오, 다른 쪽은 성 그레고리와 티리다테스 3세의 그림이 걸려 있었다. 성 그레고리 교회는 성모교회보다 좀 더 어둡고 간소하면서

▲ 호르비랍 수도원 내부

▲ 호르비랍 지하 감옥 내부

▲ 호르비랍 수도원 지하감옥으로 내려가는 사다리

도 경건한 분위기였으며 성모자상, 성 그레고리의 초상화, 성 그레고리가 티리다테스 3세를 치료하는 그림이 걸려 있다. 성 그레고리가 유폐되었다는 6.5미터 깊이에 있는 지하 감옥을 내려가 보면 경건한 분위기는 더욱 고조된다. 사다리의 폭이 좁아 동시에 내려가고 올라갈 수 없고 한 사람만이 겨우 내려갈 수 있는 철제 사다리를 이용해야 한다. 사고를 방지하기 위하여 암묵적으로 몇 명이 내려갔다가 둘러보고 올라온 후 다른 사람이 내려가는 식이어서 오랜 시간 기다려야 내려갈 수 있었다. 좁고 침침한 지하 감옥은 지름이 4.5미터 정도의 동그란 공간인데 그 벽면에 성 그레고리의 성화가 쓸쓸하게 걸려 있었다. 성 그레고리는 13년 동안 전갈과 거미들이 들끓는 이곳에서 지냈다고 하는데 죽지 않고 살아남아 모두 놀랐다고 한다.

호르비랍을 나와 산등성으로 올라가니 높은 깃대가 보이는데 십자가가 제일 위에 나부끼고 그 아래에 아르메니아 국기가 걸려 있다. 이러한 것을 보아도 아르메니아 사람들이 종교를 얼마나 중요시하고 가까이하고

▲ 호르비랍 언덕

있는 것을 알 수 있다. 호르비랍에서 선명하게 보이는 아라라트산을 바라보면서 한동안 앉아 있다가 아쉬움을 뒤로 하고 다시 예레반으로 발길을 돌렸다. 돌아오는 길의 주변 인가에 둥지를 트고 있는 새집이 보인다. 호르비랍 입구에서도 비둘기를 파는 사람들을 봤는데 아르메니아 사람들은 비둘기를 하늘에 날려 보내면 죄를 용서받는다고 믿고 있다. 비둘기는 기독교에서 평화와 용서의 상징이 아닌가! 인간과 조류가 같이 하고 신과 인간이 호흡을 같이하는 호르비랍은 아라라트산을 배경으로 하고 있어 정말 가볼 만한 곳이다.

아레니-1 동굴

아레니-1 동굴은 예레반 남쪽으로 두어 시간 가는 곳에 있는데 손상되지 않은 가죽신 한 짝이 발견되면서 유명해졌다. 이 가죽신은 24.5센티 길이에 7.6~10센티 넓이의 오른쪽 신발로 바위 아래 지푸라기 속에서 발견되었으며, 기원전 3,600~3,500여 년 전에 만들어졌던 것으로 분석되었다. 아르메니아·아일랜드·미국 공동 발굴팀이 가죽신을 발견한 곳은 아레나-1 단지인데 예레반 남쪽 노라 수도원(Noravank)으로 향하는 계곡에 새들의 보금자리로 많은 새들이 들락날락하고 있었다. 발견된 가죽신은 아르메니아 국립 역사박물관에 전시되어 있으며 아르메니아의 대표적인 유물로 소개되고 있다. 고고학 발굴팀은 왼쪽 가죽신 또는 다른 가죽신을 발견하기 위하여 발굴 사업을 계속하고 있다.

동굴로 깊숙이 들어가면 고대인들의 거주지로 추정되는 곳이 여럿 나오고 그곳에서 커다란 토기·구리 제품·인골·옷가지·음식 쓰레기 등도 함께 발견되었다. 엄청난 크기의 토기와 음식 씨앗으로부터 기원전 4,000여 년 전부터 이곳에서 와인을 만들었다는 것을 알 수 있어 아르메니아의 역사에서도 중요한 곳이다. 코카서스 3국 가운데 조지아의 와인이 유명하지만, 아르메니아 역시 많은 포도를 재배하고 있어 세계적으로 유명한 코냑 이외에도 와인에 대하여 커다란 자부심을 가지고 있고 소개하고 있다. 이곳 아레니-1 발굴단지가 오래전부터 와인을 만든 장소라고 소개하고 있는데 이러한 이유로 아르메니아 와인 브랜드 가운데 아레니가 유명하다.

▲ 아레니 동굴, 기원전 3,600~3,500년 가죽신이 발견된 곳 (신발모양이 보이는 곳 아래)

코카서스 음식

현지 음식이 입맛에 맞으면 여행의 기쁨이 배가 되고 각 나라의 음식 종류나 특징을 알고 가면 식사 시간이 즐거워진다. 코카서스 3국의 경우 비슷한 문화권이기에 음식 역시 공통된 점이 많다. 우리는 밥이 주식이나, 코카서스 3국은 빵이 주식으로 식사 때마다 빵이 나온다. 예전 튀르키예에서 한식을 소개하기 위하여 대기업 회장을 초청했는데 밥을 먹지 못하고 빵을 찾아 곤혹스러웠던 기억이 난다. 코카서스 지역을 여행하면서 식당에 가면 의례 빵을 가져다주는데 세 나라 각각 빵의 특징이 있다. 또한 생선보다 고기를 즐겨 먹는데 양고기, 닭고기 등으로 만든 꼬치구이(샤슐릭)를 즐겨 먹는다. 아울러 세 나라 공히 건조한 기후로 포도가 널리 재배되고 있으며 과일도 풍성하고 당도가 높다.

코카서스 3국: 돌마(Dolma)

돌마는 코카서스 3국에서 즐겨 먹는 음식이다. 우리는 튀르키예에 거주했을 때 돌마를 많이 먹어봤기에 그 맛에 익숙했다. 불린 쌀에 소고기나

돼지고기를 섞어서 다진 후 양파, 허브, 소금, 후추를 넣어 포도잎에 재료를 돌돌 말아 쪄서 소스에 찍어 먹는다. 아제르바이잔 투어가이드는 아제르바이잔 돌마가 튀르키예 돌마보다 크기가 작다고 한다. 돌마를 포도잎 대신 양배추로도 만드는데 아제르바이잔에서는 포도 잎으로 만든 돌마를 야그파르 돌마스라고 하고, 양배추로 만든 돌마를 캘램 돌마스라고 부른다. 아제르바이잔에서는 마늘을 넣은 가트그(요거트) 또는 일반 가트그(요거트) 등 소스와 함께 돌마를 먹는다.

아제르바이잔: 쿠탑·필라프·사즈 이치 등

쿠탑(Qutab): 전통적인 빵으로 버무린 고기, 시금치 등 채소, 호박 등 다양한 속으로 반죽을 만들어 사즈(Saj)라고 불리는 얇은 철판 위에서 조리하여 얇게 말아 만든다. 내용물에 따라 고기 쿠탑·채소 쿠탑·호박 쿠탑·내장 쿠탑으로 불린다. 또한 지역마다 쿠납도 약간 달라 지역 이름을 앞에 붙여 간자 쿠탑·나흐치반 쿠탑 등으로 부른다. 주요리 전에 전채로 먹기 좋도록 나오며 간식으로도 먹기 좋다.

필라프(Pilaf): 양고기 또는 소고기, 말린 과일, 호두·밤 등 견과류를 조금씩 넣어 샤프란 향내 나는 오일을 뿌려 만든 밥이다. 처음 먹을 때는 썩 내키지 않지만 먹을수록 입맛을 당긴다.

사즈 이치(Sajichi): 대표적인 전통 음식인 사즈 이치는 사즈(Saj)라고 불리는 얇은 철판에 양고기나 소고기, 닭고기 등의 고기를 넣고 감자, 가지, 토마토, 양파 등의 채소를 넣어 볶은 요리이다. 철판 채로 나와서 따

뜻하게 먹을 수 있고 한국인의 입맛에도 잘 맞으며 상당히 맛이 있다. 사즈 이치는 가족이나 친구들과 함께 둘러앉아 나눠 먹는 음식이다.

캐비어(Caviar): 주로 카스피해 및 흑해에 서식하는 철갑상어의 알로, 이 가운데 아제르바이잔 캐비어가 품질이 뛰어난 것으로 알려져 있다. 가격이 비싸 일반 상점에서 발견하기 쉽지가 않고 일반 식당에서도 캐비어를 찾아보기 어렵다.

조지아: 하차푸리·쇼티·힌칼리·하르초 등

하차푸리(Khachapuri): 조지아에서 거의 매일 빠지지 않고 먹었던 음식은 하차푸리(Khachapuri)였는데 조지아식 피자라고 보면 된다. 하차푸리는 종류가 여러 가지인데 이메룰리 하차푸리(Imeruli Khachapuri)는 피자 모양의 빵 속에 치즈가 들어있어 고소하고 맛있으며 하차푸리의 가장 기본적인 형태라고 할 수 있다. 이에서 발전하여 빵 위에 치즈가 올라간 메그룰리 하차푸리(Megruli Khachapuri)가 있다. 가장 유명한 아자룰리 하차푸리(Adjaruli Khachapuri)는 배 모양으로 생겼으며 위에 치즈와 계란이 토핑처럼 올라가 있다. 이 외에도 각종의 하차푸리가 있다. 고급 식당에서뿐만 아니라 길거리의 간이 식당이나 하차푸리만을 파는 빵집 등 여러 식당에서 접할 수 있다. 한 판 또는 조각으로도 파는데 하차푸리 두 조각과 하르초(Kharcho) 수프 정도면 간단한 한 끼 식사로 충분하다.

▲ 이메룰리 하차푸리

▲ 아자룰리 하차푸리

▲ 메그롤리 하차푸리

쇼티 (Shoti): 화덕에서 구워내는 조지아의 전통 빵이다. 밀가루 반죽을 길쭉하게 만들어 화덕의 안쪽 벽에 던져서 붙인 후 구워내는데 담백하고 바삭하면서도 딱딱하지 않아 질리지 않는 맛이다. 트빌리시 호텔 근처와 시그나기 투어 때 화덕에서 굽는 것을 직접 봤는데 갓 구워낸 쇼티의 맛을 두고두고 잊을 수 없다. 조지아의 일일 여행 프로그램에는 쇼티를 만드는 과정을 체험하는 코스가 포함된 경우가 많다.

힌깔리(khinkali): 하차푸리와 함께 조지아를 대표하는 음식으로 우리의 만두와 비슷하다. 속에 넣는 고기는 다진 소고기와 돼지고기를 반반 섞어서 넣거나 소고기와 양고기를 반반 섞기도 하고 새우를 넣기도 하며 고기에 버섯, 감자, 양파, 계절 채소 등을 버무려 넣어 만든다. 만두피는 우리나라 만두보다 두껍고 크기도 커서 한입에 먹기는 힘들다. 이 음식은 아시아 쪽에서 전래한 것으로 알려져 있다. 포크를 쓰기보다 손으로 바로 먹는 것이 이곳 사람들의 습관으로 꼭지처럼 생긴 부분을 손으로 잡고 뒤집어서 육즙을 먹은 후에 나머지를 먹는다. 꼭지는 먹지 않고 남겨놓아 몇 개나 먹었는지를 세도록 한다. 조지아 여행 가이드는 힌칼리가 선풍기의 팬과 같이 동그랗게 나열된 모습을 띠는데 이는 태양을 의미하며, 조지아 동전도 이러한 모습이어서 조지아 인들이 태양에 대한 동경심을 나타내는 것이라고 설명한다. 우리나라의 냉동만두처럼 힌깔리도 냉동 상태로 마트에서 파는 것을 사다가 조리해 먹기도 한다.

하르초(Kharcho): 우리나라 육개장과 비슷한, 매콤한 소고기 수프다. 여행이 길어지면서 한국 음식이 생각날 무렵에 먹어선지 아주 맛있게 먹었던 기억이 난다. 소고기와 쌀, 허브를 사용하여 걸쭉하게 끓여 먹는다.

로비오(Lobio): 콩과 양파, 마늘, 허브 그리고 양념이 들어간 콩 수프로 토기 그릇에 담겨 나온다. 빵과 함께 먹으면 가벼운 한 끼 식사도 가능하며 조지아 사람들은 로비오에 피클을 곁들여 먹는다. 시그나기 레스토랑에서 맛본 로비오는 고소하고 우리 입맛에 잘 맞았다.

므츠바디(Mtsvadi): 아제르바이잔·러시아의 샤슬릭이나 튀르키예의 케밥 같은 조지아의 꼬치구이로 소고기나 닭고기, 돼지고기, 양고기 등의 고기를 쇠꼬챙이에 꽂아 포도나무 장작에 구워내는 음식이다. 돼지고기를 사용한 므츠바디가 가장 인기가 높다. 접시에 낼 때는 꼬치를 빼고 양파를 토핑으로 얹어준다.

시크메룰리(Shkmeruli): 닭고기 요리로 튀긴 닭과 마늘을 조지아의 전통 토기에 담아 크림소스를 부어 오븐에 조리한 요리이다. 카즈베기 투어 때 일행이 시킨 음식을 나눠주어 맛보았는데 느끼해 보였지만 먹어보니 고소하고 맛있었다.

가지 요리(Nigvziani Badrijani): 볶은 가지 속에 마늘, 견과류, 고수를 넣어 말아서 석류를 뿌려 먹는 조지아 요리이다. 백화점 식품 판매대의 테이크아웃 식품으로도 인기가 많은데 다이어트식이라 그런지 여성들이 더 선호하는 듯하다. 카즈베기 투어 때 일행이 맛보라고 권해서 먹어봤는데 맛은 건강한 맛이었다.

소꼬 케체(Soko Ketse): 양송이 치즈구이로 양송이버섯의 안을 버터를 채운 후 먼저 버터가 녹을 때까지 구워낸다. 이후에 조지아 술구니(Sulgumi) 치즈를 올려 치즈가 완전히 녹을 때까지 한 번 더 구워낸다. 양

송이버섯과 치즈의 조합이라 호불호가 있을 수 없는 맛 있는 요리로 한국인들 입맛에도 잘 맞는 음식이다. 외국 관광객들은 소꼬 케체를 부르기 쉽게 술구니라고 한다.

아르메니아: 라바쉬·호로바트·송어화덕구이

라바쉬(Labash): 조지아의 화덕 구이 빵이 쇼티라면 아르메니아에는 라바쉬가 있다. 쇼티가 좀 더 두껍고 빵 맛이고 라바쉬는 인도의 난처럼 가벼운 맛이다. 쇼티는 밀가루 반죽을 길쭉하게 만들지만, 라바쉬는 반죽을 가능한 한 얇게 원형으로 만든다. 라바쉬도 쇼티처럼 화덕의 안쪽 벽에 붙였다가 조금 있다가 끄집어내면 된다. 라바쉬는 그냥 먹기도 하고

고기 또는 채소 등을 넣어 말아 케밥과 같이 만들어 먹으면 된다. 라바쉬는 유네스코 세계 무형 문화유산에 등재되었으며 쇼티처럼 라바쉬도 일일 여행 프로그램에 라바쉬를 만드는 과정을 체험할 수 있도록 포함하는 경우가 많다.

라바쉬에 대한 설화도 있다. 고대 아람(Aram)이라는 아르메니아 왕이 노소르(Nosor)라는 아시리아 왕에게 전쟁에 패배하여 포로로 잡혔다. 노소르 왕은 아람 왕에게 열흘 동안 아무것도 먹지 않은 가운데 11일째 화살 쏘기 경쟁하여 자신을 이기면 놓아 주겠다고 하였다. 이에 아람 왕은 아시리아 전령에게 아르메니아 군대로부터 양궁을 위한 보호 장비를 만들어 전달해 달라고 요청하였다. 아르메니아 군대는 자신들의 왕이 원하는 것을 이해하여 보호 장비에 라바쉬를 같이 넣어 보냈다. 그러나 포로로 잡힌 아르메니아 왕은 아시리아 전령으로부터 장비를 받을 때마다 만족하지 못하여 다시 만들어달라고 하여 아시리아 전령은 열흘 동안 매번 새로운 장비를 가져다주곤 하였는데 실제로 이 장비에는 얇은 라바쉬가 감추어져 있었다. 이제 11일째가 되어 노소르 왕은 아람 왕이 아무것도 먹지 못하여 기력을 잃었겠다고 생각하고 경쟁을 하였는데 놀랍게도 아람 왕이 이겼고 무사히 아르메니아로 귀환히였다. 라바쉬는 왕의 생명을 구하였기에 왕은 귀환하자마자 모든 백성이 라바쉬를 만들어 먹도록 하였다는 일화다.

호로바트(Khorovats): 바비큐 꼬치구이인 호로바트는 돼지고기를 가장 많이 사용하며 소고기와 닭고기도 사용한다.

송어 화덕 구이: 아르메니아의 세반 호수에서 잡히는 송어는 '물고기의 왕자'라고 불리며 맛이 뛰어나기로 유명하다. 세반 호수에 들렀을 때 송어 화덕 구이를 먹었는데 연어 비슷한 모양과 맛에 적당히 기름기가 있어 맛있게 먹었다.

기타: 렌틸 수프(Lentil Soup)

렌틸 수프는 코카서스의 대표 음식까지는 아니지만 코카서스 식당 메뉴에 대체로 있고 한국인의 입맛에 잘 맞기에 소개한다. 우리는 튀르키예에 거주했을 때 렌틸 수프를 즐겨 먹었고 집에서 만들어 먹기도 했기에 조지아와 아르메니아 식당 메뉴에서 렌틸 수프를 보고 반가워하며 주문했다. 중불에서 양파와 마늘을 볶다가 감자(당근도 넣기도 한다)를 넣고 큐민과 강황 가루를 넣어 좀 더 볶은 후 렌틸콩을 넣어 30~40분 끓인다. 그 후 핸드 블렌더에 갈아서 우유를 조금 넣어 더 끓인 후 소금 후추로 간하여 그릇에 담고 레몬 한 조각을 곁들여 낸다. 고소한 맛이 일품이라 한국인의 입맛에 잘 맞는다. 튀르키예 사람들은 모든 수프에 소금을 엄청나게 넣는데 렌틸 수프도 예외는 아니었던 기억이 난다.

아르메니아의 살구, 조지아의 체리

살구는 석류, 포도와 함께 아르메니아를 대표하는 과일인데 그중에서도 특히 살구를 '아르메니아의 과일'이라고 부른다. 아르메니아의 살구는 6월 하순부터 7월 하순까지 수확 기간이다. 6월 하순에 길거리, 식당, 마켓 등에서 살구를 접할 수 있는데 어느 곳보다도 달아 그 맛에 있어서 단연 뛰어나다. 바로 이웃 국가인 조지아에서도 살구를 접하였는데 그 색깔과 모양이 같은데 맛은 미치지 못하였다.

반대로 조지아의 체리는 달고 맛있었지만, 아르메니아의 체리는 조지아보다 못하였다. 선입견 때문인지 그러한지는 모르겠지만 바로 이웃한 국가 간에서 기후와 토양에 따라 과일의 특성이 다르다는 것이 또 다른 자연의 오묘함이다.

코카서스 여행 정보

코카서스 3국(아제르바이잔, 조지아, 아르메니아)을 방문하는 사람들이 늘어나고 있는 가운데 단체여행을 하는 경우 투어가이드가 있기에 신경 쓸 필요가 없다. 그러나 개별여행을 하는 사람들은 확인하거나 준비할 것이 적지 않은데 우리 역시 여행을 준비하면서 머무는 곳이나 이동에 대하여 여러 조사를 하였다.

실제로 코카서스 3국 여행을 마치고 보니 조그마한 사전 지식과 정보를 가지게 되면 3국을 방문하는 것이 그다지 염려할 것이 없고 오히려 개인적으로 일정을 짤 수 있어 여행의 깊이가 더해질 수 있다는 생각이 든다.

3국 여행 일정 잡기

아제르바이잔과 아르메니아는 전쟁을 치르는 등 상호 분쟁으로 아직 외교관계가 없고 국경도 닫혀 있다. 게다가 아제르바이잔은 코카서스 3국 중 유일하게 비자를 받아야 하는데 여행 일정을 구상할 때 이러한 요인을 염두에 두어야 한다. 아르메니아를 먼저 방문하면 아제르바이잔에 입국할 때 까다롭다고도 하며, 아제르바이잔을 먼저 방문할 경우 아르메니아에 입국할 때 무작위로 아제르바이잔 방문 목적을 묻기도 한다. 우리의 경우 아제르바이잔-조지아-아르메니아 순으로 여행하였는데 아제르바이잔의 경우 입국 비자를 사전에 받아 별다른 문제가 없었다. 조지아에서도 바로 통과되었으나 오히려 아르메니아에 입국할 때 숙소 및 방문 목적 등 여러 가지를 물어 예상보다 오랜 시간이 걸렸지만, 입국에 어려움은 없었다.

통상 코카서스 내 3국 방문 계획을 정할 경우 한국-(카타르, UAE, 중앙아시아 경유)- 아제르바이잔- 조지아- 아르메니아-(카타르, UAE 경유)-한국 일정을 계획하면 무리가 없을 것이다. 대부분의 관광객은 코카서스 3국을 이동할 때 육로로 이동하는데, 그 경로를 보면 아제르바이잔의 바쿠 및 근교 지역을 보고 세키(세계문화유산 도시, 실크로드 도시)를 경유하여 조지아 국경을 통과한다. 이후 조지아 동부에 위치한 와인 중심도시인 시그나기를 지나 조지아 여러 지역을 돌아보며 수도인 트빌리시를 떠나 아르메니아 국경으로 이동한다. 아르메니아에서는 수도인 예레반과 여러 지역을 관광한 이후 이곳에서 제3국을 통하여 귀국하는 일정을 가진다. 우리는 아제르바이잔-조지아는 항공편으로, 조지아-아르메니아는 육로로 이동했다. 조지아와 아르메니아를 오가는 항공편도 있긴 하지만 오히려 시간 또는 비용 측면에서 육로 이동이 더 효율적이어서 대부분의 관광객은 버스로 이동하며 도중에 관광지에 들르는 코스를 택하기도 한다.

안전 문제

개별여행을 하다 보면 방문국이 안전한지를 가장 먼저 확인하게 된다. 세 나라에서 널리 알려진 곳 중심으로 다녔으며, 그러다 보니 불안하다는 느낌이 전혀 들지 않았다. 대체로 아침 7시경 시내를 둘러보기도 하고, 오전 8시부터 일정을 시작하여 저녁 10시 이전에 일정을 다 마무리하였다. 코카서스 3국의 경제 수준이 우리의 1970년대와 비슷한 정도로 비록 소득 수준이 높지는 않지만, 역사와 전통이 깊어 볼 것이 많다. 사람들은 방문객에 대해서는 친절하게 대하여 주어 편안함을 느꼈다. 한국의 K-문화에 대한 관심이 크고, 심지어 출입국 수속을 하면서 한국말로 "안녕하세요" 등으로 친밀감을 표시하기도 하여 우리 문화에 대한 자긍심도 가지게 되었다.

입국 비자

코카서스 3국 중 아제르바이잔은 비자를 요구하는데, 공항에 도착하여 비자를 받을 경우보다 미리 한국에서 E-비자를 신청할 경우 조금 저렴하다. E-비자는 통상 3일 정도(주말 제외) 소요되며, 비용을 떠나서 미리 비자를 받아두면 아제르바이잔 입국 때 훨씬 시간이 절약된다. 조지아와 아르메니아는 한국인에 대하여 일정 기간 비자를 면제하고 있다.

환전

공항을 나서면 바로 그 나라 화폐를 사용하기 위하여 환전하게 된다. 대부분의 나라들에 있어 공항과 시내의 환전 시 환율 차이가 다소 나는 데 반해, 코카서스 3국에서는 공항이나 시내 환전소에서나 그 차이를 별로 느끼지 못하였다. 그럼에도 공항에서 소액을 환전하고 시내에서 환전하면서 차이를 알아보는 것도 어떨까 한다.

아제르바이잔에서는 공항에서 소액만 환전하고 시내의 환전소에서 주로 환전하였다. 조지아에서는 환율 차이가 거의 없어 공항에서 많이 환전하였으며, 아르메니아에서는 국경을 지나 소액만 환전하고 주로 시내 환전소를 이용하여 환전하였다. 환전소도 늦게까지 운영되어 크게 걱정할 필요는 없다.

우리는 트래블 카드에 유로화와 달러화를 일부 입금하여 갔다. 호텔 숙소 및 레스토랑에서 달러화(현지화로 환전한 비용 청구)를 사용하는 데는 문제가 없었으나 유로화는 사용할 수 없었다. 하지만 작은 상점 등에서는 트래블 카드를 사용할 수 없는 곳도 있었다.

언어

코카서스 3국은 모두 자기 나라의 언어를 갖고 있다. 또한 러시아로부터 독립한 나라들이기에 중년층 이상에서는 러시아어가 잘 통용된다. 작은 도시에서는 길거리 등에서 영어로 소통하는 데 어려움이 있지만, 수도의 젊은 사람들은 영어를 잘 구사하여 영어로 길을 묻거나 정보를 얻고자 하는 데 커다란 어려움이 없었다. 택시 이동 시 사전에 앱으로 이동 장소와 경비를 확정하기에 영어를 따로 사용할 기회가 많지 않지만, 기사와 영어로 소통하는 것은 쉽지 않다. 전통 시장 등에서는 영어가 통하지 않아 가격을 흥정할 때 손을 이용한 바디 랭귀지를 최대한 이용했다.

숙소 정하기

여행하기 전에 투숙 호텔을 사전에 예약하였으며, 세 나라 모두 이동하기 편하게 시내 중심에 호텔을 정했다. 아제르바이잔 바쿠에서는 구시가지 내의 숙소를 잡았는데 관광 프로그램을 진행하는 여행사와 가깝고 관광 프로그램도 바로 호텔 지근거리에서 시작되기 때문에 무척 편했다. 구시가지의 성문을 나가면 바로 로데오 거리인 신시가지로 연결되기 때문에 걸어 다니며 관광하는 데 최적이었다. 지하철역도 가까운 편이어서 알리예프 센터를 갈 때 지하철을 이용하였다. 호텔은 위치가 좋아 성수기에 수요가 많은 점을 염두에 두어야 한다. 좀 오래되어 낡은 듯하고 현대식 구조는 아니나 현지의 풍습을 이해하는데 오히려 안성맞춤이었다.

조지아 트빌리시에서는 자유 광장에서 가까운 구시가지에 새롭게 단장된 서구식 호텔을 정하였다. 시내 중심지인 자유 광장 역을 오가는데 편리하고, 지방 여행 프로그램도 도보 10분 정도 거리에서 시작되어 편하였다. 아울러 시오니 대성당·바흐탕 고르가살리 동상·메테히 교회 등 유명한 관광지가 걸어서 갈 정도로 가까운 지역에 위치했고 갤러리아 백화점과도 가까웠다. 체인 호텔로 가격도 적정한 가운데 내부 장식이 현대적이고 산뜻하여 쾌적한 느낌을 줬다. 바쿠의 호텔과 트빌리시 호텔 모두 조식 비용이 포함되었으나 부담이 되지 않았으며 조식 메뉴가 다양하여 만족스러웠다.

아르메니아 예레반에서는 로데오 거리인 Northern Avenue 근처의 호텔을 정했는데 위치가 좋아 오페라 극장, 국립 역사박물관, 내셔널 갤러리, 공화국 광장 등 시내 전체를 걸어서 갈 수 있는 곳에 있었고 밤늦게까지 시내를 즐길 수 있는 장점이 있었다. 아울러 두 차례에 걸쳐 지방의 수도원 등을 방문하는 프로그램에 참가하였는데 그 관광버스가 떠나는 지점이 호텔에서 도보로 10분 정도 위치한 곳이어서 호텔 위치가 편리하였다. 호텔을 나서면 바로 카페와 레스토랑이 줄지어 있어서 동선을 많이 절약할 수 있었다.

시내 이동

바쿠는 트빌리시와 예레반보다 큰 도시이고 차량도 많다. 이곳에서 번잡한 시간에는 교통체증이 심하기에 지하철을 이용해 보기도 했는데 사람들의 일상생활 모습을 보는 것도 재미있었다. 세 나라의 지하철은 이동시 소음이 심하게 나, 귀를 좀 막기도 했는데 현지인들은 소음에 익숙하다는 느낌이었다. 지하철 내에서 통풍 또는 냉방시설이 되지 않아 창문을 열어놓은 것에 심한 소음의 이유가 있는 것으로 생각되었다. 바쿠의 지하철은 거리에 상관없이 한번 사용에 약 400원(0.5 Manat)이었다. 바쿠 공항을 오갈 때 그리고 시내 여러 곳을 다니면서 대부분 Bolt 앱을 활용하여 택시를 이용하였는데 차도 금방 오고 택시 경비도 저렴했다.

트빌리시에서도 Bolt 앱을 이용하여 공항에서 투숙호텔로 갔고 가끔 택시를 이용하였다. 시내에서는 주로 걸어 다니거나, 카드를 구입하여 지하철로 이동하였다. 카드를 구입하는데 2라리, 하루 24시간 버스 및 지하철 사용이 3라리 정도이며 한번 사용할 경우는 1라리(약 500원)였다.

예레반은 시내가 크지 않고 호텔이 시내 중심에 있어 주로 걸어 다녔다. 그러나 때때로 피곤하거나 근교 관광지 또는 공항으로 갈 때에는 Yandex Go를 통하여 택시를 이용하였는데 트빌리시와 마찬가지로 차가 바로 도착하고 가격도 저렴했다. 예레반에서는 지하철을 경험해 보기 위하여 한번 타 본 정도인데 한번 사용에 100드람(400원 정도)이었다.

물

여행 중 건강관리를 하는 데 있어 물이 중요하다. 3국 다 같이 코카서스 산맥을 끼고 있어 청량한 물을 마실 수 있다. 참여한 여행 프로그램에서 물 한 병씩을 제공하는데 속탈이 나거나 하는 문제는 전혀 발생하지 않았다. 세 나라 다 같이 광천수로 잘 알려진 브랜드가 있다. 아제르바이잔에서는 시랍(Sirab), 조지아에서는 보르조미(Borjomi), 아르메니아에서는 제르묵(Jermuk) 브랜드가 유명하며 보르조미는 한국에서도 수입하고 있다.

관광 프로그램

개별 관광을 할 경우 현지 프로그램을 적극 활용할 것을 권하고 싶다. 바쿠에서의 프로그램은 하루 9시간 정도에 바쿠 인근 6개 지역(세계문화유산인 고부스탄 포함)을 방문하는 것으로. 아제르바이잔 문화를 단시간에 이해하는 데 커다란 도움이 되었다. 여러 나라 사람과도 어울리면서 각자 방문한 나라나 지역에 대한 정보를 교환하기도 하였다. 120 마나트(70불) 정도로 효율적이고 가성비가 좋았다. 바쿠 시내의 장소는 개별적으로 이동하여 방문하였다.

조지아에서는 카즈베기 프로그램, 므츠헤타 프로그램, 시그나기 프로그램 등 각자 다른 세 프로그램에 합류하여 방문하였다. 두 프로그램은 여행 출발 전 사전에 예약하였고 므츠헤타 프로그램은 현지에서 예약하였는데 조지아에서 보니 여러 여행사에서 다양한 프로그램을 운영하고 있었다.

아르메니아에서는 에치미아진 프로그램, 가르니 신전 프로그램은 사전에 예약하였고 호르비랍은 현지에서 별도 차량 예약을 하여 다녀왔다. 두 번의 관광프로그램 집결 시점이 호텔에서 10분 거리에 있어 편하게 합류하였다.

우리가 참가한 코카서스 현지 관광은 영어 또는 영어와 러시아어 2가지로 진행되었는데 대체로 영어·러시아로 진행되는 것이 일반적이다. 투어가이드의 역량이 중요하다는 것을 느끼게 되는데 우리가 참가했던 현지 관광은 대부분 투어가이드가 사명감 있고 센스 있게 진행을 잘 해주었다.

한국대사관

3국 가운데 아제르바이잔에는 우리나라와 오랫동안 여러 협력이 긴밀하게 이루어져 우리 대사관이 있으며 조지아에는 주 아제르바이잔 대사관의 분관이 있었다. 그러나 조지아에 우리 관광객이 늘어나고 한국-조지아 관계가 증진되면서 2024년 조지아에도 대사관이 신설되었다. 아르메니아의 경우 아직은 협력관계가 미약하여 주러시아 대사관이 아르메니아를 겸임하고 있다.

참고한 책들

그랜트 포고시안, 『이토록 아름다운 아르메니아』, 백승화 옮김, 미래를 소유한 사람들, 2019

류광철, 『코카서스 땅 기름과 불의 나라 아제르바이잔』, 21세기북스, 2009

변영숙, 『소울풀 조지아』, 마인드큐브, 2021

윤창용, 『코카서스 3국 들여다보기』, 한국외국어대학교 출판부, 2019

존 스타인벡, 『러시아 저널』, 허승철 옮김, 미행, 2022

허승철, 『코카서스 3국의 역사와 문화』, 고려대학교 출판문화원, 2019

허승철 편역, 『호랑이 가죽을 두른 용사』, 문예림, 2017

de Waal, Thomas. *The Caucasus*, Oxford University Press, 2019

Khachikyan, Armen. *History of Armenia*, Edit Print, 2019

Rayfield, Donald. *Edge of Empires: A History of Georgia*, Reaktion Books, 2012

Zaruhi, Orbelyan. *Armenia: Nature, History*, Cultural Religion, 2024

Nasmyth, Peter. *Georgia in the Mountains of Poetry*, Duckworth, 2017

(Brochures)

『아제르바이잔 역사유적지』, 아제르바이잔 문화관광부, 2011

Armenia: A Brief History, University Press, 2019

Azerbaijan: Take Another Look, Azerbaijan Tourism Board

Experience Azerbaijan, Baku Media Center, 2017

Georgia Starts Here, Fabrika Tbilisi, 2022

Georgia-Tradition, Modernity and Hospitality: the Caucasus at its best, National Geographic(Special Edition)

History of Armenia, Captivating History, 2019

History of Azerbaijan, Heydar Aliyev Foundation

Museums and Theaters of Baku, Azerbaijan Ministry of Culture and Tourism, 2007

Nizami Ganjevi Museum of Azerbaijan Literature, Academy of Sciences of the Azerbaijan SSR, 1986

The Great Silk Road and Azerbaijan, Azerbaijan Ministry of Culture and Tourism, 2007